Pe. Thiago Faccini Paro

O Caminho

Iniciação à Vida Cristã com Adultos

Catequista

"O que nós ouvimos, o que aprendemos, o que nossos pais nos contaram, não ocultaremos de nossos filhos; mas vamos contar à geração seguinte as glórias do Senhor, o seu poder e as obras grandiosas que Ele realizou." (Sl 78,3-4)

EDITORA VOZES

Petrópolis

© 2021, Editora Vozes Ltda.
Rua Frei Luís, 100
25689-900 Petrópolis, RJ
www.vozes.com.br
Brasil

1ª edição, 2021.

2ª reimpressão, 2023.

Todos os direitos reservados. Nenhuma parte desta obra poderá ser reproduzida ou transmitida por qualquer forma e/ou quaisquer meios (eletrônico ou mecânico, incluindo fotocópia e gravação) ou arquivada em qualquer sistema ou banco de dados sem permissão escrita da editora.

CONSELHO EDITORIAL

Diretor
Volney J. Berkenbrock

Editores
Aline dos Santos Carneiro
Edrian Josué Pasini
Marilac Loraine Oleniki
Welder Lancieri Marchini

Conselheiros
Elói Dionísio Piva
Francisco Morás
Gilberto Gonçalves Garcia
Ludovico Garmus
Teobaldo Heidemann

Secretário executivo
Leonardo A.R.T. dos Santos

Diagramação: Ana Maria Oleniki
Revisão: Francine Porfirio Ortiz
Capa: Ana Maria Oleniki
Ilustração de capa: Guto Godoy

ISBN 978-65-5713-021-6

Este livro foi composto e impresso pela Editora Vozes Ltda.

Apresentação, 5

Introdução, 7

Celebração de Apresentação e Envio dos Catequistas, 23

1º TEMPO: A Evangelização e o Pré-Catecumenato

1º Encontro – A quem procurais?, 26

2º Encontro – A fé, dom de Deus, transmitida de geração em geração, 28

3º Encontro – Deus se revela na história, 31

4º Encontro – Acolher o projeto de Deus, 34

5º Encontro – Bíblia: coleção de livros, 37

1ª ETAPA: Celebração de Entrada no Catecumenato e/ou Entrega da Bíblia, 43

2º TEMPO: Catecumenato e seus Ritos

6º Encontro – A linguagem bíblica, 48

7º Encontro – Bodas de Caná, 50

8º Encontro – Jesus cura o filho do funcionário do rei, 52

9º Encontro – Jesus cura o paralítico, 54

10º Encontro – A partilha dos pães, 56

11º Encontro – Jesus caminha sobre as águas, 59

12º Encontro – O cego de nascença, 61

13º Encontro – A ressurreição de Lázaro, 63

14º Encontro – A Bíblia revela a História da Salvação, 66

15º Encontro – Jacó e as doze tribos de Israel, 70

16º Encontro – A escravidão no Egito, 72

17º Encontro – A libertação do Egito e a instituição da Páscoa, 75

18º Encontro – A Aliança e as Tábuas da Lei, 78

19º Encontro – Juízes, reis e profetas, 81

20º Encontro – O Messias esperado: Deus se faz homem, 83

21º Encontro – A vida pública e o anúncio do Reino, 86

22º Encontro – Do lado aberto de Jesus na cruz, nasce a Igreja, 89

23º Encontro – As primeiras comunidades, 92

24º Encontro – A fé professada pela Igreja, 96

Celebração de Entrega do Símbolo, 99

25° Encontro – Deus se dá a conhecer plenamente, 103

26° Encontro – Morreu e ressuscitou para nos salvar, 107

27° Encontro – Creio no Espírito Santo... na vida eterna, 113

28° Encontro – A celebração do Mistério Pascal, 117

29° Encontro – A comunicação litúrgica, 120

30° Encontro – O Ano Litúrgico, 123

31° Encontro – A Eucaristia: fonte e ápice de toda a vida cristã, 126

32° Encontro – Convocados pela Trindade, 129

33° Encontro – A Liturgia Eucarística, 135

34° Encontro – Batismo e Confirmação, 143

35° Encontro – O Sacramento da Penitência e da Reconciliação, 147

36° Encontro – O Sacramento da Unção dos Enfermos, 151

37° Encontro – O Sacramento da Ordem, 154

38° Encontro – O Sacramento do Matrimônio, 158

2ª ETAPA: Celebração da Eleição (1° domingo da Quaresma), 161

3° TEMPO: **Tempo da Purificação e Iluminação e seus Ritos**

39° Encontro – A vida de oração, 166

Celebração de Entrega da Oração do Senhor, 170

Rito da Unção dos Catecúmenos, 173

40° Encontro – Pai-nosso, 175

Os Escrutínios, 179

Primeiro Escrutínio (3° domingo da Quaresma), 180

41° Encontro – As nossas súplicas ao Pai, 182

Segundo Escrutínio (4° domingo da Quaresma), 187

Celebração do Sacramento da Penitência, 189

Terceiro Escrutínio (5° domingo da Quaresma), 193

Retiro Espiritual, 195

Ritos de Preparação Imediata, 197

3ª ETAPA: Celebração dos Sacramentos da Iniciação, 199

4° TEMPO: **Mistagogia**

Celebrações da Oitava da Páscoa, 206

42° Encontro – Sal da terra e luz do mundo, 207

Celebração de Deposição da Veste Branca e Encerramento do Itinerário de Iniciação Cristã, 209

Nos últimos anos, a Igreja tem voltado um olhar especial para os temas da transmissão da fé, aprofundando suas reflexões sobre o papel da catequese de Iniciação à Vida Cristã. Como fruto desse processo, os Bispos do Brasil, reunidos na 55ª Assembleia Geral da CNBB, aprovaram o Documento 107 – *Iniciação à Vida Cristã: itinerário para formar discípulos missionários* –, com diretrizes claras que convidam a uma mudança de mentalidade e a uma conversão pastoral. Em 2020, o Pontifício Conselho para a Promoção da Nova Evangelização, após ampla consulta realizada de Conferências Episcopais, especialistas e catequistas, publicou o novo Diretório para a Catequese, convidando-nos a refletir sobre o papel da catequese na dinâmica da evangelização.

Na Arquidiocese de São Paulo, especificamente, essa preocupação somou-se aos inúmeros desafios da Igreja presente nesta megalópole. Em 2017, convocamos o 1º Sínodo Arquidiocesano, que vem revelando a necessidade urgente de renovar a catequese como parte do processo de evangelização. No caminho sinodal, realizamos uma ampla pesquisa sobre a vida e a ação pastoral da nossa Arquidiocese, e os dados revelaram um aumento de 57% de procura na catequese para adultos nos últimos 10 anos. Esse é um dado que merece nossa particular atenção. Temos a esperança de que o sínodo chegue a indicar diretrizes consistentes para um verdadeiro caminho de "comunhão, conversão e renovação missionária". Entre essas diretrizes não poderá faltar, em nossas paróquias, um itinerário de Iniciação à Fé e à Vida Cristã, para adultos, com conteúdos doutrinais e celebrativos, e com orientações para a práxis da vida cristã.

Felizmente, para ajudar nessa tarefa, várias iniciativas e experiências têm surgido, como a deste subsídio para Iniciação à Vida Cristã com Adultos, fruto do trabalho pastoral do Pe. Thiago Faccini Paro. No exercício do seu ministério presbiteral na Região Episcopal Belém, de nossa Arquidiocese, Pe. Thiago catequistas de diversas paróquias envolvidos na catequese com adultos e, compreendendo seus desafios e necessidades, elaborou junto com eles o itinerário aqui proposto.

O subsídio, seguindo o itinerário catecumenal de quatro Tempos e três Etapas, proposto pelo Ritual de Iniciação Cristã de Adultos (RICA), busca atender diversas realidades – desde adultos que não passaram pelo processo de iniciação cristã a batizados que se afastaram da Igreja ou receberam uma formação cristã insuficiente. Tendo por base a leitura e a reflexão da Sagrada Escritura, cada encontro possui um roteiro dinâmico no qual são apresentados os principais conteúdos doutrinais de nossa fé, presentes no Catecismo da Igreja Católica, na Tradição e no Magistério da Igreja. Na distribuição dos temas, buscou-se uma sintonia entre o conteúdo catequético e as celebrações litúrgicas.

Tenho a certeza de que este itinerário de catequese para adultos, pensado com esmero a partir da experiência de nossos catequistas e da vivência pastoral do Pe. Thiago, poderá contribuir muito para a Iniciação à Vida Cristã de inúmeros homens e mulheres que, mesmo não tendo recebido todos os três primeiros sacramentos da Igreja na infância, poderão fazê-lo na idade adulta e madura de modo mais consciente e frutuoso. Este itinerário pode oferecer um caminho seguro para os catequistas, que encontrarão nele os principais temas a serem ensinados sobre nossa fé.

Peço que Deus, pela intercessão de São Paulo e de Nossa Senhora, a Imaculada Conceição, abençoe e fortaleça todos os catequistas, que desempenham uma missão imprescindível na Igreja.

Cardeal Odilo P. Scherer
Arcebispo de São Paulo

São Paulo, 08 de dezembro de 2020.

Introdução

Antes da subida gloriosa de Jesus para junto do Pai, Ele nos deixou uma missão: "Vão e façam com que todos os povos se tornem meus discípulos, batizando-os em nome do Pai, e do Filho, e do Espírito Santo, e ensinando-os a observar tudo o que ordenei a vocês" (Mt 28,19). Os discípulos, cheios do Espírito Santo, imediatamente se colocam a proclamar que Jesus estava vivo e ressuscitado, e era o salvador do mundo. O anúncio fervoroso dos discípulos e o testemunho da nova comunidade fizeram com que rapidamente muitas pessoas aderissem ao seguimento de Jesus e da sua Igreja, que nascera no alto da cruz.

O conteúdo do anúncio era livre, e o batismo feito apenas com o mergulho na água em nome da Trindade. Não demorou para que os discípulos e a nova comunidade percebessem que deveriam organizar um conteúdo básico e um itinerário àqueles que queriam abraçar a fé em Jesus Cristo. Aos poucos, de acordo com a necessidade, a Igreja primitiva foi se organizando, até que no século II é possível encontrar relatos de um processo de transmissão da fé bem organizado e estruturado. Este processo é chamado de Iniciação Cristã.

A prática iniciática não é uma descoberta dos primeiros cristãos, é algo encontrado em todas as culturas e religiões, pois designa o movimento de introdução a um novo grupo, revelando suas práticas e doutrina. De origem pagã, do latim *"in-re"*, iniciação significa etimologicamente "ir bem para dentro".

A iniciação da Igreja primitiva, que inseria os cristãos na comunidade eclesial, cujo auge se notou entre os séculos II e IV, ficou conhecida como *catecumenato* e era destinada quase exclusivamente para adultos. Este processo de preparação, de compreensão vital e de acolhimento dos grandes mistérios da vida revelada em Jesus Cristo era composto de quatro Tempos (pré-catecumenato, catecumenato, iluminação ou purificação e mistagogia), e três Etapas (admissão, eleição e celebração dos sacramentos), que podem ser comparados aos degraus de uma escada.

O itinerário de Iniciação Cristã das primeiras comunidades unia catequese e liturgia num único processo. Assim, depois de um longo período marcado por Tempos e Etapas, os que foram acolhidos na família cristã estavam preparados para seguir Jesus Cristo, abraçando o compromisso de viver em comunidade. O fim não eram os sacramentos, mas sim o discipulado: ser discípulo missionário de Jesus Cristo.

O catecumenato, na segunda metade do século IV, passa por significativas transformações, mas permanece vital durante todo o século V. Após esse período, entra em lenta decadência até desaparecer completamente entre os séculos VII e VIII. O Estudo 97 da CNBB, n. 17, assim se refere ao período após o desaparecimento do itinerário catecumental da Igreja primitiva: "Quando o cristianismo começou a ser religião aceita e, posteriormente, tornada religião oficial do Império (Constantino e Teodósio), o catecumenato foi reduzido à Quaresma até desaparecer e ser substituído pelo Batismo de massa. Ser cristão começa a ser situação comum e abre-se a possibilidade do Batismo ministrado preponderantemente às crianças. No século VI desaparece o catecumenato propriamente dito; catequese e liturgia se distanciam e a catequese vai se dirigindo às crianças. Era natural também que, numa sociedade nominalmente cristã, a 'iniciação' fosse feita por imersão no próprio ambiente cultural. Iniciava-se o longo período do catecumenato social no contexto da cristandade".

Neste contexto, ao longo de mais de dois mil anos de história, a Igreja adotou várias práticas de iniciação. Até pouco tempo estava a cargo das famílias e da catequese. Porém a mudança de época fez com que a Igreja refletisse e avaliasse o atual processo iniciático e constatasse a necessidade de reorganizá-lo. As famílias não tinham sido suficientemente evangelizadas, e consequentemente não transmitiram a fé como deveriam aos filhos. A catequese estava praticamente reduzida a uma prática oral, aos moldes de uma escola, sem referência à ação ritual celebrativa. Ao término da catequese, e com a recepção dos sacramentos da iniciação (Batismo, Eucaristia e Crisma), os iniciados, em sua maioria, abandonavam a fé, ou seja, não se comprometiam com a comunidade eclesial. O modelo de iniciação já não cumpria a sua função.

Toda essa reflexão já tinha sido motivada pelo Concílio Vaticano II que, apesar de transcorrido há mais de 50 anos, ainda foi muito pouco compreendido e implementado. Sem dúvida, o Concílio Vaticano II "foi o evento eclesial mais importante do século XX. Apesar de não ter dito muito explicitamente sobre o tema catequese e iniciação, seu impacto real foi determinante e profundo para a reflexão e a prática realizada até então. Atento à mudança de época e sensível aos novos desafios, o Concílio Ecumênico Vaticano II pediu uma mudança radical na vida da Igreja, propôs a volta às fontes do cristianismo e decretou que fosse restaurado o catecumenato dos adultos, dividido em várias etapas. Assim, em 1972, a Sagrada Congregação para o Culto Divino elaborou o *Ritual de Iniciação à Vida Cristã dos Adultos* (RICA)"[1].

Ao solicitar que fosse restaurado o catecumenato realizado em Etapas, os padres conciliares recorrem à iniciação proposta pela Igreja primitiva como um modelo inspirador que deve ser reconhecido e valorizado. Assim, o RICA, tendo como base o itinerário das primeiras comunidades, torna-se o principal instrumento de apoio e transformação do processo iniciático da Igreja de nossos tempos: "O itinerário catecumenal apresentado pelo RICA desenvolve uma adequada articulação entre a proclamação da Palavra (doutrina), a celebração litúrgica (ritos) e o compromisso de vida (caridade), envolvendo liturgia e catequese, ambas ligadas ao processo de transmissão e de crescimento da fé, tão próximos um do outro que, de modo algum, podem ser considerados como realidades distintas"[2].

Nos últimos anos, a Igreja do Brasil tem refletido muito sobre o que é Iniciação à Vida Cristã e tem buscado através de várias publicações ajudar as comunidades a compreenderem a importância deste processo e de sua reorganização, da mudança de mentalidade e da superação de uma fé puramente devocional e de uma catequese doutrinal. Em 2017, durante a Assembleia Geral dos Bispos do Brasil, foi aprovado o Documento 107 da CNBB, *Iniciação à Vida Cristã: itinerário para formar discípulos missionários*. Sem dúvida, a publicação deste documento foi um grande ganho para a Igreja do Brasil e, também, um desafio para sua compreensão e implementação.

Diferentemente da Igreja primitiva, que só iniciava adultos não batizados (catecúmenos), nos deparamos hoje com diversas realidades em nossas comunidades paroquiais: crianças, adolescentes, jovens e adultos, alguns batizados na infância e outros não. A cada grupo, é necessário pensar e constituir um itinerário específico, que supere a visão reducionista de iniciação, de modo que o fim não seja receber os sacramentos, mas formar discípulos missionários de Jesus Cristo. Nesse processo é fundamental envolver toda a comunidade eclesial, onde cada pastoral, movimento e associação

---

[1] PARO, Thiago F. *Catequese e Liturgia na Iniciação Cristã*: o que é e como fazer. Petrópolis: Vozes, 2018. p. 39 (grifos do original).

[2] PARO, Thiago F. *As celebrações do RICA*: conhecer para bem celebrar. Petrópolis: Vozes, 2017. p. 21.

desempenhe uma função, pois só assim compreenderemos o que é uma Igreja como casa da Iniciação Cristã[3].

Colocando em prática o pedido da Igreja, através de nossos Bispos e orientados pelo Documento 107, portanto, propomos este subsídio como um itinerário de Iniciação à Vida Cristã voltado para adultos catecúmenos (não Batizados) e/ou catequizandos (batizados na infância e não suficientemente evangelizados), que desejam retomar seu caminho de fé, com o intuito de "desenvolver um processo que leve a uma maior conversão a Jesus Cristo, forme discípulos, renove a comunidade eclesial e suscite missionários que testemunhem sua fé na sociedade"[4].

Sujeitos, Ministérios e Funções

Candidatos: São todos os que se apresentam como interessados em trilhar o caminho da Iniciação à Vida Cristã, podendo ser batizados ou não.

Catecúmenos: São os candidatos não batizados, ou seja, que ainda não são cristãos, mas se sentem atraídos por Jesus Cristo e por sua Igreja. São aqueles, portanto, que se dispuseram a percorrer o itinerário de Iniciação à Vida Cristã e que, depois dos primeiros contatos e encontros, foram admitidos solenemente através do Rito de Admissão.

Catequizandos: São os candidatos já cristãos que, embora batizados na infância, não receberam a devida catequese e agora buscam a preparação para a Eucaristia e/ou a Confirmação.

Durante a realização dos encontros de catequese, por uma questão didática, adotaremos apenas o termo *catequizando* para nos referir a todo o grupo de catequese, mesmo que nele haja alguém não batizado. Utilizaremos *catecúmeno* apenas em ocasiões especiais, como em algumas celebrações nas quais se faça necessário diferenciá-los de acordo com ritos específicos de sua condição.

Catequistas: Clérigos ou leigos, os catequistas são os que têm a função de transmitir a fé professada e celebrada pela Igreja, através de encontros previamente preparados, seguindo o roteiro de conteúdos essenciais. Para isso, aos catequistas não basta boa vontade, é preciso dedicação e formação permanente, atenção "aos atuais desafios de contextos que exigem humildemente a leitura dos sinais dos tempos, conversão, busca de novos processos e novas metodologias. [...] Como catequistas atuam em nome da Igreja, devem ser por ela enviados. Por isso, é importante que, anualmente, o bispo ou o pároco realize a celebração do envio dos catequistas"[5].

Introdutores: São homens e mulheres, membros da comunidade, que fizeram a experiência do encontro com o Senhor. Não são pessoas prontas ou perfeitas, mas atuantes na comunidade e que desejam, com seu testemunho de fé e serviço, ajudar outros a seguirem e a viverem as alegrias do Evangelho. Os introdutores na maioria das vezes são vocacionados a este serviço: entrosam-se com facilidade, são sensíveis à história do outro e estão sempre disponíveis.

Os introdutores deverão ser orientados e formados para exercer o seu ministério de fazer o acompanhamento personalizado de catecúmenos e catequizandos, que lhes serão designados durante

---

[3] Cf. *Diretrizes Gerais da Ação Evangelizadora da Igreja do Brasil 2015-2019*, n. 41-46.

[4] CNBB. *Documento 107*, n. 141, p. 66.

[5] CNBB. *Documento 107*, n. 234-235, p. 95.

o primeiro encontro com os candidatos. Levando em conta a história de cada um, o introdutor criará um vínculo afetivo, de amizade, com os candidatos e os acompanhará até a Celebração da Eleição. Durante esse percurso, o introdutor poderá desenvolver, de acordo com cada realidade, inúmeras atividades:

- Conhecer a história do catecúmeno ou catequizando que acompanha.
- Convidá-lo e acompanhá-lo nos momentos ordinários de oração da comunidade (missas, terços, momentos de adoração, novenas, Liturgia das Horas...), além de promover outros momentos de oração e reflexão personalizados, sobretudo a *Lectio Divina* como sugerido no Diário do Catequizando.
- Incentivar as práticas próprias de cada Tempo Litúrgico: confeccionar em casa uma Coroa do Advento, acendendo uma vela a cada semana; montar presépio e árvore de Natal após o 2º domingo do Advento, e desmontá-los na solenidade da Epifania; rezar a via-sacra e se propor a realizar uma prática de penitência no Tempo da Quaresma; rezar coletivamente o terço e realizar outras práticas da tradição e piedade da Igreja.
- Convidar e acompanhar para as várias atividades pastorais e ações da Igreja (encontros de formação, visitas, ações sociais e de caridade, eventos beneficentes, almoços, entre outros).
- Promover momentos de convivência, de escuta e de partilha de vida, de conversas sobre os temas dos encontros de catequese já refletidos, de leitura e estudo, de visitas com momentos de oração e bênção na casa dos catecúmenos ou catequizandos, entre outros.
- Ajudar o catecúmeno ou catequizando na escolha do padrinho ou madrinha, conforme orientações diocesanas e critérios sugeridos no final desta introdução, que podem ser dispostos em modelo de *folder*.

Enfim, o introdutor será o responsável por acompanhar mais de perto o candidato, ajudando-o a criar vínculo afetivo com a comunidade, introduzindo-o na vivência eclesial. Ainda, ajudando-o no exame de consciência e na mudança de comportamento para em sua vida os valores evangélicos.

Para isso, na maior parte de nossas comunidades é preciso desenvolver a consciência da necessidade deste ministério, formando e capacitando os membros das comunidades, pastorais e movimentos para assumirem essa importante missão. Cada paróquia ou diocese poderá desenvolver um programa de sensibilização e formação para este ministério, tendo uma equipe que acompanhará e será suporte aos introdutores ao longo de todo o processo.

Padrinho/Madrinha: Na Celebração da Eleição, os introdutores darão lugar a padrinhos ou madrinhas. Após o período de catequese e de convivência com a comunidade, cada catequizando ou catecúmeno escolherá um homem ou uma mulher que admire por sua empatia e amizade, e que seja exemplo de testemunho de fé, para acompanhá-lo durante toda a sua vida cristã[6]. Os padrinhos ou madrinhas deverão seguir o que especifica o Código de Direito Canônico e as orientações do Diretório dos Sacramentos ou da Iniciação à Vida Cristã de cada Igreja particular.

Os catecúmenos e catequizandos deverão ser orientados sobre os critérios de escolha com antecedência, e, uma vez aceitos, os futuros padrinhos e madrinhas poderão passar por um momento de formação que os ajude a descobrir a importância e necessidade do ministério que assumirão.

---

[6] Cf. RICA, n. 43.

Clero: Os Bispos são os primeiros responsáveis pela Iniciação à Vida Cristã em sua (Arqui)diocese, de modo que lhes compete o que especifica os n. 44 e 66 do RICA. Dessa maneira, o Bispo poderá, se a realidade permitir, reunir todos os catecúmenos das diversas paróquias para a Celebração [(arqui)diocesana] da Eleição, promovendo assim a unidade com a presença do pastor. Da mesma forma, os eleitos poderão se reunir na Igreja Catedral, na Vigília Pascal, para receberem do Bispo os sacramentos da iniciação.

Os padres, como fiéis colaboradores do Bispo, acompanham com zelo pastoral todo o processo de Iniciação à Vida Cristã em suas paróquias e comunidades, apoiando os catequistas e diversos ministérios envolvidos. Fazem isso, inclusive, assumindo a condução dos encontros de catequese em temas específicos sempre que possível e presidindo as celebrações previstas pelo RICA e/ou a mandato do Bispo.

Da mesma forma, os diáconos, pelos ministérios que lhes competem, sobretudo da Palavra e da caridade, acompanham todo o projeto de Iniciação à Vida Cristã.

Pastorais, movimentos e associações e comunidades: Toda a Igreja é casa de Iniciação à Vida Cristã e, portanto, toda ela é chamada a ser discípula missionária, anunciadora da Boa Nova de Jesus Cristo. Diante disso, é de suma relevância que a Igreja assuma a corresponsabilidade de ajudar, acompanhar e inserir os catecúmenos e catequizandos na vida eclesial[7]. A proposta metodológica apresentada avança neste sentido, envolvendo e animando as comunidades, pastorais, movimentos e associações no processo catequético, buscando aproximar os grupos e colocá-los em diálogo, promovendo uma verdadeira Pastoral de Conjunto unida em sua grande diversidade. Todos os grupos serão corresponsáveis pela educação e pelo amadurecimento da fé dos catecúmenos e catequizandos.

Explicando nossa Proposta

O itinerário proposto segue os Tempos e Etapas apresentados pelo Ritual da Iniciação Cristã de Adultos (RICA), adaptando-os ao contexto e às diversas realidades da sociedade atual. O subsídio traça um percurso simples e prático, dando segurança e ajudando nossas comunidades eclesiais missionárias a transmitir a fé, dinamizando todo o processo iniciático e de inspiração catecumenal, promovendo uma Pastoral de Conjunto na qual os diversos grupos (pastorais, movimentos, associações, leigos/leigas e clero) se unirão em torno de uma ação e movimento comuns.

Para atingir os objetivos, quatro estratégias são desenvolvidas e/ou propostas durante todo o itinerário conforme dispõe o RICA, n. 19:

1. **OS ENCONTROS DE CATEQUESE:** ministrados por catequistas (presbíteros, diáconos e leigos), distribuídos em 42 encontros, compõem os quatro Tempos propostos pelo itinerário, com estrutura própria, que valoriza a Palavra de Deus, a doutrina e Tradição da Igreja, além da partilha e da interação de catequistas e catequizandos. Os temas seguem o roteiro proposto pelo Catecismo da Igreja Católica e estão em sintonia com as celebrações e entregas previstas pelo RICA e o Ano Litúrgico, valorizando a relação entre catequese e liturgia.

---

[7] Cf. RICA, n. 41.

2. **AS CELEBRAÇÕES LITÚRGICAS:** a partir do visível, de ritos e símbolos, a Sagrada Liturgia comunica uma realidade invisível, ou seja, escondida em cada gesto, ação, palavra ou elemento. Esta comunicação é feita de forma gradativa, em que um rito vai "puxando" o outro. Dessa maneira, propomos, seguindo o método mistagógico, que catecúmenos e catequizandos participem da celebração dos sacramentos e sacramentais. Após essa experiência, partindo do rito vivenciado, lhes serão explicados a simbologia e o significado do que viram e ouviram, garantindo aos interlocutores a compreensão dos elementos que compõem a fé celebrada. Nossa proposta busca uma Iniciação Cristã que eduque para uma sensibilidade simbólico-ritual, que prepare os catequizandos e catecúmenos para celebrar a partir da própria celebração.

O RICA apresenta as celebrações próprias do itinerário a ser percorrido pelos adultos não batizados. As celebrações são gradativas e podem ser divididas em dois grupos: celebrações que marcam a transição de uma etapa a outra, vistas como ritos de passagem (Rito de Admissão, Eleição...), e outras que acontecem no decorrer dos tempos (entregas do Credo, Pai-nosso, Escrutínios...). Ainda, no capítulo IV, o RICA apresenta adaptações e orientações às diversas realidades, como a preparação para a Confirmação e a Eucaristia de Adultos já batizados na infância, mas que não receberam a devida catequese. Algumas celebrações serão reservadas apenas aos catecúmenos, outras apenas aos catequizandos, e outras, ainda, serão comuns a ambos os grupos.

3. **A CONVIVÊNCIA AFETIVA:** ajudados pelos exemplos dos introdutores, catequistas e comunidade em geral, os catecúmenos e catequizandos serão apresentados às diversas iniciativas e atividades paroquiais (momentos de orações, ações caritativas, encontros de formação, retiros e convivência) e, ao longo do processo, serão motivados a participar delas. Essa integração possibilitará criar laços afetivos e garantirá mais inserção na comunidade eclesial, após a recepção dos sacramentos.

4. **O APOSTOLADO:** durante a progressiva caminhada, os catecúmenos e catequizandos são motivados a abraçar o discipulado e a missão, compreendendo que, como batizados, assumem o compromisso de ser Igreja, sendo responsáveis por ela, por sua missão. Concretamente são convidados a se engajar em algum trabalho pastoral, colocando seus dons e talentos a serviço da comunidade, tendo os agentes de pastoral como motivadores.

O itinerário com seus Tempos e Etapas

Publicado em 1972, o Ritual de Iniciação Cristã de Adultos (RICA), cuja base organizacional é o itinerário das primeiras comunidades, torna-se o principal instrumento de apoio e transformação do processo iniciático da Igreja de nossos tempos, além de valioso instrumento de diálogo e aproximação entre catequese, liturgia e toda a comunidade.

Apesar de ser um livro litúrgico, o RICA descreve como deve ser o itinerário de transmissão da fé aos que querem ser iniciados no discipulado de Jesus Cristo. A partir dele, estruturamos e adaptamos nossa proposta e percurso, com seus Tempos e Etapas, encontros catequéticos e celebrações, convivência e inserção na comunidade eclesial.

Embora organizado em Tempos e Etapas, o itinerário deve ser visto como um processo único e gradativo, sem divisões ou rupturas, de modo que os envolvidos possam ter ciência de todas as suas fases e do seu conteúdo, considerando que o fim não será o sacramento, mas o discipulado. Esse único itinerário gradativo foi pensado para possibilitar a criação de um vínculo afetivo entre catecúmenos, catequizandos e comunidade. Imaginemos uma escada, que subiremos degrau por degrau, para atingir o objetivo: *formar discípulos*.

1º TEMPO

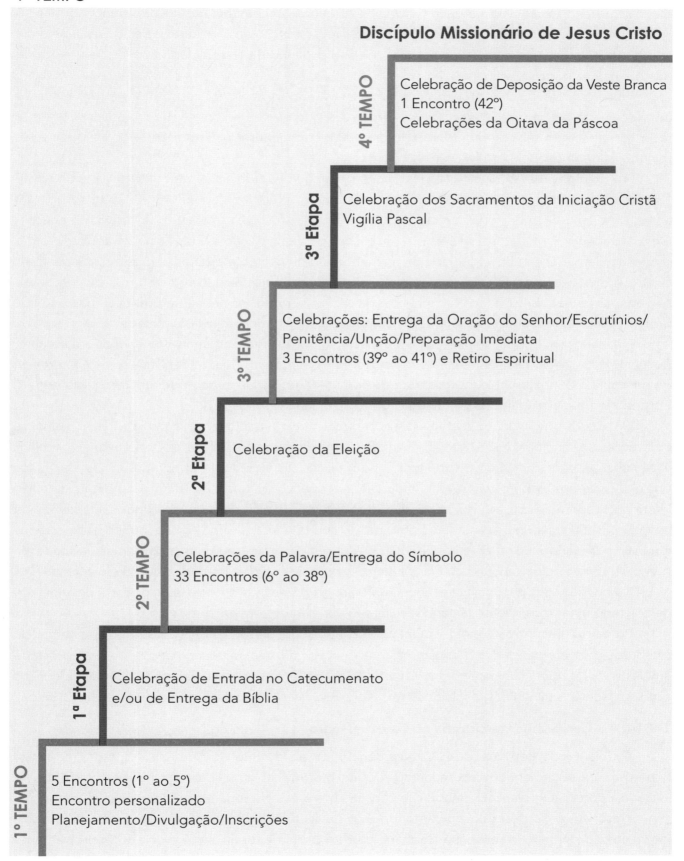

A EVANGELIZAÇÃO E O PRÉ-CATECUMENATO

O 1º degrau (Tempo), é a evangelização e o pré-catecumenato. Este tem por objetivo o anúncio de Jesus Cristo, e sua adesão. Este período, com duração indeterminada, era na Igreja Primitiva dedicado à explicação do Evangelho, ao conhecimento da comunidade cristã, fazendo brotar no candidato o desejo de pedir o Batismo. Verificada a reta intenção do candidato e a sua disponibilidade em renunciar o que era contrário à fé cristã, ele era acolhido na comunidade através de um rito de passagem, chamado de admissão.

Preservando seu sentido, propomos algumas ações para acolher os candidatos e conhecer suas motivações na busca da Iniciação Cristã, cientes de que elas se resumem, na maioria das vezes, à recepção de algum sacramento. Buscando orientar e conscientizar da importância do percurso a ser trilhado, sugerimos:

Na divulgação: Ao divulgar as inscrições de uma nova turma de catequese de adultos, evite focar a recepção dos sacramentos afirmando ser uma oportunidade àqueles que não os receberam antes; evite também mencionar que a catequese de Eucaristia ou Crisma está com inscrições abertas. O ideal é mencionar que estão abertas as inscrições para a Iniciação à Vida Cristã de adultos, com o propósito de oferecer a oportunidade para se tornarem plenamente discípulos missionários de Jesus Cristo. A divulgação pode explicar aos interessados que participar desta nova turma de catequese não apenas permitirá receber os sacramentos da iniciação, mas especialmente conhecer mais a fé que professam e se conscientizar a respeito de como servir melhor Jesus e a comunidade.

Na inscrição: Poderá se fazer uma pré-inscrição dos candidatos, anotando apenas um contato. Essa pré-inscrição poderá ser feita na própria secretaria paroquial, lugar de fácil acesso e de referência da paróquia, ou mantendo outro costume da comunidade, esclarecendo que um catequista entrará em contato para agendar uma visita ou encontro com cada candidato.

No encontro individual, os catequistas encontrarão um momento propício para conhecer melhor as motivações do candidato e sua história. Assim, de acordo com cada realidade, poderão orientá-lo melhor e esclarecer a importância do discipulado, a riqueza dos sacramentos e os compromissos assumidos por ele. Poderão também descrever o itinerário catequético ao qual convidam o candidato a trilhar, informando sobre as Etapas, os Tempos e o processo até o ápice da celebração dos sacramentos da Iniciação Cristã. Estando os candidatos de acordo, cabe orientá-los sobre os encontros (datas, horários e local), entregando-lhes o DIÁRIO CATEQUÉTICO e a programação com as principais atividades já previstas, como sugerido no tópico *Planejamento e organização das atividades*, abordado adiante.

Na ocasião, se a paróquia tiver constituído um grupo de introdutores, será possível designar um para acompanhar o candidato, estando inclusive já presente neste encontro.

Primeiros encontros: Após o primeiro encontro mais personalizado, e constituída a turma de catequese, são propostos cinco encontros catequéticos com temas querigmáticos, de anúncio da fé em Jesus Cristo, que culminará com a Celebração de Entrada no Catecumenato (1ª Etapa), na qual os candidatos serão solenemente acolhidos como catecúmenos e catequizandos no catecumenato (2ª Etapa).

1ª ETAPA – Celebração de Entrada no Catecumenato

A Celebração de Entrada no Catecumenato consta do Rito de Admissão, que era, na Igreja Primitiva, o momento em que a comunidade acolhia o candidato através de uma celebração da Palavra iniciada à porta da Igreja. Esta celebração concluía o pré-catecumenato e inaugurava o 2º Tempo.

Preservando seu sentido e adaptando-o às novas realidades, a celebração se divide em dois momentos: o primeiro, a recepção dos candidatos à porta da Igreja, será reservado exclusivamente aos catecúmenos (uma vez que os batizados já são membros da Igreja, não faz sentido participarem); o segundo momento, realizado no interior da Igreja, envolve o Rito de Entrega da Palavra de Deus destinado a todos os catecúmenos e catequizandos.

2º TEMPO

CATECUMENATO E SEUS RITOS

Na Iniciação Cristã dos primeiros séculos, o catecumenato, que podia se prolongar por vários anos, tinha como finalidade transmitir os conteúdos centrais da fé, nas dimensões da doutrina, moral e liturgia. Ao término deste tempo, constatando-se a sincera conversão e o amadurecimento da fé, os catecúmenos eram aprovados para receber os sacramentos do Batismo, Crisma e Eucaristia na Vigília Pascal.

Buscando superar uma catequese apenas de sacramentalização, portanto, propomos um percurso de 35 encontros que apresentam os temas fundamentais da fé católica, resgatando a metodologia mistagógica para a vivência e o ensino da liturgia e sugerindo atividades de integração dos catecúmenos e catequizandos na comunidade eclesial. Os encontros catequéticos serão permeados por celebrações (da Palavra, de Entrega do Símbolo, de exorcismos menores e bênçãos) e atividades pastorais. O período para este Tempo não deve ser inferior a um ano, como orienta o Itinerário Catequético da CNBB, pois, mais que transmitir conteúdos, se quer criar laços e fortalecer vínculo com a comunidade. O tempo de convivência é, portanto, essencial.

Ao longo do Tempo do Catecumenato é importante acompanhar e avaliar cada catecúmeno e catequizando de forma individualizada, ajudando-o a crescer e amadurecer na fé, pois se exige fé esclarecida e firme desejo de receber os sacramentos da Igreja para que alguém possa ser inscrito entre os "eleitos"[8].

2ª ETAPA – Celebração da Eleição

Com o Rito da Eleição, exclusivo para os não batizados, realizado no início da Quaresma (1º domingo), conclui-se o tempo do catecúmeno e inaugura-se o 3º Tempo (Purificação e Iluminação). Nesta celebração os nomes dos catecúmenos são inscritos em livro próprio, o qual chamamos de *Livro de Inscrição dos Eleitos*, que deve ser guardado juntamente com os demais livros de registro da paróquia. O padrinho ou madrinha escolhidos pelos então catecúmenos são apresentados à comunidade e publicamente assumem o compromisso de acompanhá-los na fé. Na ocasião, poderão ser apresentados também os padrinhos dos catequizandos. Os catecúmenos passam a ser chamados de eleitos[9] e são convidados, juntamente com os catequizandos, a uma preparação espiritual mais intensa para a recepção dos sacramentos da iniciação.

---

[8] Cf. RICA, n. 134.

[9] "Denominam-se também 'co-petentes' porque todos juntos se esforçam ou competem para receber os sacramentos de Cristo e o dom do Espírito Santo. Chamam-se ainda 'iluminados' porque o Batismo é denominado 'iluminação' e através dele os neófitos são inundados pela luz da fé" (RICA, n. 24).

3° TEMPO

PURIFICAÇÃO E ILUMINAÇÃO E SEUS RITOS

Este Tempo perpassa todos os quarenta dias da Quaresma, e é um grande retiro espiritual que culminará com a Vigília Pascal, quando receberão os sacramentos da Iniciação Cristã. São propostos neste período quatro encontros de catequese, nos quais se reflete sobre a vida de oração, com a Entrega do Pai-nosso e a realização de um retiro espiritual, das celebrações dos escrutínios e do sacramento da Penitência e de outras práticas quaresmais.

Os escrutínios, que acontecerão no 3°, 4° e 5° domingos da Quaresma, como previsto pelo RICA, são exclusivos para os eleitos (catecúmenos), uma vez que são Ritos de Purificação para os que receberão o Batismo. Em contrapartida, a Celebração Penitencial é reservada apenas aos catequizandos, que recebem o perdão dos pecados cometidos após o Batismo através da Confissão e, por este sacramento, são purificados.

Como última atividade do Tempo da Purificação e Iluminação propomos os Ritos de Preparação Imediata, celebração sugerida pelo RICA, que pode acontecer na manhã ou no começo da tarde do Sábado Santo, a fim de preparar os eleitos para os sacramentos através do recolhimento e da oração.

3ª ETAPA – Celebração dos Sacramentos da Iniciação Cristã

O ápice do itinerário é experienciado na solene Vigília Pascal, quando catecúmenos e catequizandos receberão os sacramentos da Iniciação Cristã. Uma celebração riquíssima em ritos, símbolos e significados, que "preparada com esmero" tocará a mente e o coração de todos os presentes.

Nesta noite, os catecúmenos receberão os três sacramentos da Iniciação Cristã, de uma única vez. Serão batizados, confirmados e participarão da mesa da Eucaristia pela primeira vez. Como já dito, o Bispo tem precedência para administrar esses sacramentos, mas por questões pastorais, uma vez que não é possível estar presente em todo o território da Igreja particular, o presbítero confere todos os três sacramentos[10]. Uma vez que o grupo de catequese não é constituído apenas de catecúmenos, pode-se pedir anuência do Ordinário (Bispo) para que sejam confirmados na mesma celebração também os catequizandos adultos, valorizando a caminhada de conjunto que fizeram e recuperando a unidade dos sacramentos da iniciação.

4° TEMPO

MISTAGOGIA

A riqueza de símbolos e ritos da solene Vigília Pascal, e a importância espiritual e pastoral dos sacramentos que receberam, requer um momento de reflexão e partilha. O Tempo da Mistagogia, revelará através das catequeses mistagógicas o sentido teológico de cada rito experienciado e possibilitará a partilha de sentimentos. Um momento oportuno para consolidar o caminho percorrido fazendo-os agora protagonistas do seguimento e discipulado de Jesus Cristo.

Duas catequeses mistagógicas são propostas, além da participação nas celebrações da Oitava da Páscoa e do Rito de Deposição da Veste Branca.

---

[10] Cf. RICA, n. 46.

Os Encontros e sua Organização

A nossa proposta para os encontros é que as reflexões estejam estruturadas ao redor de duas mesas, a saber: a *Mesa da Palavra* e a *Mesa da Partilha*. Isso para buscar uma estreita ligação entre catequese e liturgia em encontros dinâmicos e celebrativos.

A Mesa da Palavra

Consiste em organizar um ambão ou uma pequena mesa para colocar a Bíblia, ter uma vela acesa e usar toalha com a cor do Tempo Litúrgico que se está celebrando. Sugere-se que a Mesa da Palavra esteja em um lugar de destaque e específico da sala de encontros, capaz de possibilitar aos catecúmenos e catequizandos aproximarem-se ao seu redor.

Com a inserção da Mesa da Palavra quer se destacar e valorizar a leitura da Bíblia, mostrando que não é apenas um livro a mais para ser estudado, como também orientar e fazer a experiência de acolhida da Palavra de um Deus que nos fala. O fato de mobilizar os catequizandos a irem até essa mesa onde será proclamada a Palavra, colocar-se de pé ao seu redor, trocar a toalha de acordo com o Tempo Litúrgico, solenizando a leitura bíblica e incentivando a sua escuta, possibilita revelar, através de gestos e posturas, o valor e a importância que lhe damos em nossa comunidade e Igreja, além de remeter os catequizandos ao ambiente celebrativo da Eucaristia.

A Mesa da Partilha

Trata-se de uma grande mesa com várias cadeiras ao seu redor. É o local onde os catecúmenos e catequizandos buscarão compreender, com a ajuda do catequista, o sentido e significado da Palavra em seu contexto e para suas vidas. Ao redor da mesa, integrados, chegarão ao entendimento do texto bíblico, dialogarão, ouvirão histórias, contemplarão os símbolos presentes em cada encontro e nos textos bíblicos e, também, realizarão diversas atividades. Nessa mesa, recordando o costume antigo das famílias de tomar a refeição, catequista, catecúmenos e catequizandos saborearão o alimento da Palavra que dá vida e sacia toda sede. Na impossibilidade de se ter uma grande mesa, pode-se adaptar formando um círculo com as cadeiras.

Os espaços destinados à catequese que propomos buscam, portanto, descaracterizar os lugares de encontro das salas de ensino escolar, mostrando que nossos catequistas não são professores, mas mistagogos que guiam os catequizandos para o Mistério, favorecendo uma experiência viva e pessoal de Jesus Cristo.

A cada encontro são oferecidas sugestões que deverão ser enriquecidas e adaptadas à realidade de cada comunidade. Num clima alegre e acolhedor, a Palavra se atualiza e se transforma em oração e gestos concretos.

Estrutura dos encontros – Subsídio do Catequista

Na sequência apresentamos as orientações sobre a dinâmica de nossa proposta, para o catequista desenvolver os encontros, a fim de ajudá-lo na ação catequética. Para tanto, o *Subsídio do Catequista* propõe as orientações para cada encontro da seguinte forma:

Palavra inicial – Neste tópico o catequista encontrará os objetivos a serem atingidos com o encontro ou a mensagem que deverá ser transmitida para os catecúmenos e catequizandos.

Preparando o ambiente – Oferece sugestões de símbolos e maneiras de preparar e organizar os espaços, informando também os materiais a serem providenciados para os encontros. É importante envolver os catecúmenos e catequizandos na preparação do ambiente distribuindo funções com antecedência – pode-se pedir, por exemplo, para um deles trazer flores, para outro acender a vela, para um grupo preparar e ensaiar os cantos...

O ambiente poderá também ter uma imagem de Jesus, Nossa Senhora ou do padroeiro da comunidade. Esta imagem poderá ser levada semanalmente para a casa de um catecúmeno ou catequizando, que ficará responsável por trazê-la no próximo encontro. No dia em que a imagem estiver na casa, incentive-os a rezar em família.

Acolhida – Em todos os encontros é sugerida uma frase para acolhida dos catecúmenos e catequizandos, com a intenção de prepará-los para a temática que será refletida.

Recordação da vida – Tem a intenção de recordar brevemente fatos e acontecimentos marcantes da comunidade e da sociedade, além de recordar o tema e gesto concreto do encontro anterior. O catequista pode incentivar a leitura do que os catecúmenos e catequizandos escreveram no Diário Catequético no decorrer da semana. Este momento poderá acontecer ao redor da Mesa da Palavra como parte da oração inicial, na Mesa da Partilha, antes da oração, ou a critério do catequista.

NA MESA DA PALAVRA

O momento em torno da Mesa da Palavra envolve:

Oração inicial – Este momento deverá ser dinamizado e ritualizado pelo catequista criativamente para envolver os catecúmenos e catequizandos com a reflexão do tema, tornando o processo importante e especial, de tal modo que desperte neles o desejo de participar ativamente. Para esse momento são apresentadas sugestões de orações e propõe-se que o catequista, juntamente com os catecúmenos e catequizandos, selecione cantos para a oração inicial.

Leitura do texto bíblico – Buscando resgatar a importância e dignidade da Palavra de Deus na vida do cristão, toda a temática dos encontros apresenta como tema gerador o texto bíblico proclamado. O texto bíblico norteia todo o encontro, fazendo com que os catecúmenos e catequizandos sejam introduzidos na linguagem bíblica e atualizem sua mensagem a cada dia. Para este momento propõe-se fazer uma escala, distribuindo a passagem bíblica entre os catecúmenos e catequizandos para que todos possam proclamar a Palavra no decorrer dos encontros. Para o momento de proclamar a Palavra sugere-se:

- Ler o texto bíblico ao menos duas vezes: a primeira leitura realizada na íntegra pelo catequizando escalonado e a segunda realizada pelo catequista, de maneira pausada, com destaque para os versículos da temática do encontro.

- A leitura do catequizando deverá ser realizada de maneira clara e ritual, fazendo uma saudação respeitosa antes e depois, beijando a Palavra quando for um Evangelho, mostrando a importância e dignidade de tal livro.
- A leitura do catequista poderá ser realizada de maneira pausada, com destaque para os versículos da temática do encontro.

Seria importante que antes de cada encontro o catequista fizesse uma *Lectio Divina* (leitura, oração, meditação e contemplação). Durante os encontros de catequese, na medida do possível, utilizar o esquema da *Lectio Divina* da Bíblia com os catecúmenos e catequizandos.

NA MESA DA PARTILHA

É na Mesa da Partilha que o encontro se desenvolverá. Dinâmicas e símbolos auxiliarão o catequista a transmitir a mensagem da Boa Nova de Jesus Cristo. O catequista poderá adaptar, acrescentar ou mudar as sugestões de acordo com a realidade de cada grupo. Por isso é indispensável que prepare com antecedência cada encontro.

Importante: Todos os catecúmenos e catequizandos, após a Celebração de Entrega da Bíblia, deverão levá-la para os encontros de catequese. Na Mesa da Partilha, o catequista poderá pedir aos catecúmenos e catequizandos para que abram suas Bíblias na passagem proclamada durante a oração inicial e façam uma leitura silenciosa e pessoal, na qual poderão descobrir elementos além daqueles percebidos durante a partilha do que compreenderam do texto bíblico, bem como aprimorar o manuseio da Bíblia.

Conclusão – Momento de motivar e comunicar aos catecúmenos e catequizandos o compromisso da semana, o gesto concreto como maneira de atualizar a Palavra lida, meditada e contemplada na vivência de cada um. Pode-se também recordar os aniversariantes de Batismo da semana e distribuir as funções para o próximo encontro.

Oração final – Realizar a oração final, de preferência, sempre ao redor da Mesa da Palavra ou de onde foi realizada a oração inicial. É um momento em que o catequista incentiva os catecúmenos e catequizandos a fazerem orações e preces espontâneas, podendo-se concluir com a oração indicada para cada encontro ou uma bênção.

Material de apoio

Em alguns encontros o catequista encontrará material de apoio, tais como textos, citações e sugestões de bibliografias para aprofundar a temática. É de suma importância, porém, que o catequista participe de encontros, cursos, reuniões e retiros para se atualizar e se preparar melhor a esse tão importante ministério. Afinal, será somente a partir dessas práticas que se fará possível uma plena caminhada em sintonia com a diocese, paróquia e comunidade.

Dica – Sugerimos, a partir de nossa experiência, que, havendo mais de uma turma, os catequistas de adultos preparem juntos os seus encontros em reuniões mensais, quinzenais ou semanais.

O PLANEJAMENTO E A ORGANIZAÇÃO DAS ATIVIDADES

Por considerar que o planejamento é algo indispensável para o bom êxito de qualquer atividade, propomos algumas sugestões de como organizá-lo, de modo que todos os envolvidos possam estar cientes de todo o cronograma, podendo organizar suas atividades com mais tranquilidade.

Conforme insistentemente sugerido pelo RICA, o Tempo da Purificação e Iluminação e a Celebração dos Sacramentos da Iniciação Cristã devem coincidir com o ciclo pascal. Dessa forma, sugerimos que as atividades iniciem em fevereiro de um ano (ou antes) e se prolonguem até o tempo da Páscoa do próximo ano, tendo, em média, de catorze a dezoito meses de duração.

Para isso, é necessário consultar o calendário do ano civil de todo o ano (que tenha o registro dos feriados civis e religiosos), desde o mês em que se pretende iniciar as inscrições para a catequese de adultos até o Tempo Pascal do próximo ano. Tendo em mãos o calendário com todos os meses, e este livro com todos os encontros e atividades propostas, se deverá definir em que dia da semana e horário acontecerão os encontros de catequese. Depois, é só registrar no calendário qual será o período das inscrições, qual dia será a missa de envio dos catequistas, qual dia se iniciarão os encontros e ir anotando semanalmente atividade por atividade.

Sugerimos que anotem a lápis, pois em algum momento será necessário apagar e reorganizar algumas datas. É necessário observar os feriados e decidir se naquela semana terá ou não alguma atividade – se por acaso envolver feriados religiosos ou alguma semana importante para a Igreja e a comunidade, poderá propor a suspensão dos encontros para facilitar a participação nesses eventos, como Semana Santa, novena, festa do padroeiro etc. Seria interessante, ainda, já no início agendar no calendário do próximo ano as atividades do Tempo da Purificação e Iluminação e a celebração dos sacramentos na Vigília Pascal, uma vez que deverão acontecer por excelência no ciclo da Páscoa. À medida que for registrando, atividade por atividade (encontros de catequese, celebrações, visitas, retiros...), todos os envolvidos terão uma noção do tempo necessário para a realização de todo o itinerário, podendo adaptar o que for preciso.

Conforme forem registrando as datas, seria importante folhear e olhar o Livro do Catequista, pois ao final de alguns encontros há atividades propostas, facultativas ou não, que precisam ser preparadas antecipadamente, de modo que é importante também registrá-las. Pode-se prever até as datas das reuniões para que preparem as celebrações e algumas atividades que julgarem necessário organizar com antecedência. É importante, depois de fazer todo o planejamento, sentar-se com o padre e com outros grupos envolvidos e validar as datas, tendo em vista que eles também precisam se organizar e estar cientes de sua participação.

Depois de todo o planejamento pronto, o catequista poderá digitar as datas essenciais e entregar uma cópia a cada catecúmeno e catequizando, para registrarem ou colarem no Diário Catequético, de forma que possam já se organizar para participarem de todas atividades da iniciação.

Critérios a serem observados na escolha do Padrinho ou Madrinha

O texto a seguir poderá ser utilizado para a confecção de um *folder* a ser distribuído, quando a comissão de Iniciação à Vida Cristã achar oportuno, a cada catecúmeno e catequizando para ajudá-los a discernir e escolher os futuros padrinhos ou madrinhas que lhes serão delegados pela Igreja durante o Rito da Eleição. O texto poderá ser adaptado e complementado com as orientações específicas de cada (Arqui)diocese e paróquia. Como já sugerido, o conteúdo poderá ser refletido individualmente pelo introdutor, com cada catecúmeno ou catequizando, durante o Tempo do Catecumenato ou pelo catequista em um encontro agendado para este fim.

Durante a caminhada de preparação para o recebimento do sacramento da Iniciação Cristã, a Igreja confia padrinhos e madrinhas para auxiliarem os futuros afilhados no entendimento e na compreensão da fé, acima de tudo para ajudá-los a se inserir na vida eclesial e experimentar comunitariamente a fé professada, participando ativamente das comunidades, pastorais, movimentos e associações.

Nesse sentido, os padrinhos e madrinhas escolhidos devem ser verdadeiros exemplos de fé, devem ser engajados na vida da Igreja, ter uma vida de oração e comprometimento com o Evangelho e o seu anúncio.

Sendo assim, é preciso observar alguns critérios antes de escolher o futuro padrinho ou madrinha, que vão muito além da amizade:

a. Ter no mínimo 16 anos completos.

b. Ser católico(a) e crismado(a), isto é, que tenha recebido a Confirmação.

c. Já tenha recebido a Eucaristia.

d. Leve uma vida de acordo com a fé e o encargo que vai assumir, participando ativamente da Igreja e da vida da comunidade.

e. Não tenha sido atingido(a) por nenhuma falta canônica.

f. Não seja o pai ou a mãe do catecúmeno ou catequizando.

g. Não seja namorado(a), noivo(a) ou esposo(a) do catecúmeno ou catequizando.

h. Se casado(a), que o seja no religioso.

i. Os casais em segunda união podem ser admitidos como padrinhos, desde que deem testemunho de vida cristã e participem ativamente da vida da Igreja.

j. Não seja amasiado(a).

k. Seja cristã(o) comprometida(o) na sociedade.

l. Que assuma a responsabilidade de acompanhar o futuro afilhado da sua vida de fé.

m. Para os já batizados, convém que sejam os mesmos padrinhos do Batismo, a fim de marcar bem a unidade dos dois sacramentos.

Ao dizer "sim", o futuro padrinho ou madrinha se compromete a apoiar a formação do afilhado durante o tempo que resta da Iniciação Cristã, participando das reuniões, acompanhando-o nas celebrações e tempos fortes de oração, além de contribuir com seu testemunho e sua palavra para a perseverança na fé e na vida cristã do afilhado.

Diário Catequético

O material dos catecúmenos e catequizandos é intitulado *Diário Catequético*, o qual será um registro da vivência de fé e, como incentivo, um recurso para realizar atividades no encontro e fora dele. O Diário está organizado da seguinte forma:

Meu momento de oração diária – Contém orientações para o catequizando realizar um momento diário de oração pessoal, que deve ser incentivado pelo catequista constantemente durante os encontros.

Os encontros – Para cada encontro é proposto um pequeno texto fazendo menção ao tema a ser refletido e uma citação bíblica acompanhada de uma ilustração. Ainda, são apresentadas algumas atividades para ajudar os catecúmenos e catequizandos a fazer memória da experiência vivida no encontro, como também a meditar sobre a temática do encontro ou da celebração. São apresentadas sugestões de livros e textos que complementam a temática refletida em cada semana.

Lectio Divina – Propõe-se um espaço incentivando para que semanalmente se faça a *Lectio Divina* de um texto bíblico da liturgia diária, seguindo os quatro passos: leitura, oração, meditação e contemplação. Esta atividade poderá ser realizada com a ajuda e companhia dos introdutores, se a paróquia tiver constituído esse ministério. Pode-se, ainda, optar pela *Lectio Divina* do Evangelho dominical, onde um roteiro ou vídeo poderá ser disponibilizado pelo catequista para auxiliar nessa atividade, fazendo com que catecúmenos e catequizandos criem intimidade com a Palavra de Deus.

Como aproveitar o Diário?

No primeiro encontro, o catequista deverá orientar e combinar com os catecúmenos e catequizandos como utilizarão o Diário Catequético. No decorrer dos encontros, então, alertá-los para realizarem os registros de sua catequese durante a semana.

As atividades do Diário, em nossa experiência, têm por intencionalidade ser um complemento das reflexões realizadas no encontro. Por isso podem ser feitas em outros momentos e ambientes para, posteriormente, serem apresentadas e partilhadas nos encontros. Dessa forma, o seu uso no encontro pode ser determinado pelo catequista para realizar:

- o momento de recordação da vida, para partilhar o que escreveram nas atividades solicitadas;
- roda de conversa sobre registros e experiências vividas, ao término de um Tempo Litúrgico;
- debate sobre as mensagens litúrgicas;
- revisão e análise de questões específicas de cada tema, com o propósito de acompanhar o entendimento do conteúdo e corrigir equívocos;
- esclarecimento de dúvidas que podem surgir sobretudo dos textos complementares que constam no Diário;
- encontro orante, além de muitas outras possibilidades.

Sabemos dos grandes desafios a serem superados durante todo o processo catequético, porém a esperança e a fé que nos movem são muito maiores. Que, sem medo, nos lancemos no serviço para o qual Deus nos chama, sendo testemunhas vivas da fé da comunidade celebrante.

Pe. Thiago Faccini Paro e equipe

Apresentação e Envio dos Catequistas

Palavra inicial: O objetivo da celebração é apresentar para toda a comunidade os catequistas que exercerão o ministério da catequese de adultos, destacando a grande importância desse serviço à vida da Igreja. Aconselhamos que essa celebração aconteça no domingo que antecede o início dos encontros de catequese seguindo a liturgia do dia.

Preparando o ambiente: Bíblia para ser entregue uma para cada catequista, em sinal da missão por eles assumida como anunciadores do Reino. Reservar bancos para os catequistas. Acrescentar na monição inicial a apresentação e o envio dos catequistas.

Procissão inicial: Os catequistas participam da procissão inicial.

Saudação inicial: O presidente acolhe os catequistas.

(Tudo segue como de costume, até a homilia.)

Rito de Apresentação e Envio dos Catequistas

(Após a proclamação do Evangelho e a homilia, o diácono ou, na falta dele, o coordenador da catequese chama cada um dos catequistas pelo nome.)

Diácono: Queiram aproximar-se os que exercerão o ministério da catequese: ...N..., ...N...

Cada um responde individualmente: *Presente!*

(Ou todos juntos, se forem muitos.)

(Os catequistas proferem seu compromisso catequético.)

Comentarista: Neste momento convidamos todos os catequistas a ficarem de pé e, a uma só voz, pronunciarem seu compromisso.

Nós, catequistas, viemos, perante esta assembleia congregada pelo Senhor, manifestar o desejo de participarmos do ministério da catequese. O Senhor que nos chamou a formar parte do seu povo, pelo Batismo, convida-nos a sermos testemunhas, mestres e educadores da fé.

Ao assumirmos esse serviço, estamos conscientes de participar da grande missão que Jesus Cristo confiou à sua Igreja: "Ide por todo o mundo e anunciai a todos a mensagem da salvação".

Presidente: Caros catequistas, quereis viver o vosso ministério de catequistas na fidelidade a Deus e na atenção aos irmãos?

Catequistas: *Sim, queremos.*

Presidente: Estais dispostos a desempenhar a vossa missão, sendo testemunhas da Boa Nova de Jesus?

Catequistas: *Sim, estamos.*

Presidente: Quereis viver o vosso serviço de catequistas, em espírito de serviço à comunidade?

Catequistas: *Sim, queremos.*

(O presidente estende as mãos sobre os catequistas.)

Presidente: *"Dignai-vos, Senhor, confirmar em seu propósito, com a vossa bênção † paterna, estes vossos filhos e filhas que anseiam por entregar-se ao trabalho da catequese, para que se esforcem por instruir os seus irmãos em tudo que aprenderem com a meditação da vossa Palavra de acordo com a doutrina da Igreja[11]."*

Catequistas: *Amém.*

---

[11] BÊNÇÃOS referentes à catequese e à oração comum. In: *Presbiterial*. Petrópolis: Vozes, 2007. p. 671.

(Logo após os catequistas se aproximam um de cada vez ou, se forem muitos, fazem uma fila um ao lado do outro, e o presidente entrega a Palavra de Deus a cada um.)

Presidente: ...N..., recebe o Livro Sagrado, instrumento e sinal de seu ministério. Exerça-o com solicitude, transmitindo-o com fidelidade à Palavra para que ela frutifique cada vez mais no coração das pessoas.

Catequista: *Amém.*

(Se forem muitos, o padre diz a fórmula somente uma vez e, depois, prossegue com a entrega da Bíblia enquanto se entoa um canto. Todos retornam aos seus lugares e a missa prossegue como de costume.)

Preces: No momento da Oração da Assembleia, pode-se acrescentar algumas das orações pelos catequistas, catecúmenos e catequizandos.

Se for oportuno, ao final da Oração Pós-Comunhão apresentam-se os catecúmenos e catequizandos que ingressarão na Iniciação Cristã de adultos. No final, o padre dá a bênção de envio aos catequistas.

Oremos: *Deus de infinita sabedoria, que chamastes o apóstolo Paulo para anunciar às nações o vosso Filho, nós vos imploramos em favor de vossos servos e servas, catequistas de nossas comunidades, que vivem com dedicação e fidelidade sua vocação: concedei--lhes imitar o apóstolo dos gentios, abrindo-se à vossa graça e considerando todas as coisas como perdas se comparadas ao bem supremo do conhecimento de Cristo, vosso Filho, a fim de que permaneçam fiéis ao anúncio da Palavra e no testemunho da caridade. Amém.*

ABENÇOE-VOS DEUS TODO-PODEROSO, PAI...

1º Tempo

A Evangelização e o Pré-Catecumenato

1° Encontro

A quem procurais?

(Integração da turma)

Palavra inicial: Consideram-se objetivos do encontro (1) fazer com que os catecúmenos e catequizandos se conheçam e compreendam que formarão um grupo de fé para amadurecerem no conhecimento de Jesus Cristo e da sua Igreja e (2) apresentar o itinerário da Iniciação Cristã que irão percorrer.

Preparando o ambiente: Ambão com toalha da cor do Tempo Litúrgico, flores, Bíblia e uma vela. Na Mesa da Partilha ou no centro do círculo com cadeiras, uma imagem de Jesus. Preparar cartões de papel e caneta para escrever os nomes dos catecúmenos e catequizandos na dinâmica de acolhida.

Acolhida: O catequista acolhe cada catequizando ou catecúmeno com uma saudação de paz na qual dirá o nome dele – "*a paz de Cristo, ...N..., seja bem-vindo(a)!*". Caso não saiba o nome de alguém, deverá antes perguntar. A cada acolhida, conduz o catequizando ou catecúmeno para dentro da sala de encontro e pede para que se sente nas cadeiras ao redor da mesa.

Quando todos já estiverem na sala, o catequista saúda a todos, dando-lhes boas-vindas. Depois, com uma breve monição, lhes dirá o motivo de estarem ali, com essas ou outras palavras semelhantes: Queridos [catecúmenos e] catequizandos, sejam bem-vindos a esse nosso primeiro encontro! A partir de agora nos conheceremos e formaremos uma grande família alicerçada na amizade e no amor a Jesus. Vamos aprender e partilhar em todos os nossos encontros muitas coisas que Ele nos ensinou.

Pode-se explicar ainda a diferença de catecúmenos e catequizandos e dizer que, por uma questão didática e de praticidade, usará nos encontros apenas a designação de *catequizandos* para todos, mesmo que no grupo tenha alguém que não seja batizado. Nesse caso usará a terminologia catecúmeno apenas em alguns momentos especiais, como nas celebrações.

Após a saudação, o catequista convida todos a se apresentarem dizendo seu nome, se são casados, se têm filhos e o que os motivou a entrar na catequese. Ao ouvir o nome de cada catequizando, o catequista o escreve em um cartão de papel e o coloca no centro da mesa ao redor da imagem de Jesus. Depois de todos se apresentarem, inclusive ele, o catequista pede para que cada catequizando pegue um cartão do centro da mesa com um nome que não seja o seu e vá ao encontro da pessoa, dando-lhe um abraço de boas-vindas. Por fim, pede para que cada catequizando guarde consigo o cartão com o nome do colega, esclarecendo que ao final do encontro haverá uma missão relacionada a ele.

Na sequência, convida para que todos se coloquem de pé ao redor da Mesa da Palavra para a oração inicial.

NA MESA DA PALAVRA

Oração inicial: O catequista inicia a oração com o sinal da cruz e uma saudação. Após breve oração espontânea, convida todos a invocarem o Espírito Santo cantando ou rezando: "*Vinde, Espírito Santo, enchei os...*". Em seguida exorta todos a estarem atentos ao texto bíblico que será proclamado. Antes da leitura, poderão cantar aclamando o Evangelho.

Leitura do texto bíblico: Jo 1,35-42.

Após alguns minutos de silêncio, o catequista lê o texto novamente, pausadamente, destacando alguns pontos.

> *"...os dois discípulos ouviram isto e seguiram Jesus [...] Então Jesus voltou-se para eles e, vendo que o seguiam, perguntou-lhes: ´A quem procurais?` [...] ´onde moras?` Ele disse: ´Vinde e vede."*

Depois da proclamação do texto, todos voltam para a Mesa da Partilha.

NA MESA DA PARTILHA

A partir da leitura bíblica, o catequista pergunta o que eles entenderam do texto, o que eles sabem a respeito de Jesus. Deve-se deixar que os catequizandos falem, prestando atenção no que dizem e valorizando, na medida do possível, o que cada um falou.

Após ouvi-los, o catequista diz que João Batista foi o precursor de Jesus, o responsável por preparar o seu caminho e apontá-lo como o Messias prometido. Os discípulos de João então começam a seguir Jesus a fim de conhecê-lo melhor. Depois de estar e conviver com Ele, o reconhecem verdadeiramente como Messias e passam a anunciá-lo, tornando-se seus discípulos missionários.

O catequista diz qual é o objetivo do percurso que irão trilhar: conhecer mais de perto o Senhor, estar com Ele, tornando-se suas testemunhas, membros de sua Igreja, colocando seus dons e talentos a serviço do Evangelho por Ele pregado. Depois explica toda a proposta da iniciação, podendo lhes entregar um cronograma/calendário dos encontros, atividades e celebrações, tirando as dúvidas que surgirem.

Conclusão: O catequista orienta para que colem o cartão com o nome do colega que pegaram no início do encontro no Diário Catequético, ou o escrevam. Depois diz que o compromisso da semana será rezar todos os dias por essa pessoa, pedindo que Jesus sempre a proteja e a abençoe. Orienta também sobre as demais questões propostas no Diário relacionadas ao encontro.

Oração final: Em pé, ao redor da Mesa da Palavra, convida os catequizandos a formularem orações, e ao final de cada prece responderem: *"Senhor escutai a nossa oração"*. Conclui rezando o Pai-nosso e a oração:

> *Deus, Pai de bondade, que conhece cada um de nós pelo nome, nós te louvamos e te agradecemos por esse encontro e por este grupo que hoje se formou. Que nos tornemos em Cristo uma só família. Por nosso Senhor Jesus Cristo, vosso Filho, na unidade do Espírito Santo. Amém.*

No final da oração, o catequista impõe as mãos sobre a cabeça de cada catequizando, traça o sinal da cruz em sua fronte e diz: *"."..N..., vai em paz, que o Senhor te acompanhe! Amém"*.

2º Encontro

A fé, dom de Deus, transmitida de geração em geração

Palavra inicial: Neste encontro queremos refletir que a fé, dom de Deus, é transmitida pela Igreja. A Igreja é a guardiã e depositária da fé. Essa que não pode ser vivida sozinha, pois somos sustentados e carregados pela fé da comunidade, formando uma grande corrente de batizados.

Preparando o ambiente: Ambão com toalha da cor do Tempo Litúrgico, vela e flores. Providenciar também tiras de papel e cola ou fita adesiva para a dinâmica.

Acolhida: O catequista acolhe os catequizandos saudando-os com a frase "*somos sustentados pela fé da comunidade, ...N..., seja bem-vindo(a)!*", então os conduz para dentro da sala. Quando já estiverem na sala, saúda a todos mais uma vez, desejando-lhes boas-vindas.

Recordação da vida: Ao redor da Mesa da Partilha ou da Palavra, o catequista convida-os a fazer uma retrospectiva da semana e do encontro anterior, pedindo que relacionem o tema do encontro passado com a história dos Magos que foram ao encontro de Jesus.

NA MESA DA PALAVRA

Oração inicial: O catequista motiva a oração valorizando tudo o que foi expresso na recordação da vida. Depois, traçando o sinal da cruz, convida para invocarem juntos o Espírito Santo cantando ou rezando.

O catequista, a seguir, proclama o texto bíblico.

Leitura do texto bíblico: At 8,26-40.

Após alguns minutos de silêncio, o catequista lê o texto novamente, pausadamente, destacando alguns pontos.

> "'Será que estás entendendo o que lês?' Ele respondeu: 'Como é que vou entender se ninguém me orienta?' [...] Filipe pôs-se a falar e, começando com esta passagem, anunciou-lhe a Boa-Nova de Jesus..."

Após a leitura, o catequista convida todos a se sentarem ao redor da Mesa da Partilha.

NA MESA DA PARTILHA

O catequista poderá perguntar aos catequizandos o que é a fé, convidando-os a refletirem sobre a importância e o papel que Filipe teve na vida daquele homem etíope. Após ouvir alguns catequizandos, sugere-se prosseguir com a reflexão comentando:

▸ A fé é acreditar no impossível, naquilo que não se vê, não se explica... É ter a certeza de que Deus, no seu tempo, agirá onde não existe solução. E muito mais que isso, é ter a firme convicção de que

Deus tem um plano de amor e salvação para todos nós, revelado e cumprido por Jesus. A nossa fé é o combustível que nos faz mover até o céu, ao encontro do próximo.

- Desde a criação do mundo, Deus se revelou à humanidade e, através dos tempos, manifestou seu amor a ponto de entregar o seu próprio Filho por cada um de nós.

- A fé da humanidade neste Deus onipotente sobreviveu através dos séculos e foi passada de geração para geração. Com a vinda de Cristo e o nascimento do cristianismo, a Igreja se inicia com os primeiros discípulos que assumem com fidelidade e sem medo o mandato de Jesus: "Ide e anunciai o Evangelho a toda Criatura" (Mc 16,15).

- O Evangelho sobre o qual hoje estamos refletindo mostra o importante papel de Filipe, um dos discípulos nesta missão. O etíope necessitava de alguém para ajudá-lo a entender, interpretar e compreender as Sagradas Escrituras, precisava de alguém que lhe anunciasse Jesus Cristo. Os ensinamentos de Filipe, a convicta autoridade com que falava de Jesus e o seu testemunho, foram tão profundos que fizeram com que aquele homem pedisse o Batismo ao se aproximarem da água.

- A fé transmitida não pertence particularmente a nenhuma pessoa ou discípulo. É dom de Deus, nos foi dada por Ele. Sendo assim, o que anunciamos não são nossas crenças, ideias ou pensamentos pessoais. Podemos muitas vezes até discordar de algo que nossa Igreja apresenta, mas ao falarmos em nome dela devemos deixar nossas convicções pessoais de lado e anunciar o que ela nos ensina. O bonito de nossa fé e da nossa Igreja está no fato de sermos pessoas diferentes em nossa maneira de ser e pensar, mas capazes de respeitar as nossas diferenças para colocarmos aquilo que nos une acima de tudo: Jesus Cristo.

- A Igreja, portanto, formada por todos os batizados, torna-se a detentora, defensora e guardiã da fé. Ela orienta os caminhos que devemos seguir para que a fé não se perca com nosso egoísmo e não seja instrumentalizada pelas nossas "vontades". O Papa, os Bispos, padres, religiosos, teólogos e muitos leigos e leigas estudiosos e estudiosas mantêm um íntimo relacionamento com as Sagradas Escrituras e a Sagrada Tradição, para que a fé não se perca ou se desvie dos mandamentos do Senhor.

- Mais que discursos teóricos, a fé é mantida pelo testemunho e pela fidelidade de cada pessoa que testemunha as maravilhas que Deus realiza em sua vida. A fé, portanto, é mantida pelos inúmeros testemunhos das comunidades espalhadas pelo mundo afora. Quantas histórias lindíssimas já ouvimos!

- Às vezes reclamamos de alguma coisa ou nos desanimamos... Mas quando nos colocamos em contato com a comunidade, com os irmãos e irmãs, nos fortalecemos pela oração e na partilha da vida de fé. Todos nós, cristãos, com certeza já fizemos a experiência de visitar alguém enfermo e sair com a sensação de ter sido contagiado pela fé daquele que sofre. Nessas situações, em vez de consolar, fomos consolados. Nós, cristãos, somos convidados constantemente, independentemente da situação que estivermos passando, a demonstrar e a testemunhar nossa fé.

- Nos diz o Catecismo da Igreja Católica (n. 166-167):

> A fé é um ato pessoal: a resposta livre do homem à iniciativa de Deus que se revela. Ela não é, porém, um ato isolado. Ninguém pode crer sozinho, assim como ninguém pode viver sozinho. Ninguém deu a fé a si mesmo, assim como ninguém deu a vida a si mesmo. O crente recebeu a fé de outros, deve transmiti-la a outros. Nosso amor por Jesus e pelos homens nos impulsiona a falar a outros de nossa fé. Cada crente é como um elo na grande corrente dos crentes. Não posso crer sem ser carregado pela fé dos outros, e pela minha fé contribuo para carregar a fé dos outros. 'Eu creio': esta é a fé da Igreja, professada pessoalmente por todo crente, principalmente pelo batismo. 'Nós cremos': esta é a fé da Igreja confessada pelos bispos reunidos em Concílio ou, mais comumente, pela assembleia litúrgica dos crentes. 'Eu creio' é também a Igreja, nossa Mãe, que responde a Deus com sua fé e que nos ensina a dizer: 'eu creio', 'nós cremos'.

Formamos, portanto, a grande corrente dos crentes... Unidos uns aos outros, nos fortalecemos e perseveramos na fé, dom de Deus e que da Igreja recebemos.

---- DINÂMICA ----
O catequista pergunta aos catequizandos se conhecem alguma história de superação fundamentada na vida de fé ou algum fato visto/ouvido que os tenha comovido, levando-os a cuidarem e valorizarem mais a vida.

Depois de partilharem suas respostas na dinâmica, o catequista propõe fazer uma corrente com o nome de cada um e com as histórias de fé, esperança e superação que motivam suas vidas. Para isso, é preciso distribuir as tiras de papel e pedir para cada catequizando escrever o seu nome e descrever, resumidamente, algum testemunho de fé e superação dentre aqueles apresentados. Depois, unir essas tiras com cola ou fita adesiva formando uma grande corrente.

Sugere-se explorar os fatos e testemunhos de fé descritos na corrente, motivando os catequizandos a perceberem os "frutos" da fé e a se verem como discípulos de Jesus e membros da Igreja.

Conclusão: O catequista comenta que a Igreja só se mantém graças ao Espírito Santo que age na vida de cada um de nós, fortalecendo-nos e impulsionando-nos a testemunhar sem medo a nossa fé, que não pode ser vivida sozinha, mesmo sendo algo pessoal. Portanto, não basta rezar em casa... É necessário algo além disso: a convivência e partilha com irmãos e irmãs.

Oração final: O catequista convida os catequizandos a ficarem em pé ao redor da Mesa da Palavra e os incentiva a formularem orações e preces. Conclui rezando o Pai-nosso e fazendo a oração:

> *Pai de amor, que pelo Batismo nos torna irmãos e irmãs, pedimos que verdadeiramente possamos ser um só corpo, colocando nossos dons a serviço da comunidade, fortalecendo-nos mutuamente e formando a grande corrente dos crentes. Por Cristo, nosso Senhor. Amém.*

Após a oração, o catequista impõe as mãos sobre a cabeça de cada catequizando e traça o sinal da cruz em sua fronte, dizendo: "...N..., testemunhai a fé como vossa vida, vai em paz e que o Senhor te acompanhe!".

Material de apoio

» Aprofundar o tema nos parágrafos 26 a 141 do Catecismo da Igreja Católica.
» Ler o *Motu Proprio*, intitulado *Porta Fidei* (A porta da fé), com o qual o Papa Bento XVI convocou o Ano da Fé, realizado entre outubro de 2012 e novembro de 2013. Se a realidade permitir, sugere-se que o catequista organize um estudo com os catequizandos sobre esse texto.

3° Encontro — Deus se revela na história

Palavra inicial: Neste encontro queremos aprofundar a compreensão do grande Projeto de Salvação que Deus tem para o homem. Ao longo da história, Deus foi se revelando à humanidade até, no tempo oportuno, enviar seu Filho único para dar a vida e salvar cada um de nós.

Preparando o ambiente: Ambão com toalha da cor do Tempo Litúrgico, vela e flores. Cartaz grande com a reprodução da "linha do tempo" contida no material de apoio.

Acolhida: O catequista acolhe os catequizandos com o dizer "*Deus tem um Projeto de Amor e Salvação, ...N...!*". Na sala, saúda a todos mais uma vez, desejando-lhes boas-vindas.

Recordação da vida: Após serem acolhidos, ao redor da Mesa da Partilha ou da Palavra, o catequista convida a fazer uma retrospectiva da semana. Depois, poderá perguntar sobre as atividades propostas no Diário e como foi a experiência de fazer a *Lectio Divina*.

NA MESA DA PALAVRA

Oração inicial: O catequista motiva a oração traçando o sinal da cruz, invocando o Espírito Santo e concluindo com uma oração espontânea.

Convida todos a ouvirem atentos a leitura do Livro dos Atos dos Apóstolos. Em seguida, dirige-se até o ambão e proclama o texto bíblico.

Leitura do texto bíblico: At 13,16-26.

Após alguns minutos de silêncio, o catequista lê o texto novamente, pausadamente, destacando alguns pontos.

> "*De sua descendência, segundo a promessa, Deus fez sair para Israel um salvador, Jesus.*"

O catequista convida todos a se sentarem ao redor da Mesa da Partilha.

NA MESA DA PARTILHA

O catequista poderá perguntar aos catequizandos se recordam alguma história ou fato importante narrado no Antigo Testamento da Bíblia (exemplos: Davi, Sansão e Dalila, Arca de Noé...). Depois de ouvir, o catequista partilha o texto dizendo que o discurso de Paulo faz um resumo de todo o Projeto de Salvação que Deus trilhou para o homem, destacando os principais acontecimentos:

- Desde a criação do mundo e do pecado do homem, Deus propõe um Projeto de Salvação e o revela aos poucos à humanidade. Propõe um caminho de arrependimento, reconhecimento, conversão e aliança.

- Escolheu um homem, Abraão, e a partir dele constituiu um povo eleito. Ao longo dos séculos, Deus se revela à humanidade e se relaciona com ela. Com o passar do tempo, o povo vai compreendendo o projeto de Deus, vai amadurecendo...

- Inúmeros acontecimentos e muitas alianças foram seladas por Deus e seu povo. Pode-se notar isso nas alianças seladas com Abraão, Isaac, Jacó, Moisés... e acontecimentos como os que envolveram o Dilúvio, as Tábuas da Lei, a Arca da Aliança, a Terra Prometida... Surgiram ainda inúmeros reis e profetas, como Salomão, Davi, Isaías, Jeremias, Ezequiel... No tempo oportuno, então, Deus se revelou plenamente ao enviar seu Filho único, Jesus Cristo.

- É uma longa tradição que precisa ser conhecida para entender a fé que hoje professamos. O cristianismo nasce na história, é fruto do Projeto de Salvação que Deus tem para a humanidade.

- É preciso, portanto, compreender o caminho percorrido pelo povo de Israel; entender como viviam, relacionavam-se com Deus e testemunhavam a fé. Isso é fundamental para interpretar nossa doutrina e história. Nossa fé é judaico-cristã.

O catequista esclarece que, ao longo do ano, em cada encontro, refletirão sobre os fatos mais relevantes da história do povo de Israel que chegaram até nós pelos relatos bíblicos. Na sequência, a partir dos fatos importantes lembrados pelos catequizandos, poderá apresentar a "linha do tempo" (ver material de apoio) pedindo para que observem a cronologia dos acontecimentos até chegar a Jesus Cristo. Pode-se pedir, ainda, que recordem o discurso de Paulo (At 13,16-23) e identifiquem os acontecimentos citados na "linha do tempo".

Conclusão: Estimular os catequizandos a partilharem o que mais têm curiosidade de saber sobre as histórias bíblicas, os fatos e acontecimentos por ela narrados. Poderá fazer um quadro com todas as dúvidas e curiosidades a fim de buscar respondê-las ao longo dos encontros. À medida que um fato é respondido, juntamente com os catequizandos, o catequista poderá riscar seu registro no quadro.

Oração final: Ao redor da Mesa da Palavra, o catequista motiva a oração final na qual poderão ser feitos pedidos e preces por toda a Igreja e pelo crescimento do Reino de Deus. Conclui-se com o Pai--nosso e com a oração:

Deus, Pai de bondade, te louvamos e agradecemos por enviar teu Filho ao mundo para anunciar e instaurar teu Reino entre nós. Pedimos que nos fortaleça com o dom do Espírito Santo para que possamos compreender todo o Projeto de Amor e Salvação que tens a cada um de nós. Por nosso Senhor Jesus Cristo. Amém.

Após a oração, o catequista impõe as mãos sobre a cabeça de cada catequizando e traça o sinal da cruz em sua fronte, dizendo: "...N..., *vai em paz e que o Senhor te acompanhe! Amém*".

Material de apoio

LINHA DO TEMPO NARRADA PELA SAGRADA ESCRITURA

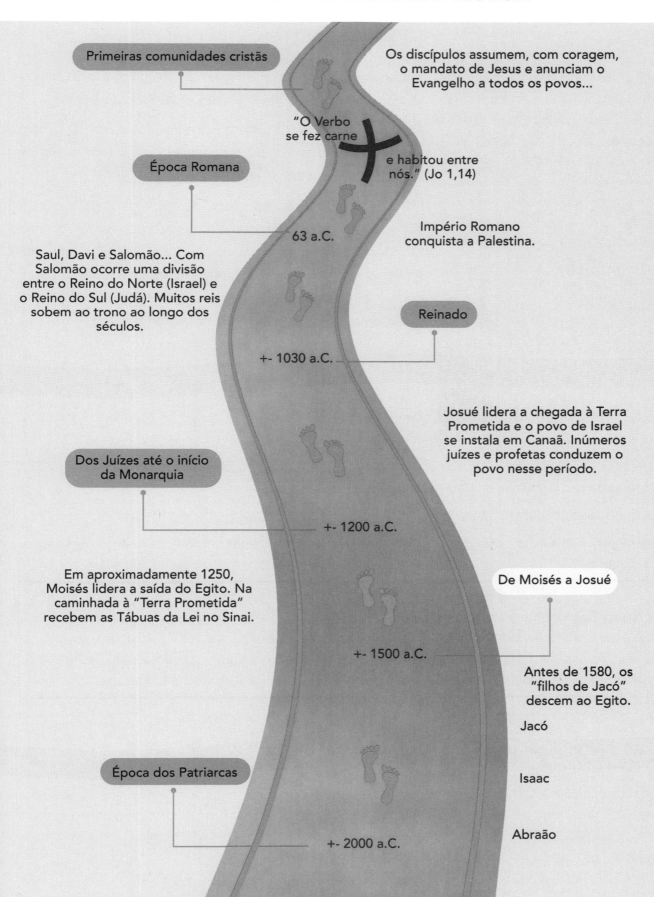

Acolher o projeto de Deus

Palavra inicial: Neste encontro queremos mostrar que, para cumprir seu projeto, Deus escolhe uma mulher: Maria. Pelo seu "sim", Jesus veio ao mundo, Deus fez-se homem. O nosso "sim", como o de Maria, é condição para nos unir a Cristo e formar um só corpo, tendo Ele como a cabeça. Com seu "sim" e sua fidelidade, Maria torna-se teófora (portadora de Deus), exemplo para todos nós cristãos.

Preparando o ambiente: Ambão com toalha da cor do Tempo Litúrgico, Bíblia, vela, flores e imagem de Nossa Senhora.

Acolhida: O catequista acolhe os catequizandos saudando-os com o dizer *"com seu 'sim', ...N..., formaremos uma grande família"*, e os conduz para dentro da sala.

Recordação da vida: Ao redor da Mesa da Partilha ou da Palavra, os catequizandos farão uma retrospectiva da semana. O catequista poderá perguntar sobre o encontro anterior, sobretudo como foi fazer a linha do tempo de sua vida cristã. Poderá pedir para destacarem, também, os acontecimentos importantes que ocorreram na vida da comunidade.

NA MESA DA PALAVRA

Oração inicial: Valorizando todos os elementos trazidos durante a recordação da vida, o catequista inicia a oração invocando o Espírito Santo, cantando ou rezando.

O catequista poderá convidar todos a cantarem aclamando o Santo Evangelho e, em seguida, pedir a um catequizando para ir ao ambão e proclamar o texto bíblico.

Leitura do texto bíblico: Lc 1,26-45.

Após alguns minutos de silêncio, o catequista lê o texto novamente, pausadamente, destacando alguns pontos.

> *"...o anjo lhe falou: 'não tenhas medo, Maria, porque encontrastes graça diante de Deus. Eis que conceberás e darás à luz um filho' [...]. Naqueles dias Maria se pôs a caminho e foi apressadamente às montanhas para uma cidade de Judá. Entrou na casa de Zacarias e saudou Isabel. Aconteceu que, mal Isabel ouviu a saudação de Maria, a criança saltou em seu ventre e Isabel, cheia do Espírito Santo, exclamou em voz alta: 'Bendita és tu entre as mulheres...'"*

O catequista convida todos a se sentarem ao redor da Mesa da Partilha.

NA MESA DA PARTILHA

Deixar que os catequizandos falem o que entenderam a partir do texto. Comentar que as profecias sobre o Messias, anunciadas pelos profetas do Antigo Testamento, agora se cumprem com a escolha e o "sim" de Maria. Deus, continuando seu Plano de Amor e Salvação, envia o anjo Gabriel até Maria, uma jovem prometida em casamento a um homem chamado José.

Maria escuta atentamente as palavras do anjo e, mesmo não sabendo como tudo aconteceria, confia no projeto de Deus e diz seu "sim". O anjo também lhe diz que sua prima Isabel, esposa de Zacarias, estéril e idosa, conceberia e daria à luz um filho: João Batista (cf. Lc 1,5-25). Maria, mais do que depressa, se coloca a caminho e vai ao encontro de Isabel.

O catequista poderá questionar aos catequizandos por que Maria visitou Isabel, qual o intuito desse encontro. Depois de ouvi-los, o catequista explica que, à primeira vista, podemos entender que Maria está disposta a ajudar Isabel nos afazeres domésticos. Por outro lado, se assim fosse, deveríamos considerar que uma mulher realmente precisa de ajuda depois de dar à luz, mas Maria retorna, vai embora, antes de isso acontecer. Isso significa que a intenção dela não era simplesmente ajudar Isabel nos afazeres da casa, pois qualquer um poderia fazê-lo. Os próprios vizinhos poderiam auxiliá-la. O papel de Maria é muito maior: é o de ser, para Isabel, portadora de Deus, trazendo-lhe esperança.

Quando diz o seu "sim", Maria torna-se *teófora*, ou seja, portadora de Deus. Ela vai ao encontro de sua prima, pois, diante dos acontecimentos, sabia que Isabel podia estar com dificuldade de compreender todo o projeto de Deus em sua vida. Sua prima era estéril e agora estava grávida, era idosa e seu marido, mudo. Isabel com certeza precisava compreender todos esses últimos acontecimentos. Maria, então, ao ir ao seu encontro, torna-se resposta e ocasião de cura para Isabel.

Maria torna-se portadora da Boa Notícia, portadora de Deus para a sua prima. A sua simples presença dá à Isabel todas as respostas de que necessita. Isso porque Maria carregava em seu seio o Filho de Deus, Jesus Cristo. Hoje também somos chamados a gerar Jesus em nossas vidas e, a exemplo de Maria, ser portadores de Deus na vida de tantas pessoas que estão sofrendo, sem esperança. O catequista poderá questionar aos catequizandos de que maneira podemos levar Deus às pessoas que necessitam. Como podemos ser, hoje, portadores de Deus?

Este encontro quer frisar dois pontos: primeiro, o nosso "sim", uma decisão pessoal, resposta livre, consciente e confiante que cada um deve dar a Deus como adesão a seu projeto (essa adesão se torna concreta pelo Batismo e pela inserção na Igreja); segundo, a consequência da resposta. Sendo positiva, não se deve mais viver uma fé sozinha, individual e "egoísta". Deve-se assumir as atitudes e gestos de Jesus, o amor e doação, o viver para o outro.

Conclusão: O catequista prepara os catequizandos para dar mais um passo na fé, através da Celebração de Entrada no Cetecumenato e/ou de Entrega da Bíblia, que acontecerá nas próximas semanas. Assim como Maria, são chamados a dar seu "sim" concreto, diante de toda a comunidade. Em seguida é possível o sentido da celebração e sua importância. Depois orientá-los a como proceder para vivenciarem bem a ação litúrgica, que sugerimos realizar após o 5º encontro, numa missa com a participação de toda a comunidade.

Oração final: O catequista convida a se colocarem ao redor da Mesa da Palavra, onde incentiva os catequizandos a agradecerem a Deus por todos os que doam suas vidas pelo anúncio da Palavra. Convida também a elevarem preces para que Deus os ajude a dar seu "sim" a cada dia, a exemplo de Maria. No final, poderá rezar o Pai-nosso e concluir com a oração:

> *Senhor, louvamos por todos que abandonam suas vidas e se colocam inteiramente a serviço do Evangelho. Ajudai também a nós para sermos sinal de sua presença a todos os necessitados. Por Cristo, nosso Senhor. Amém.*

Após a oração, o catequista impõe as mãos sobre a cabeça de cada catequizando e traça o sinal da cruz em sua fronte, dizendo: "...N..., *Deus tem um plano para você, vai em paz e que o Senhor o(a) acompanhe! Amém*".

Material de apoio

Para compreender melhor o sentido e o desenrolar da Celebração de Entrada no Catecumenato, sugerimos a leitura do livro: PARO, Thiago Faccini. *As celebrações do RICA*: conhecer para bem celebrar. Petrópolis: Vozes, 2017, páginas 24 a 29.

ORIENTAÇÕES PARA A CELEBRAÇÃO

- Com antecedência, agendar com o padre responsável a celebração de Entrada no Catecumenato e/ou de Entrega da Bíblia.
- Informar dia, horário e local da celebração. Pedir que cheguem com antecedência.
- Se na turma tiver catecúmenos e catequizandos, orientá-los quanto à diferenciação dos ritos.
- Reunir-se com que irá presidir e com a equipe de liturgia da comunidade para preparar a ação litúrgica.
- Providenciar Bíblia para todos os catecúmenos e catequizandos.

Bíblia: coleção de livros

Palavra inicial: Neste encontro, queremos apresentar aos catequizandos a Bíblia como uma grande coleção de livros ou como cartas que Deus escreve a toda a humanidade, esclarecendo ser a principal fonte de revelação do projeto de Deus. O objetivo é ajudá-los a compreender que a Bíblia é um livro essencial para aqueles que querem ser discípulos de Jesus. Conhecendo-a, deverão criar uma maior intimidade com a Palavra que dá vida e sacia toda sede do coração do homem. Apresentando o Livro Sagrado, queremos de certa forma também prepará-los para que recebam de maneira consciente a Sagrada Escritura na celebração de Entrada no Catecumenato e/ou de Entrega da Bíblia, que acontecerá posteriormente.

Preparando o ambiente: Ambão com toalha da cor do Tempo Litúrgico, Bíblia, vela e flores. Seria interessante em dois cartazes relacionar o nome dos livros da Bíblia, dividindo-os em Antigo e Novo Testamento.

Acolhida: O catequista acolhe os catequizandos dizendo: "...N..., seja bem-vindo(a), vamos acolher a Palavra de Deus!".

Recordação da vida: Quando todos estiverem ao redor da Mesa da Palavra ou da Mesa da Partilha, relembrar os fatos e acontecimentos que marcaram a semana. Depois, perguntar sobre as atividades propostas no Diário e como foi a experiência de fazer a *Lectio Divina*.

NA MESA DA PALAVRA

Oração inicial: O catequista, traçando o sinal da cruz e fazendo a saudação, convida todos a rezar e invocar o Espírito Santo com a oração "*Vinde, Espírito Santo, enchei os...*" ou com um canto. Conclui com estas ou outras palavras semelhantes, que podem ser repetidas pelos catequizandos:

Pai bondoso, nosso Deus, tua Palavra é uma luz no meu caminho da vida. Que saibamos acolher e amar os ensinamentos da Bíblia para sermos felizes. Que estejamos com os ouvidos bem atentos para escutar tua voz que nos fala por este livro santo. Amém.

Logo depois, dirige-se ao ambão e proclama o texto bíblico.

Leitura do texto bíblico: 2Tm 3,15-17.

Após alguns minutos de silêncio, o catequista lê o texto novamente, pausadamente, destacando alguns pontos.

> "Desde a infância conheces as Sagradas Escrituras [...] Toda Escritura é inspirada por Deus [...] a fim de que o homem de Deus seja perfeito e capacitado para toda boa obra."

Após a leitura, todos voltam para a Mesa da Partilha.

NA MESA DA PARTILHA

Reconstruir o texto bíblico e refletir: Do que fala o texto? O que Paulo diz a Timóteo sobre a Bíblia? Qual o poder da Bíblia? Para que a Bíblia é útil? Para que está preparada a pessoa que é de Deus? Deixar que os catequizandos falem.

O catequista prossegue meditando o texto da carta que o apóstolo Paulo escreveu a um dos seus grandes amigos: Timóteo. É uma carta de amigos, mas que nos ensina muitas coisas. Na carta, Paulo diz para Timóteo recordar que desde criança ele conhece a Bíblia. A palavra Bíblia significa "livros". Embora seja um só volume, a Bíblia contém muitos livros; é uma coleção de livros, uma verdadeira biblioteca, que revela a experiência de fé do povo de Deus, a relação do homem com o Transcendente. Questionar: Quem sabe como ela foi escrita e quantos livros têm? Quem tem uma Bíblia em casa? Geralmente, onde fica a Bíblia na sua casa? Quem a lê?

O catequista então explica que a Sagrada Escritura é formada por dois grandes blocos chamados Testamentos: o Antigo e o Novo. O Antigo Testamento conta a história do povo de Israel, a promessa da vinda de Jesus. O Antigo Testamento é a primeira e a maior parte da Bíblia, formado por 46 livros. O Novo Testamento conta a vida de Jesus e das primeiras comunidades cristãs, e é formado por 27 livros. Ao todo, a Bíblia é formada por 73 livros. Esses livros comunicam a Palavra de Deus que orienta os caminhos para que o ser humano seja feliz, ame a todos e encontre a fé e a salvação em Jesus Cristo.

O catequista, convidando os catequizandos a olharem os dois cartazes, poderá dizer que cada cartaz contém os nomes dos livros contidos na Bíblia divididos em Antigo e Novo Testamentos. Mostrando o cartaz com os livros do Antigo Testamento, é importante dizer que são divididos em quatro grupos de acordo com o conteúdo e o gênero literário.

Grupo 1
Chamados de PENTATEUCO
Composto pelos cinco primeiros livros da Bíblia: Gênesis, Êxodo, Levítico, Números e Deuteronômio. A palavra *Pentateuco* vem grego e significa "os cinco rolos", "livro de cinco volumes". Entre o povo judeu é chamado de *Torá*, palavra hebraica que significa literalmente "lei", mas pode ser entendido também como "ensinamento", "instrução". Esses cinco primeiros livros possuem uma importância muito grande, pois fornecem a base de todo o restante do conteúdo bíblico.

Grupo 2
Chamados de LIVROS HISTÓRICOS
São os livros que contam a história de Israel, desde a conquista da Terra Prometida até próximo à época de Jesus. Esse grupo reúne 16 livros: Josué, Juízes, Rute, 1ª e 2ª Samuel, 1ª e 2ª Reis, 1ª e 2ª Crônicas, Esdras, Neemias, Tobias, Judite, Ester, 1ª e 2ª Macabeus.

Grupo 3
Chamados de LIVROS SAPIENCIAIS
São assim chamados por serem escritos, em sua maioria, em linguagem poética, fazendo uso de metáforas, de linguagem alegórica, e têm um caráter de ensinar a alcançar a sabedoria. Entende-se aqui a sabedoria como discernimento, bom senso, não simplesmente como acumulação de conhecimentos. Esses livros apresentam a sabedoria e a espiritualidade do povo de Israel, adquiridos através da meditação e experiência de vida. São eles: Jó, Salmos, Provérbios, Eclesiastes, Cântico dos Cânticos, Sabedoria e Eclesiástico.

Grupo 4
Chamados de LIVROS PROFÉTICOS
Chamam-se assim porque cada um deles é atribuído a um profeta. Os 19 livros que compõem esse grupo – Isaías, Jeremias, Lamentações, Baruc, Ezequiel, Daniel, Oseias, Joel, Amós, Abdias, Jonas, Miqueias, Naum, Habacuc, Sofonias, Ageu, Zacarias e Malaquias – registram as mensagens de Deus ao povo, na forma de discursos e sermões, visões e experiências da vida dos profetas.

Os livros do Antigo Testamento foram escritos em hebraico, com algumas passagens em aramaico, e alguns livros menos antigos, em grego. A Bíblia protestante (usada pelos evangélicos) apresenta sete livros a menos (1ª e 2ª Mc, Jt, Tb, Eclo, Sb e Br), pois, chamados de *apócrifos*, não são considerados inspirados por Deus. Nós, católicos, os chamamos de *deuterocanônicos* porque foram incluídos no "canôn" Bíblico num segundo momento; aceitamos, assim, sua autenticidade.

Os livros do Novo Testamento foram todos escritos em grego popular (*koiné*), e também podem ser divididos por gênero literário, seguindo a ordem em que estão elencados na Bíblia:

- Os quatro Evangelhos: São Mateus, São Marcos, São Lucas e São João. Os três primeiros são chamados de *sinóticos*. A palavra *Evangelho* significa "boa notícia", e apresenta relatos da vida de Jesus.
- O Livro dos Atos dos Apóstolos, que narra a história do início da Igreja, o anúncio por parte dos discípulos e a formação das primeiras comunidades.
- As 13 cartas atribuídas a São Paulo (Cartas Paulinas): Romanos, 1ª e 2ª Coríntios, Gálatas, Efésios, Filipenses, Colossenses, 1ª e 2ª Tessalonicenses, 1ª e 2ª Timóteo, Tito e Filêmon.
- A Carta aos Hebreus, cujo autor é desconhecido, e um grupo de sete cartas, conhecidas como *católicas* ou *universais* – assim chamadas por serem, em sua maioria, dirigidas toda a Igreja, e não a comunidades ou pessoas específicas. São elas: São Tiago, 1ª e 2ª São Pedro, 1ª, 2ª e 3ª de São João e São Judas.
- Todas as cartas são chamadas também de Epístolas.
- Temos como último livro da Bíblia o Apocalipse, palavra grega, que significa "revelação". Foi escrito para reconfortar a Igreja perseguida.

O catequista poderá pedir que os catequizandos leiam os nomes dos livros e, se quiser, poderá contar quantos livros compõem cada grupo, ajudando-os a memorizar melhor a quantidade de livros que formam a Sagrada Escritura. Depois, poderá dizer ainda que, quando o grego passou a ser menos falado no Ocidente, a Bíblia toda foi traduzida para o latim, tendo como uma das traduções mais conhecidas a feita por São Jerônimo, nos inícios do séc. V, chamada de *Vulgata*. Hoje temos várias traduções em praticamente todas as línguas. No Brasil, temos inúmeras versões, e cada tradução (publicada por editoras diferentes), adota metodologia própria, mudando termos e utilizando sinônimos, adaptando muitas vezes a linguagem para tornar mais acessível sua leitura.

A Bíblia, que é uma coleção de livros, uma biblioteca num único volume, foi escrita sob a luz da fé, das experiências vividas por mulheres e homens em épocas, lugares e situações diferentes. Eram pais e mães de família, gente instruída e gente simples. Muitos não sabiam ler nem escrever, porém contavam e recontavam histórias que tinham ouvido, as quais lembravam, sobretudo, a presença e ação de Deus que caminhava com eles. Nessas experiências, que pouco a pouco passaram a ser registradas por escrito, o povo reconheceu a voz de Deus. Portanto, os livros da Bíblia são chamados de "Escritos Sagrados" ou "Sagrada Escritura", porque foram escritos por inspiração divina.

Aprendendo a manusear a Bíblia

Vamos aprender a usar a Bíblia procurando nela um texto (distribuir os papéis com citações diversas). Siga os passos abaixo.

1. Nas primeiras páginas da Bíblia estão os nomes dos livros e as abreviaturas. Nessa página podemos localizar os livros que são indicados por abreviatura, que não conhecemos. Temos como exemplo o Evangelho segundo Mateus, que se abrevia Mt.
2. Para procurar na Bíblia, precisamos saber: o nome do livro, o capítulo e o versículo. Por exemplo: Mt 19,13. Nome do livro (Mateus), capítulo (19), versículo (13).
3. Depois de encontrar o nome do livro, procure o capítulo que se pede. Os capítulos são os números grandes. Procure o número 19, grande, no Evangelho segundo Mateus. Temos, então, Mt 19, que se lê: Mateus, capítulo 19.
4. Depois desses passos, procure o versículo que se pede. Os versículos são aqueles números pequenos que se encontram no meio do texto, numerando as frases. Procure, agora, o versículo 13 dentro do capítulo 19 do Evangelho segundo Mateus. Temos, assim, Mt 19,13, que se lê: Evangelho segundo Mateus, capítulo 19, versículo 13.
5. Quando é Mt 19,13-15, a gente lê do versículo 13 até o versículo 15. O versículo 15 é para ser lido também.
6. A vírgula, na indicação, separa o capítulo dos versículos: Mt 19,13-15.
7. O traço indica a sequência dos versículos. Na indicação acima se lê: Evangelho segundo Mateus, capítulo 19, versículos 13 a 15.
8. O ponto entre números separa versículos soltos. Por exemplo: Tg 1,16-18.22-27. Diz-se: Carta de Tiago, capítulo 1, versículos 16 a 18 e 22 a 27.
9. O ponto e vírgula separa capítulos. Por exemplo: Mt 5,3;8,20. Lê-se: Evangelho segundo Mateus, capítulo 5, versículo 3 e capítulo 8, versículo 20. O ponto e vírgula também pode separar livros. Por exemplo: Mt 5,3; Lc 2,4. Lê-se: Evangelho segundo Mateus, capítulo 5, versículo 3; e Evangelho segundo Lucas, capítulo 2, versículo 4.

Conclusão: Procurar durante a semana ler o Evangelho da liturgia diária (conjunto de leituras bíblicas diárias propostas pela Igreja) como forma de exercitar o manuseio da Bíblia, utilizando o método da *Lectio Divina*. O catequista poderá indicar onde encontrar a liturgia diária e/ou ainda entregar uma lista com as passagens bíblicas.

Quem ainda não tem Bíblia poderá, como já sugerido, buscar por uma versão on-line. Recordar que todos receberão uma Bíblia na celebração de Entrada no Catecumenato e/ou de Entrega da Bíblia. Recordar-lhes dia, local, horário da celebração.

Oração final: Ao redor da Mesa da Palavra, pedir aos catequizandos para que façam suas preces e todos responderão: *"Ouvi-nos, Senhor"*. Depois rezar o Pai-nosso e concluir com a oração:

> *Pai santo, nós agradecemos pela Bíblia, que é a carta que fala do teu amor pela humanidade. Ela é a força que muda a nossa vida, que nos ensina e nos corrige. Mostra a tua bondade para nós, teus filhos. Senhor, nós pedimos, coloca em nosso coração um grande amor pela Bíblia, tua Palavra. Por nosso Senhor Jesus Cristo. Amém.*

Lembrá-los de que, após a Celebração de Entrada no Catecumenado e/ou de Entrega da Bíblia, todos devem trazer a Bíblia que ganharam para o encontro de catequese.

Depois da oração, o catequista impõe as mãos sobre a cabeça de cada catequizando e traça-lhes o sinal da cruz em sua fronte dizendo: *"...N..., anunciai a Boa Notícia a todos os povos, que o Senhor te acompanhe!"*.

Celebração de Entrada no Catecumenato
e/ou Entrega da Bíblia

Palavra inicial: Queridos catequistas e equipes de liturgia, com essa celebração queremos primeiramente acolher os candidatos que manifestaram o desejo de se tornarem cristãos por meio do Batismo. Queremos também acolher os catequizandos que, por algum motivo, não concluíram sua iniciação cristã. Ainda queremos apresentá-los a toda a comunidade, corresponsabilizando-a na missão de iniciar na fé. Por fim, queremos entregar a todos o livro da Palavra de Deus, do qual serão alimentados durante todo o Tempo do Catecumenato.

Esta é a primeira celebração proposta pelo Ritual da Iniciação Cristã de Adultos (RICA), e é dividida em dois momentos: primeiro, com a recepção dos candidatos à porta da Igreja; segundo, no interior da Igreja, onde se realiza o Rito de Entrega da Palavra de Deus.

O primeiro momento do rito apresenta a seguinte estrutura:

- Reunião fora da Igreja.
- Canto.
- Saudação e exortação.
- Diálogo sobre a intenção do candidato.
- Primeira adesão e pedido de ajuda.
- Oração de agradecimento pelo chamamento.
- Assinalação na fronte e nos sentidos.

A celebração da instituição dos catecúmenos propõe a acolhida dos candidatos com seus introdutores do lado de fora da Igreja, no seu átrio ou entrada (cf. RICA, n. 68-73). Esta acolhida quer significar que o candidato ainda não pertence à comunidade e que se inicia, agora, um processo de apresentação e conhecimento, como numa relação de amizade, fortalecida e amadurecida com o tempo. Por isso este primeiro momento do rito é exclusivamente aos catecúmenos, ou seja, aos não batizados. Se no grupo não tiver catecúmenos, esse primeiro momento pode ser omitido. Se for um grupo misto, com a presença de catequizandos, os já batizados podem participar junto da assembleia, uma vez que já são cristãos e pertencem à Igreja, mesmo que não a frequentem.

O segundo momento do rito consta da Liturgia da Palavra:

- Exortação sobre a dignidade da Palavra de Deus.
- Entrada e incensação do livro da Palavra de Deus.
- Leituras bíblicas e homilia.
- Entrega dos Evangelhos.
- Preces pelos catecúmenos e oração conclusiva.
- Celebração da Eucaristia ou canto e despedida dos fiéis e dos catecúmenos.

Momento em que saborearão a Palavra que dá vida, sacia toda sede e devolve a alegria ao coração humano, e receberão solenemente o Livro Sagrado. Não sendo um rito exclusivo dos catecúmenos, todo o grupo poderá participar deste segundo momento, recebendo cada catequizando e catecúmeno uma Bíblia com apenas pequenas adaptações nas orações[12].

---

[12] Texto transcrito e adaptado do livro: PARO, Thiago Faccini. *As celebrações do RICA*: conhecer para bem celebrar. Petrópolis: Vozes, 2017. p. 25.

Preparando a celebração

Providenciar cordão com cruz ou crucifixo e Bíblia para todos os catecúmenos e catequizandos.

Como já dito na introdução ao subsídio, na inexistência dos introdutores, podem assumir esse papel os próprios catequistas, fazendo esse ajuste nas orações como indicado em parênteses no rito.

Se for realizado dentro da missa, omitem-se os seus ritos iniciais (ato penitencial e glória).

A primeira parte do rito deverá acontecer do lado de fora da Igreja, no seu átrio ou à sua porta, valorizando todo sentido simbólico do rito.

A primeira parte do rito é exclusiva para os catecúmenos, uma vez que os já batizados já pertencem à Igreja.

Os catequizandos, estando próximos, acompanham a primeira parte do rito. Antes do ingresso na Igreja, quem preside poderá apresentá-los e, junto com os catecúmenos, eles recebem a insígnia com a cruz de Cristo, sendo todos convidados a adentrarem a Igreja.

Após o ingresso na Igreja, quem preside diz a Oração do Dia (oração da coleta).

Concluída a Oração do Dia, quem preside faz breve exortação sobre a importância da Palavra de Deus. Em seguida o lecionário poderá ser entronizado em procissão e colocado no ambão, podendo também ser incensado.

Na ausência de catecúmenos, os catequizandos já podem permanecer no interior da igreja, em lugares pré-determinados, e quem preside os

acolhe durante a saudação inicial. A missa então prossegue como de costume até a Liturgia da Palavra, realizando a segunda parte do rito como proposto. Durante a entrega da Bíblia pode-se fazer a entrega do cordão com a cruz, uma vez que foi suprimida a primeira parte do rito.

Para a Liturgia da Palavra, se a missa for celebrada no domingo, segue-se as leituras do dia. Se realizado durante a semana, pode-se escolher as leituras bíblicas conforme o Elenco de Leituras das Missas proposto pelo RICA, n. 92.

Se oportuno, após a celebração, todos poderão confraternizar com um lanche comunitário, partilhando as alegrias e criando vínculo com a comunidade.

Conferir outras possibilidades que o ritual propõe no RICA, n. 68-97.

"Depois da celebração do Rito, sejam oportunamente anotados em livro próprio[13] *os nomes dos catecúmenos, com a indicação do ministro, dos introdutores e dia e lugar da admissão"* (RICA, n. 17).

---

[13] Sugerimos para esta importante anotação o *Livro de inscrição dos Eleitos*, publicado pela Editora Vozes e organizado para este fim. É um material que possibilita, também o registro das datas das demais celebrações, auxiliando na organização e acompanhamento dos catecúmenos e catequizandos.

1ª Etapa

Celebração de Entrada no Catecumenato
e/ou Entrega da Bíblia – Rito dentro da missa

Chegada

Os candidatos e fiéis se reúnem à porta da Igreja, ou no seu átrio ou do lado de fora. Enquanto se entoa o canto inicial, quem preside revestido para a celebração se aproxima, traça o sinal da cruz e saúda cordialmente os candidatos.

Saudação e exortação de quem preside

DIÁLOGO

Quem preside pergunta a cada candidato ou, se o grupo for muito grande, a todos de uma só vez (apenas os não batizados). Cada um dará a resposta, mesmo se quem preside fizer a pergunta uma só vez em razão do número de candidatos.

Se for preferível, quem preside chama pelo nome cada um dos candidatos, que responderá: *Presente*. Conferir outras possibilidades no RICA, n. 73-75.

Presidente: *Qual é o teu nome?*

Candidato: *...N...*

Presidente: *Que pedes à Igreja de Deus?*

Candidato: *A fé.*

Presidente: *E esta fé, que te dará?*

Candidato: *A vida eterna.*

PRIMEIRA ADESÃO

Quem preside, dirige aos candidatos estas palavras ou outras semelhantes:

Presidente: A vida eterna consiste em conhecermos o verdadeiro Deus e Jesus Cristo, que ele enviou. Ressuscitando dos mortos, Jesus foi constituído, por Deus, Senhor da vida e de todas as coisas, visíveis e invisíveis.

Se vocês querem ser discípulos seus e membros da Igreja, é preciso que vocês sejam instruídos em toda a verdade revelada por ele que aprendam a

ter os mesmos sentimentos de Jesus Cristo e que procurem viver segundo os preceitos do Evangelho e, portanto, que vocês amem o Senhor Deus e o próximo como Cristo nos mandou fazer, dando-nos o exemplo. Você está de acordo com tudo isso?

Candidato: *Estamos*

E voltando-se para os introdutores e os fiéis, interroga-os:

Presidente: *Vocês, introdutores (ou catequistas), que nos apresentam agora estes candidatos, e vocês, nossos irmãos e irmãs aqui presentes, estão dispostos a ajudá-los a encontrar e seguir o Cristo?*

Todos: *Estamos.*

Quem preside, de mãos unidas, diz:

Presidente: *Pai de bondade, nós vos agradecemos por estes vossos servos e servas, que de muitos modos inspirastes e atraístes.*

Eles vos procuraram, e responderam na presença desta santa assembleia ao chamado que hoje lhes dirigistes. Por isso, Senhor Deus, nós vos louvamos e bendizemos.

Todos: *Bendito seja Deus para sempre.*

ASSINALAÇÃO DA FRONTE E DOS SENTIDOS

Quem preside, convida os candidatos (Se forem poucos) e seus introdutores, com estas palavras. (Se forem muitos, conferir n. 84 do RICA.)

Presidente: *...N... e ...N..., Cristo chamou vocês para serem seus discípulos e amigos; lembrem-se sempre Dele e sejam fiéis em segui-lo!*

Para isso, vou marcar vocês com o sinal da cruz de Cristo, que é o sinal dos cristãos. Este sinal, daqui em diante, vai fazer com que vocês se lembrem de Cristo e de seu amor por vocês.

Os candidatos se aproximam sucessivamente de quem preside, que faz com o polegar o sinal da cruz na fronte de cada um dizendo:

Presidente: *...N..., recebe na fronte o sinal da cruz: o próprio Cristo te protege com o sinal de seu amor. Aprende a conhecê-lo e segui-lo.*

Procede-se a assinalação dos sentidos, feita pelos catequistas ou introdutores. A fórmula é dita por quem preside:

Ao assinalar os ouvidos

Presidente: *Recebam nos ouvidos o sinal da cruz, para que vocês ouçam a voz do Senhor.*

Ao assinalar os olhos

Presidente: *Recebam nos olhos o sinal da cruz, para que vocês vejam a glória de Deus.*

Ao assinalar a boca

Presidente: *Recebam na boca o sinal da cruz, para que vocês respondam à Palavra de Deus.*

Ao assinalar o peito

Presidente: *Recebam no peito o sinal da cruz, para que Cristo habite pela fé em seus corações.*

Ao assinalar os ombros

Presidente: *Recebam nos ombros o sinal da cruz, para que vocês carreguem o jugo suave de Cristo.*

Quem preside, sem tocar nos catecúmenos, faz o sinal da cruz sobre todos ao mesmo tempo, dizendo:

Eu marco vocês com o sinal da cruz: em nome do Pai e do Filho † e do Espírito Santo, para que tenham a vida eterna.

Todos: Amém.

Pode-se cantar a aclamação de louvor a Cristo, a seguir.

Canto: *Glória a ti, Senhor, toda graça e louvor.*

Quem preside diz:

Presidente: *Oremos. Deus Todo-Poderoso, que pela cruz e ressurreição de vosso Filho destes a vida ao vosso povo, concedei que estes vossos servos e servas, marcados com o sinal da cruz,* *seguindo os passos de Jesus Cristo, conservem em sua vida a graça da vitória da cruz e a manifestem por palavras e gestos. Por Cristo, nosso Senhor!*

Todos: Amém!

ENTREGA DA CRUZ

Neste momento, quem preside poderá também apresentar os catequizandos que compõem o grupo, explicando à assembleia que, por já serem batizados, os ritos já foram realizados no seu Batismo, não sendo necessário repeti-los. Quem preside os acolhe de maneira carinhosa. Depois, os catequistas ou os introdutores colocam nos catecúmenos e nos catequizandos um cordão com um pequeno crucifixo ou cruz.

INGRESSO NA IGREJA

Quem preside, com um gesto, convida os catecúmenos e catequizandos a entrarem com os introdutores na igreja, dizendo:

Presidente: *...N..., ...N..., entrem na igreja para participar conosco na Mesa da Palavra de Deus.*

Com um canto apropriado, faz-se a procissão de entrada. Os catequizandos entram juntos com os catecúmenos e colocam-se nos lugares reservados, permanecendo todos de pé. Quem preside beija o altar, dirige-se em seguida para a cadeira presidencial e profere a Oração do Dia. Em seguida, dirige aos presentes breve alocução, mostrando a dignidade da Palavra de Deus, que é anunciada e ouvida na assembleia litúrgica.

O livro das Sagradas Escrituras é trazido em procissão e, colocado respeitosamente no ambão, podendo ser incensado. Segue-se a celebração com a proclamação da Palavra e homilia.

ENTREGA DO LIVRO DA PALAVRA DE DEUS

Depois da homilia, quem preside entrega a cada catecúmeno e catequizando, com dignidade e reverência, uma Bíblia, dizendo:

Presidente: *Recebe o livro da Palavra de Deus! Que ela seja luz para a tua vida.*

Catecúmenos e catequizandos: *Amém!*

Após receberem das mãos do padre a Bíblia, podem beijá-la e retornar ao seu lugar. Em seguida, faz-se a prece pelos catecúmenos e catequizandos:

PRECE PELOS CATECÚMENOS E CATEQUIZANDOS

Presidente: Oremos por nossos irmãos e irmãs catecúmenos e catequizandos.

Eles já fizeram um longo percurso. Agradecemos a benevolência de Deus que os conduziu a este dia e peçamos que possam percorrer o grande caminho que ainda falta até participarem plenamente de nossa vida.

Leitor: *Senhor, que a proclamação e escuta da vossa Palavra revele aos catecúmenos Jesus Cristo, vosso Filho.*

Todos: *Senhor, atendei a nossa prece.*

Leitor: *Inspirai, Senhor, estes nossos (catecúmenos) e (catequizandos), para que, com generosidade e disponibilidade, acolham vossa vontade.*

Todos: *Senhor, atendei a nossa prece.*

Leitor: *Senhor, sustentai, com o auxílio sincero e constante dos catequistas e (introdutores), a caminhada destes nossos irmãos e irmãs.*

Todos: *Senhor, atendei a nossa prece.*

Leitor: *Fazei, Senhor, que a nossa comunidade unida na oração e na prática da caridade seja exemplo de vida para estes (catecúmenos) e (catequizandos).*

Todos: *Senhor, atendei a nossa prece.*

Leitor: *Senhor, tornai-nos sensíveis às necessidades e sofrimentos de nossos irmãos e irmãs, e inspirai-nos gestos de solidariedade.*

Todos: *Senhor, atendei a nossa prece.*

Leitor: *Senhor, iluminados por vossa Palavra e amparados pela comunidade, que estes catecúmenos sejam considerados dignos do Batismo e da renovação do Espírito Santo.*

Todos: *Senhor, atendei a nossa prece.*

Os catecúmenos e catequizandos se ajoelham diante de quem preside, que faz a oração conclusiva:

Presidente: *Oremos. Deus Eterno e Todo-Poderoso, sois o Pai de todos e criastes o homem e a mulher à vossa imagem.*

Acolhei com amor estes nossos queridos irmãos e irmãs e concedei que eles, renovados pela força da Palavra de Cristo, que ouviram nessa assembleia, cheguem pela vossa graça à plena conformidade com vosso Filho Jesus, que vive e reina para sempre.

Todos: *Amém!*

Se for oportuno, apenas os catecúmenos podem ser despedidos logo após a oração conclusiva, conforme o n. 96 do RICA. Quem preside diz o Creio (se for domingo ou dia de festa), e a missa prossegue como de costume. Antes da Bênção Final, quem preside dirige breves palavras aos catecúmenos e catequizandos.

Orientações para o Rito dentro da Celebração da Palavra de Deus

Se o rito acontecer dentro da Celebração da Palavra de Deus, poderá ser presidido por um ministro clérigo ou leigo. O rito acontece normalmente como indicado anteriormente até a oração conclusiva, após as preces pelos catecúmenos e catequizandos.

Depois das preces, sugere-se fazer uma coleta fraterna, na qual os fiéis poderão ofertar seus donativos aos pobres e à manutenção da comunidade, cantando em seguida um canto de louvor e ação de graças. Procede-se, então, com o Pai-nosso, a saudação da paz e os ritos finais.

Se o rito acontecer numa celebração ordinária da comunidade, se houver o costume, pode-se distribuir a Sagrada Comunhão Eucarística, na qual o pão consagrado é colocado sobre o altar após o canto de louvor e ação de graças, seguindo os ritos da comunhão. Terminada a oração pós-comunhão, faz-se os ritos finais com a despedida.

Após a celebração, os catecúmenos e catequizandos, juntamente com toda a comunidade, poderão permanecer juntos, partilhando as alegrias e confraternizando.

2º Tempo

Catecumenato e seus Ritos

 **Encontro**

A linguagem bíblica

Palavra inicial: Neste encontro procuraremos ajudar os catequizandos a compreender a linguagem bíblica e por que ela se torna sempre atual.

Preparando o ambiente: Ambão com toalha da cor do Tempo Litúrgico, Bíblia, vela e flores. Bíblia para os catequizandos. Os cartazes confeccionados para o encontro passado poderão ser utilizados também neste encontro.

Acolhida: O catequista acolhe os catequizandos com essas palavras: "... N..., escuta o que o Senhor irá falar!".

Recordação da vida: Quando todos estiverem chegado, ao redor da Mesa da Palavra ou da Partilha, relembrar os fatos e acontecimentos que marcaram a semana. Depois perguntar como foi fazer a *Lectio Divina* dos Evangelhos propostos pela liturgia diária e como foi participar da Celebração de Entrada no Catecumenato (e de Entrega da Bíblia).

NA MESA DA PALAVRA

Oração inicial: O catequista, após a saudação inicial, invoca o Espírito Santo com a oração "*Vinde, Espírito Santo, enchei os...*" ou com um canto, e conclui com a oração que poderá ser repetida pelos catequizandos:

> *Senhor, nosso Deus, vós que sois fonte de sabedoria, inspirai-nos para que possamos aprender cada vez mais sobre Sua Palavra, e que Ela seja para nós uma luz a nos guiar em meio a tantas dificuldades que encontramos pelo caminho. Em seguida, faz a leitura do texto bíblico.*

Leitura do texto bíblico: Hb 4,12-13.

Após alguns minutos de silêncio, o catequista lê o texto novamente, pausadamente, destacando alguns pontos.

> "*Por que a Palavra de Deus é viva e eficaz [...] É capaz de julgar os pensamentos e as intenções do coração...*"

Após a leitura, todos voltam para a Mesa da Partilha.

NA MESA DA PARTILHA

Pedir para que os catequizandos partilhem o que compreenderam do texto, qual o seu sentido. Depois, dizer que é importante entender o contexto, a linguagem e cultura em que foi escrita a Bíblia – não sendo um livro de história, não pode ser interpretada literalmente, isto é, "levada ao pé da letra". Investigar em seguida se tiveram dificuldades em compreender as passagens do Evangelho da liturgia diária durante a *Lectio Divina* da semana.

Depois de ouvi-los, o catequista comenta que muitas vezes temos dificuldade de compreensão por não sermos iniciados na linguagem bíblica, por sermos mais racionais ou pertencermos a uma cultura que interpreta os textos nessa lógica. Assim, para termos uma maior compreensão dos textos da Sagrada Escritura, é preciso sempre perguntar a mensagem que o autor quer transmitir ao escrever os capítulos e versículos lidos, pois cada texto revela a experiência de fé de uma comunidade orante e temente ao Senhor. Para isso é preciso entrar em sintonia com o texto, ou seja, reconhecer-se dentro dele, identificando-se com algum dos personagens ou situações descritas pela narrativa.

Algumas perguntas podem ajudar nessa reflexão:

- Já vivi algo semelhante?

- Este acontecimento pode ser relacionado à minha realidade pessoal, familiar ou comunitária?

- Qual é a principal mensagem, ideia, presente no texto?

- Essa mensagem me ajuda? Por quê?

- Qual é o contexto e o ambiente em que a situação acontece?

- Sobre os personagens: Quais são? O que fazem, por que e com qual objetivo? Como se relacionam? Quais sentimentos expressam?

- Quais palavras não conheço?

A Palavra de Deus é fonte de revelação de todo o Mistério de nossa salvação. Ler e meditar diariamente os textos bíblicos é se aproximar de Jesus, é ouvir o que Ele tem a nos dizer a cada dia. Com a renovação conciliar, a Igreja cuidadosamente selecionou um conjunto de textos bíblicos para serem lidos e refletidos diariamente ao longo do Ano Litúrgico, ajudando os fiéis a redescobrirem o valor e a importância dos textos sagrados. Dessa maneira, a Igreja quer alimentar a todos nós com a Palavra de Deus.

O método da *Lectio Divina* consiste em quatro passos: leitura, oração, meditação e contemplação. É um meio que nos ajuda a compreender melhor os textos sagrados e a experimentar o Verbo que se fez carne e armou sua tenda entre nós (cf. Jo 1,18). Na internet é possível achar vasto material sobre a *Lectio Divina* para orientar os catequizandos.

Nós próximos encontros, a partir de sete passagens do Evangelho de João, iremos compreender a mensagem que o autor quis transmitir, exercitando tudo o que foi refletido nesse encontro.

Conclusão: Procurar ler durante a semana pelo menos uma das leituras bíblicas propostas pela liturgia diária, fazendo o exercício de compreensão e mensagem do texto através da *Lectio Divina*.

Oração final: Ao redor da Mesa da Palavra, pedir aos catequizandos que relembrem versículos bíblicos. Convidá-los, em seguida, a formularem preces. Logo após rezar o Pai-nosso e concluir com a oração:

Senhor, nosso Deus, queremos agradecer por todo ensinamento que tivemos. E pedimos, para que tua Palavra seja sempre um alimento sólido de nossa fé. Que ela sempre nos inspire, e nos ajude a caminhar em busca do Reino dos céus. Por nosso Senhor Jesus Cristo. Amém.

Após a oração, o catequista impõe as mãos sobre a cabeça de cada catequizando e traça o sinal da cruz em sua fronte dizendo: "*...N..., anunciai a Boa Notícia a todos os povos, que o Senhor te acompanhe!*".

Material de apoio

Livro: BUYST, Ione. *O ministério de leitor e salmistas*. São Paulo: Paulinas, 2001.

7° Encontro

Bodas de Caná

Palavra inicial: Prezados catequistas, a partir desse encontro vamos começar uma série de sete encontros, onde trabalharemos os sete *sinais* presentes no Evangelho de João. São chamados sinais porque indicam, apontam para uma realidade mais profunda, de modo que os milagres narrados por João querem não apenas descrever um fato, mas transmitir uma mensagem. Por isso o evangelista adota o termo *sinal* no lugar de *milagre*. A cada sinal há sempre uma carência, falta alguma coisa. Neste primeiro sinal (Bodas de Caná), trabalharemos a falta de vinho e a riqueza de símbolos. Queremos dessa forma ajudar nossos catequizandos a criarem, na prática, uma sensibilidade para a leitura, reflexão e compreensão dos textos bíblicos.

Preparando o ambiente: Ambão com toalha da cor litúrgica do dia, vela, flores e Bíblia. Colocar na Mesa da Partilha, se possível, seis vasos de barro ou um cartaz com a ilustração das bodas de Caná.

Acolhida: O catequista acolhe os catequizandos ao dizer "...N..., *fazei tudo o que Jesus vos disser!*".

Recordação da vida: Quando todos estiverem ao redor da Mesa da Palavra ou da Partilha, já em clima de oração, recordar os acontecimentos que marcaram a comunidade.

NA MESA DA PALAVRA

Oração inicial: O catequista inicia a oração com a invocação do Espírito Santo, cantando ou rezando: "Vinde, Espírito Santo, enchei os...". Em seguida, convida os catequizandos a aclamarem o Evangelho e depois o proclama.

Leitura do texto bíblico: Jo 2,1-11.

Após alguns minutos de silêncio, o catequista lê o texto novamente, pausadamente, destacando alguns pontos.

> "...*Tendo acabado o vinho, a mãe de Jesus lhe disse: 'Eles não têm mais vinho' [...] 'Ainda não chegou a minha hora'. Sua mãe disse aos que estavam servindo: 'Fazei tudo o que ele vos disser'. Havia ali seis talhas de pedra [...] Este foi o início dos sinais de Jesus, em Caná da Galileia...*"

Após a leitura, todos se dirigem para a Mesa da Partilha.

NA MESA DA PARTILHA

Reconstruir o texto bíblico. Algumas perguntas poderão auxiliar: Que festa estava acontecendo? Por que a noiva não é citada? O que disse Jesus à mãe? Quantas talhas de pedra havia? Para que serviam as talhas? Por que o vinho servido por último é melhor? Deixar que falem.

Após a história, refletir com os catequizandos, a simbologia do relato bíblico procurando ajudá-los a compreender os seguintes aspectos:

- O autor não deixa claro, mas a festa aconteceu no sexto dia, querendo fazer um paralelo com Gênesis 1,26.31, onde Deus cria o homem e a mulher no sexto dia. Por isso João, no início do seu Evangelho, reapresenta a semana descrita na criação do mundo (cf. Gn 1), referindo-se ao fato de que em Cristo acontece uma nova criação quer mostrar que ali nasce uma nova humanidade.

- Etimologicamente "Caná" significa "adquirir". Jesus está adquirindo um novo povo.

- No relato percebemos a ausência da noiva, pois isso significa que a noiva são todos os que acreditam em Jesus Cristo, é essa a nova humanidade. Jesus é o esposo da humanidade. O matrimônio simboliza a aliança entre Deus e o homem, entre o humano e o divino.

- A aliança com o antigo Israel está superada, pois as talhas de pedra simbolizam a relação com a primeira criação, uma relação fria, sem vida.

- Em nenhum momento é citado o nome de Maria, o autor somente diz "a mãe de Jesus", representando todos do Antigo Testamento que dão sua adesão a Cristo.

- Por fim nos é feito este convite: "Façam tudo o que ele vos disser". Trata-se de um convite para obedecer aos mandamentos de Jesus, de segui-lo. Os servos são aqueles que põem em prática as ordens de Jesus.

- Hoje somos chamados a participar dessa grande festa, para a qual Cristo nos chama e nos convida a segui-lo, colocando em prática tudo o que Ele nos ensinou. Fazemos parte dessa nova humanidade.

Conclusão: O catequista motiva os catequizandos a citarem fatos que fazem com que nossa vida seja fria, vazia, "sem vinho" (brigas, violência, medo, fome, drogas, mentiras...). Depois, conclui dizendo que quando temos Jesus em nosso coração, a vida se enche de sentido e, a dor e o sofrimento se tornam mais leves, pois sabemos que Cristo está conosco, ajudando-nos e fortalecendo-nos a cada dia.

Oração final: Convidar os catequizandos a ficarem em pé em volta da Mesa da Palavra e fazer preces espontâneas, pedindo pela família, pelos pobres e doentes. Depois, rezar o Pai-nosso e concluir com essa oração:

> *Deus, Pai de bondade, que conhece a cada um de nós pelo nome, nós Te louvamos e Te agradecemos por este encontro e por fazermos parte dessa nova humanidade criada por vós. Fazei com que nunca falte vinho em nossa vida. Por nosso Senhor Jesus Cristo, vosso Filho, na unidade do Espírito Santo. Amém.*

Após a oração, o catequista impõe as mãos sobre a cabeça de cada catequizando e traça o sinal da cruz em sua fronte dizendo: "...N..., *vai em paz, que o Senhor te acompanhe! Amém*".

Jesus cura o filho do funcionário do rei

Palavra inicial: Neste encontro vamos continuar exercitando a interpretação da mensagem do texto bíblico, ao abordar o segundo sinal apresentado pelo evangelista João. Nesta passagem onde Jesus cura o filho do funcionário do rei, vemos a ausência da saúde.

Preparando o ambiente: Ambão com toalha da cor do Tempo Litúrgico, vela, flores e Bíblia. Na Mesa da Partilha, cartaz com a ilustração da passagem da cura do filho do funcionário.

Acolhida: O catequista acolhe os catequizandos ao dizer: "...N..., seja bem-vindo(a), Deus está contigo!".

Recordação da vida: Ao redor da Mesa da Palavra ou da Partilha, relembrar os fatos e acontecimentos que marcaram a semana. O catequista poderá pedir, também, para que os catequizandos socializem a atividade realizada no Diário Catequético.

NA MESA DA PALAVRA

Oração inicial: O catequista inicia invocando o Espírito Santo, com a oração *"Vinde, Espírito Santo, enchei os..."* ou com um canto. Depois poderá convidar todos a aclamarem o Santo Evangelho e proclamar a passagem indicada.

Leitura do texto bíblico: Jo 4,46-54.

Após alguns minutos de silêncio, o catequista lê o texto novamente, pausadamente, destacando alguns pontos.

> "...Senhor, desce antes que meu filho morra. Jesus respondeu-lhe: 'Vai, teu filho está passando bem' [...] vieram ao seu encontro os servos, dizendo: Teu filho está passando bem..."

Após a leitura, todos se dirigem para a Mesa da Partilha.

NA MESA DA PARTILHA

Reconstruir o texto bíblico. Algumas perguntas poderão nos auxiliar: Onde Jesus estava? Quem estava doente? O que fez o homem quando Jesus disse que seu filho estava vivo? Quem veio ao encontro do pai com a boa notícia? Por volta de que horas a febre desapareceu? O que aconteceu com o pai e toda a sua família?

Refletir com os catequizandos, comentando que a salvação é dom de Deus para todos os que se abrem e respondem a esse dom. O funcionário do rei era pagão, mas se abriu e acreditou em Jesus. Depois, destacar alguns pontos do relato bíblico, procurando ajudá-los a compreender os seguintes aspectos:

- Dando continuidade à simbologia do primeiro sinal, o autor apresenta a cura do filho do funcionário do rei ainda na cidade de Caná, mostrando que Jesus está "adquirindo" uma nova humanidade, "uma esposa" (Igreja).

- Essa passagem se dá também no sexto dia, retomando a nova criação, só que agora com um pagão. O autor quer mostrar que Cristo veio para todos.
- Toda a humanidade é chamada a acreditar e a seguir Jesus. O funcionário real representa todos aqueles que têm o poder nas mãos.
- Vemos no texto que Jesus não obedece ao funcionário e não desce com ele. É o funcionário quem deve seguir as ordens de Jesus: "Vai, teu filho está passando bem".
- A vida depende da adesão que se tem a Jesus.
- A cura acontece por meio dos servos, são eles que trazem a Boa Notícia (Evangelho) ao pai do menino.
- As horas também têm um simbolismo muito grande na Bíblia. O texto é escrito após a morte e ressurreição de Jesus. O autor tenta fazer um paralelo com a morte de Jesus. A cura aconteceu à uma da tarde, ou seja, a hora em que Cristo estava na cruz, mostrando a sua doação e entrega total à humanidade; a plenitude do seu amor. Jesus, no alto da cruz, com sua doação total, cura toda a humanidade.

O catequista reflete dizendo que, a exemplo dos empregados, sejamos esses anunciadores da Boa Notícia de Jesus Cristo e que, a exemplo do funcionário real, acreditemos que vale a pena seguir a Cristo juntamente com toda a nossa família. Que tenhamos a consciência de que nós é que devemos fazer a vontade de Jesus, da Igreja, pois nós é que devemos estar a seu serviço, e não o contrário, como se vê muitas vezes, onde buscamos um Deus e uma Igreja que nos sirvam, fazendo a nossa vontade, falando o que queremos ouvir.

Conclusão: O catequista motiva os catequizandos a recordarem pessoas que eles conhecem e que não acreditam em Jesus e no cristianismo. No final, rezar para cada uma delas, para que tenham a oportunidade de conhecer o amor de Deus e acolher a Boa Notícia.

Oração final: Convidar os catequizandos a ficarem em volta da Mesa da Palavra elevando preces a Deus pelo aprendizado e convivência fraterna. Rezar o Pai-nosso e, no final, concluir com esta oração:

> *Deus, nosso Pai, fazei com que sejamos seus anunciadores, buscando fazer em tudo a Vossa vontade, levando sobretudo a Boa Notícia a todos os que estão desesperados e precisam encontrar conforto em tua Palavra. Por Cristo, nosso Senhor. Amém.*

Após a oração, o catequista impõe as mãos sobre a cabeça de cada catequizando e traça o sinal da cruz em sua fronte dizendo: *"...N..., anunciai a Boa Nova de Cristo, vai em paz, que o Senhor te acompanhe!".*

Jesus cura o paralítico

Palavra inicial: Neste encontro vamos conhecer o terceiro sinal apresentado pelo Evangelho de João. Neste sinal vamos encontrar não somente um paralítico, mas toda uma população que vive em uma total carência de vida, de dignidade. Queremos mostrar que muitas pessoas não têm ninguém por elas, que são ignoradas pela sociedade e pelos governantes.

Preparando o ambiente: Ambão com toalha da cor do Tempo Litúrgico, vela, flores e Bíblia. Na Mesa da Partilha, cartaz com a ilustração da passagem da cura do paralítico.

Acolhida: O catequista acolhe carinhosamente os catequizandos ao dizer: "... N..., *seja bem-vindo(a), filho(a) amado(a) do Pai!*".

Recordação da vida: Ao redor da Mesa da Palavra ou da Partilha, recordar os fatos e acontecimentos que marcaram a semana. O catequista poderá pedir, também, para que os catequizandos socializem a atividade realizada no Diário Catequético.

NA MESA DA PALAVRA

Oração inicial: O catequista inicia a oração invocando o Espírito Santo, com a oração "*Vinde Espírito Santo, enchei os...*" ou com um canto. Poderá com um canto aclamar o Evangelho e, em seguida, proclamá-lo.

Leitura do texto bíblico: Jo 5,1-9.

Após alguns minutos de silêncio, o catequista lê o texto novamente, pausadamente, destacando alguns versículos.

> "...Havia um homem que estava doente há trinta e oito anos. [...] disse-lhe: 'Queres ficar curado?' O doente respondeu: 'Senhor, não tenho ninguém...'"

Após a leitura, todos dirigem-se para a Mesa da Partilha.

NA MESA DA PARTILHA

Reconstruir o texto bíblico. Algumas perguntas poderão nos auxiliar: Onde o doente estava? Quem costumava ficar ali? O que tinham que fazer para ficar curados? Quantos anos tinha o homem paralítico que foi curado por Jesus? O que o paralítico disse quando Jesus perguntou se queria ficar curado? Deixar que os catequizandos se expressem.

Refletir com os catequizandos, pausadamente, a simbologia do relato bíblico, procurando ajudá-los a compreender os seguintes aspectos:

- Jesus cura um homem paralítico que se encontrava em uma piscina em Jerusalém chamada, em hebraico, de *Betesda*, que significa "lugar da misericórdia divina" ou "casa da misericórdia divina".

- Jesus diz que curou totalmente no dia de sábado. Curar totalmente em dia de sábado significa que houve uma cura plena, não só física. Houve uma cura plena, no entanto, porque havia uma carência plena. Aqui o paralítico representa toda uma população que vivia num estado de absoluta carência, numa miséria total.

- Em Deuteronômio 2,14, a menção a 38 anos representa toda uma geração, portanto a idade do paralítico nos quer indicar que toda uma geração nunca viu nada de bom, que vivia numa paralisia total. Ali também funcionavam as escolas superiores dos fariseus, que ensinavam, entre outras coisas, segundo a ideologia farisaica, que a miséria do povo era um castigo de Deus, por causa dos pecados que o povo cometeu.

- Com certeza essa visão de um Deus que pune e castiga era distorcida. Jesus vem para curar isso também, mostrando a bondade e misericórdia de Deus, que não pune, e sim ama.

- Outra coisa interessante descrita no texto é a resposta que o paralítico dá a Jesus, quando lhe é perguntado se quer ser curado. Ele responde que não tem ninguém, que está completamente só. Essa é a situação do povo simples do tempo de Jesus, e é a situação de muitas pessoas e de grupos de que vivem em nosso mundo hoje. Não têm ninguém, mostrando a total falta de solidariedade para com os miseráveis.

Conclusão: O catequista motiva os catequizandos a partilharem o que os tocou no texto, e qual mensagem tiram dele. Depois convida a recordarem pessoas e grupos que vivem à margem da sociedade, que são miseráveis e excluídos. Em seguida propõe, como gesto concreto, que façam uma visita a uma pessoa idosa ou a alguma pastoral social, que se dedica a cuidar dos pobres.

Oração final: Convidar os catequizandos a ficarem em pé em volta da Mesa da Palavra e incentivar fazerem preces em favor dos excluídos e marginalizados. Depois, motivar a rezar o Pai-nosso e concluir com a oração:

Deus, Pai de amor, que não exclui e nem pune ninguém, olhai por todas as pessoas, famílias e grupos que sofrem por causa da marginalização e exclusão. Que nós, como cristãos, saibamos acolher e ajudar cada uma dessas pessoas, seguindo o teu exemplo de amor. Por Cristo, nosso Senhor. Amém.

Após a oração, o catequista impõe as mãos sobre a cabeça de cada catequizando e traça o sinal da cruz em sua fronte dizendo: "...N..., *olhai o rosto de Cristo naqueles que mais sofrem, vai em paz, que o Senhor te acompanhe!*".

A partilha dos pães

Palavra inicial: Neste encontro, vamos falar sobre a passagem bíblica da "partilha dos pães", que é o quarto sinal apresentado pelo evangelista João. Nesta passagem, vamos perceber que a carência aqui se chama "fome", o povo não tem o que comer. Com este sinal, queremos refletir sobre a importância da partilha. Quando todos oferecem o pouco que têm, acontece um grande milagre: todos são saciados com fartura.

Preparando o ambiente: Ambão com toalha da cor do Tempo Litúrgico, vela, flores e Bíblia. Na Mesa da Partilha, cartaz com a ilustração da passagem bíblica ou uma cesta com cinco pães que poderão ser partilhados no final.

Acolhida: O catequista acolhe os catequizandos ao dizer: "...N..., Cristo sacia toda fome, seja bem-vindo(a)!".

Recordação da vida: Ao redor da Mesa da Palavra ou da Partilha, recordar os fatos e acontecimentos que marcaram a semana, bem como o encontro passado, sobretudo o que cada um escreveu sobre as atitudes que podem ter para ajudar os que vivem sozinhos e solitários.

NA MESA DA PALAVRA

Oração inicial: O catequista inicia a oração invocando o Espírito Santo, com um canto ou com a oração "*Vinde, Espírito Santo, enchei os...*". Antes de proclamar o texto, poderá ser aclamado o Evangelho com um canto.

Leitura do texto bíblico: Jo 6,1-15.

Após alguns minutos de silêncio, o catequista lê o texto novamente, pausadamente, destacando alguns pontos.

> "...Levantou os olhos e, ao ver a grande multidão que vinha ter com ele [...] André, irmão de Simão Pedro, disse: 'Está aqui um menino com cinco pães de cevada e dois peixes'. [...] Disse Jesus: 'Fazei todos sentar-se no chão'. [...] Jesus tomou os pães, deu graças e deu-os aos que estavam sentados. Fez o mesmo com os peixes, dando-lhes quanto queriam....'"

Após a leitura, todos se dirigem para a Mesa da Partilha.

NA MESA DA PARTILHA

Incentivar os catequizandos a partilharem o que cada um entendeu do texto, e qual mensagem tiram da passagem do Evangelho que ouviram. Deixar que falem.

O catequista medita com os catequizandos a passagem do Evangelho, dizendo que este é um dos mais belos milagres apresentados. Existe toda uma simbologia presente que deverá ser refletida cuidadosamente com os catequizandos, como pontuado na sequência:

▸ Diante de uma multidão que passa fome, que não tem o mínimo para sua sobrevivência, Jesus nos ensina um dos maiores milagres: a partilha.

▸ Explorar o que podemos aprender com os acontecimentos narrados no texto bíblico, destacando:

   ▸ Todos os judeus, por ocasião da Páscoa, tinham o costume de peregrinar para Jerusalém onde anualmente celebravam a Páscoa judaica, que era uma memória da libertação da escravidão do Egito e da chegada à Terra Prometida.

   ▸ Jesus, porém, com os seus discípulos e uma grande multidão de excluídos e marginalizados, faz o contrário do percurso: em vez de irem para Jerusalém, eles saem do território da Palestina. Jesus leva o povo para fora, significando que a "Terra Prometida" se tornou um novo "Egito", e é preciso "tirar" o povo desta escravidão novamente, assim como Deus fez ordenando a Moisés que tirassem o povo do Egito (Êxodo 13–15). Portanto, era preciso tirar o povo desta nova escravidão. Por isso Jesus vai para o outro lado do mar, um território pagão, e tudo leva a crer que foi ali que celebrou a Páscoa com o povo sofrido e saciou a sua fome.

   ▸ A primeira preocupação de Jesus quando vê toda a multidão é como alimentá-la. Jesus provoca os seus discípulos perguntando a Felipe: "Onde vamos comprar pão para eles comerem?".

   ▸ Os discípulos estavam agarrados a preocupações econômicas, ao preço dos produtos. Até que André, cujo nome significa "humano", representando que era preciso uma preocupação humana, solidária, para com o povo, apresenta um menino que tem cinco pães e dois peixes, os quais está disposto a repartir; quer partilhar o pouco que tem. Essa pessoa disposta a partilhar, somada à humanidade de André, é suficiente para provocar uma reviravolta na fome do povo.

   ▸ Jesus manda o povo se sentar. Naquela época somente quem era considerado livre podia se sentar para tomar as refeições. Os escravos não se sentavam, alimentavam-se de pé. Jesus, porém, manda todos se sentarem, mostrando que todos são iguais, que todos eram considerados livres, conscientiza que todos são cidadãos, são gente.

   ▸ É interessante observar que Jesus não agradece ao jovem disposto a partilhar, mas agradece a Deus Pai; faz aquilo que todo pai de família judeu fazia antes de tomar as refeições. Mais que isso, nos remete a Gênesis 1; nos remete à gratidão Àquele que destinou os bens da criação para todos, Deus Pai. A oração de Jesus é uma ação de graças a Deus, que distribuiu a todos a sua porção de alimentos. Isso provocou uma mudança radical na fome do povo, todos comeram. Não foi estipulado quantidade para o povo comer, mas podiam comer até ficar saciados e ainda sobraram doze cestos cheios.

Ao final, destacar que o texto lido em profundidade, nos diz que, quando somos humanos, quando tomamos consciência do que é ser cidadão, quando estamos dispostos a partilhar os bens que Deus concebeu para todos, à semelhança do que fez Jesus, há o suficiente e necessário para todos e ainda sobra.

Conclusão: O catequista motiva os catequizandos a contarem como são feitas as refeições em suas casas. Se sempre têm comida suficiente, se todos se sentam juntos à mesa, se sobra muita comida, se deixam sobras no prato e se jogam fora, se rezam antes de comer. Conscientizar da necessidade de não desperdiçar nenhum alimento, pois o que está sobrando em nossos pratos está faltando no prato de alguma pessoa. Pode-se comentar ainda sobre a importância de todos se sentarem à mesa juntos para tomarem as refeições e de rezarem antes, agradecendo a Deus pelos dons que Ele nos oferece a cada refeição. Como gesto concreto, o catequista poderá pedir aos catequizandos para que preparem orações em pequenas tarjas de papel e as entreguem aos familiares para rezarem juntos antes de cada refeição. Informar ainda que no Diário Catequético do catequizando tem vários modelos de orações para as refeições.

Se o catequista optou por levar uma cesta com os cinco pães, os mesmos poderão ser partilhados no final do encontro.

Oração final: Convidar os catequizandos a ficarem em pé em volta da Mesa da Palavra e elevarem ao Pai, preces e pedidos, sobretudo pelos mais pobres que não têm o que comer. Encerrar rezando o Pai-nosso e a oração:

> *Deus, nosso Pai, que nos concede a cada dia o alimento necessário para o nosso sustento. Olhai por todas as famílias que não têm pão em suas mesas, ajudai-nos a ser mais humanos e nos conscientizarmos da necessidade de partilhar o pouco que temos. Por Cristo, nosso Senhor. Amém.*

Após a oração, o catequista impõe as mãos sobre a cabeça de cada catequizando e traça o sinal da cruz em sua fronte dizendo: *"... N..., partilhai a exemplo de Jesus os dons da criação, vai em paz, que o Senhor te acompanhe!"*.

Material de apoio

Nos Evangelhos sinóticos encontramos o milagre da multiplicação dos pães descrito em: Mt 14,13-21; Mc 6,30-43; Lc 9,10-17.

11º Encontro

Jesus caminha sobre as águas

Palavra inicial: Neste encontro veremos o quinto sinal do Evangelho de João, que é quando Jesus caminha sobre as águas. Nesse sinal não fica tão clara qual é a carência, mas podemos dizer que é a falta de utopia, a falta de esperança. Queremos refletir com os catequizandos que um mundo sem Deus, uma vida sem Jesus Cristo, é um mundo vazio, uma vida cheia de frustrações. Com Jesus, temos esperança, todos os nossos problemas e dificuldades poderão ser superados e poderemos alcançar uma vida plena onde a Luz de Cristo será sempre a nossa guia, o nosso "norte".

Preparando o ambiente: Ambão com toalha da cor do Tempo Litúrgico, vela, flores e Bíblia. Na Mesa da Partilha, cartaz com a ilustração da passagem bíblica na qual Jesus caminha sobre as águas. Disponibilizar também tiras de papel, canetas e um pequeno barco que poderá ser feito de dobradura para a atividade.

Acolhida: O catequista acolhe os catequizandos ao dizer: "...N..., *não tenha medo, Cristo está contigo!*".

Recordação da vida: Ao redor da Mesa da Palavra ou da Partilha, recordar os fatos e acontecimentos que marcaram a semana, bem como solicitar que partilhem como foi analisar os textos sinóticos e o que mais chamou atenção.

NA MESA DA PALAVRA

Oração inicial: O catequista inicia a oração invocando o Espírito Santo, com a oração "*Vinde, Espírito Santo, enchei os...*" ou com um canto. Depois de aclamar o Evangelho, proclama o texto bíblico.

Leitura do texto bíblico: Jo 6,16-21.

Após alguns minutos de silêncio, o catequista lê o texto novamente, pausadamente, destacando alguns pontos.

> "...*Entraram no barco e dirigiram-se para o outro lado, rumo a Cafarnaum. [...] quando viram Jesus caminhando sobre o mar e aproximar-se do barco. Eles ficaram com medo, mas Jesus lhes disse: 'Sou eu, não tenhais medo!'*..."

Depois da leitura, todos se dirigem para a Mesa da Partilha.

NA MESA DA PARTILHA

Pedir aos catequizandos que compartilhem qual é a mensagem do Evangelho. Em seguida abordar que, diante do medo e das tribulações, Jesus nos dá segurança. Pode-se fazer isso destacando alguns pontos:

- Após Jesus saciar a fome de toda aquela multidão, Ele se retira, sozinho, para a montanha a fim de orar. Diante disso, os discípulos fogem e o abandonam.

- Jesus havia provocado o êxodo, a saída do povo para fora da Palestina. Os discípulos, no entanto, agora querem voltar para a terra onde o povo é escravizado, sofre e passa fome. Essa atitude dos discípulos quer nos lembrar das tentações que o povo hebreu (judeu) enfrentou no tempo da saída da escravidão do Egito. O povo no deserto sofreu a tentação de voltar, e vemos aqui que os discípulos altas horas da noite também são tentados a voltar.

- É noite, madrugada, os discípulos estão mergulhados em trevas. As trevas para João não são simplesmente a escuridão, mas simbolizam a falta de esperança, a falta de luz, de vida; o medo.

- Notemos que Jesus não entra na barca; se entrasse, o autor estaria dizendo que Jesus estava concordando com a atitude dos discípulos. Jesus não aprova a travessia que os discípulos estão fazendo para voltar a Cafarnaum.

- O fato de Jesus aparecer caminhando sobre as águas significa que se solidariza com os discípulos diante do medo, da falta de esperança.

- Apesar de estarem querendo voltar para o "Egito", para a escravidão, Jesus vai ao encontro deles e diz: "Não tenham medo, sou Eu". "Sou eu" ou "Eu sou" é uma abreviação do nome de Javé, do nome com o qual Deus se apresentou a Moisés conforme narrado em Êxodo: quando Moisés estava diante da sarça ardente, Deus disse: "Eu sou aquele que sou" (Ex 3,14). Jesus está se colocando em pé de igualdade com Deus, portanto não há o que temer.

Diante de um mundo atribulado, violento e corrupto, somos convidados a nos colocar nas mãos de Deus e confiar no seu Projeto de Salvação. O catequista pode refletir com os catequizandos sobre as diversas realidades quando "fugimos de Deus" ou vamos contra a vontade Dele. Poderá então pedir que escrevam nas tiras de papel disponibilizadas momentos em que é preciso ter fé e confiar em Deus. Depois poderá pedir que leiam o que escreveram e coloquem as tiras ao redor do barco, dizendo que é nos momentos difíceis que mais precisamos ter fé e confiar. Ter fé enquanto tudo está tranquilo é muito fácil. Mas são os momentos de tribulação que nos ajudam a amadurecer, a crescer, a confiar e a esperar no tempo de Deus.

Conclusão: Como gesto concreto, o catequista motiva os catequizandos a rezarem todas as noites antes de dormir, pedindo que Deus lhes dê uma noite tranquila e que possam se colocar sempre a serviço do Reino de Deus. Sugere-se ao catequista recordar que no Diário há orações que podem ser rezadas todas as noites.

Oração final: Convidar os catequizandos a ficarem em pé em volta da Mesa da Palavra e fazer preces espontâneas a Deus, pedindo por todos aqueles que vivem sem esperança, que vivem com medo e que sofrem com doenças. Depois pode-se rezar o Pai-nosso e concluir com esta oração:

> *Deus compassivo, que diante das tribulações e sofrimentos Tu possas vir em nosso auxílio e nos ajudar a sempre segui-lo, colocando em prática a Tua vontade. Por Cristo, nosso Senhor. Amém.*

Após a oração, o catequista impõe as mãos sobre a cabeça de cada catequizando e traça o sinal da cruz em sua fronte dizendo: *"...N..., confiai sempre no Senhor, vai em paz, que Ele te acompanhe!".*

Material de apoio

Nos Evangelhos sinóticos, encontramos o acontecimento descrito em: Mt 14,22-33; Mc 6,45-52.

12º Encontro

O cego de nascença

Palavra inicial: Neste encontro veremos o penúltimo sinal narrado pelo evangelista João. Neste sinal é evidente que há uma grande carência, alguém é cego desde o nascimento. Ao ler em profundidade queremos mostrar que não é cego somente quem não pode ver fisicamente, mas todos aqueles que não reconhecem Jesus como salvador, que não sabem amar e respeitar o próximo, que se acham superiores ou melhores que os demais.

Preparando o ambiente: Ambão com toalha da cor do Tempo Litúrgico, vela, flores e Bíblia. Na Mesa da Partilha, cartaz com a ilustração da passagem bíblica de Jesus curando o cego de nascença e uma grande vasilha com água para representar aquela de nosso Batismo, onde fomos lavados e banhados em Cristo.

Acolhida: O catequista acolhe os catequizandos ao dizer: "...N..., Cristo é nossa Luz!".

Recordação da vida: Ao redor da Mesa da Palavra ou da Partilha, recordar os fatos e acontecimentos que marcaram a semana, bem como o que escreveram nas atividades propostas no Diário Catequético.

NA MESA DA PALAVRA

Oração inicial: O catequista inicia invocando o Espírito Santo, com um canto ou com a oração "*Vinde, Espírito Santo, enchei os...*". Em seguida, antes da proclamação do texto bíblico, poderá aclamar o Evangelho com um canto.

Leitura do texto bíblico: Jo 9,1-11.

Após alguns minutos de silêncio, o catequista lê o texto novamente, pausadamente, destacando alguns pontos.

> "*Jesus estava passando e viu um homem que era cego de nascença [...] 'sou a luz do mundo' [...] 'Vai lavar-te na piscina de Siloé' [...] ele mesmo dizia: 'Sou eu, sim' [...] Fui, lavei-me e recuperei a vista.*"

Após a leitura, todos se dirigem para a Mesa da Partilha.

NA MESA DA PARTILHA

Pedir que os catequizandos socializem o que entenderam do texto, qual mensagem tiram dele. Em seguida comentar que, quando estamos longe de Deus, somos como um cego que não enxerga a luz verdadeira, que é Cristo, o único que nos dá vida digna e plena. Destacar os seguintes aspectos:

▸ O texto lido em profundidade nos revela que a cegueira dessa pessoa representa todos os tipos de cegueira do povo – não se trata apenas da cegueira física, mas especialmente da manipulação ideológica. Um povo que ainda hoje é manipulado, enganado por aqueles que estão no poder, que o iludem com falsas promessas. O dinheiro, a fama, o consumismo, o poder são cegueiras que estão no coração do homem.

- Esse episódio situa-se dentro de um contexto mais amplo: a "Festa das Tendas", que é iniciada no capítulo 7 de João. Durante essa festa, acendiam-se grandes tochas na esplanada do Templo de Jerusalém, de modo que os pátios ficavam bem iluminados durante a noite. Nesse episódio Jesus joga com as imagens de luz e trevas, para mostrar o tipo de iluminação que esse cego de nascença recebe: "Enquanto é dia temos que realizar as obras de Deus, pois vem a noite, quando não se pode fazer mais nada". A vida do cego é iluminada pelo próprio Deus, aquele que é a Luz verdadeira. É interessante notar, por exemplo, a situação em que vivia esse cego. Como cego, dependia de esmolas, sua situação social era precária, há uma carência muito grande.

- Do ponto de vista religioso, a situação do cego era talvez pior, porque, de acordo com a ideologia dos fariseus, as pessoas podiam pecar contra Deus ainda no seio materno e serem simplesmente punidas por isso. Essa era a explicação que davam sobre ele ter nascido cego; é uma visão monstruosa de Deus. Por isso os discípulos perguntavam: "Quem pecou para que nascesse cego, ele ou seus pais?". E Jesus arrasa com essa ideologia dizendo: "Nem ele, nem seus pais pecaram, mas isso está aí para que se manifeste a obra de Deus".

- Jesus unge o cego com o barro e manda-o ir se lavar na piscina de Siloé, palavra que significa "enviado". Quando nos lavamos em Jesus, a nossa cegueira desaparece, voltamos a enxergar. Quando passa a enxergar, todavia, começa para o cego uma trajetória incrível de testemunho, conflitos e riscos. Quando enxergamos e conhecemos Cristo, somos enviados a testemunhar e a nos doar totalmente pelo seu Projeto de Amor e Salvação.

- O cego que voltou a enxergar teve que testemunhar aos seus vizinhos e às autoridades o seu encontro pessoal com Jesus, contar como foi. Por isso assumimos riscos também, a ponto de sermos caçoados e ridicularizados por causa de nossa opção de seguir Jesus e os valores do Evangelho.

Conclusão: O catequista, mostrando a grande bacia com água, pode fazer um paralelo com o Batismo: quando somos batizados, somos banhados em Cristo, que nos dá uma vida nova. Depois pode convidar os catequizandos a molhar suas mãos e os olhos na água da bacia, como um gesto simbólico de reassumir o seu compromisso de testemunhar e anunciar Jesus Cristo a todos os povos.

Oração final: Convidar os catequizandos a ficarem em pé em volta da Mesa da Palavra elevando preces e louvores a Deus. Depois, rezar o Pai-nosso e a oração:

> *Pai de Bondade e Luz verdadeira, olhai cada um de nós, reunidos em teu nome, e fazei com que a cada dia reafirmemos o nosso compromisso de testemunhá-lo e anunciá-lo a todas as pessoas. Ajudai-nos a ser sal e luz para esse mundo que vive cego, por não enxergar o seu plano de amor e salvação. Por Cristo, nosso Senhor. Amém.*

Após a oração, o catequista impõe as mãos sobre a cabeça de cada catequizando e traça o sinal da cruz em sua fronte dizendo: "...N..., *lavado em Cristo, vai em paz, que Ele te acompanhe!*".

13º Encontro

A ressurreição de Lázaro

Palavra inicial: Neste encontro vamos falar sobre a passagem bíblica da ressurreição de Lázaro, que é o sétimo e último sinal apresentado pelo evangelista João. Nesta passagem, vemos o ponto alto dos sete sinais. É o sinal em que encontramos a maior carência, uma carência total e absoluta: a carência da vida. Queremos refletir com os catequizandos sobre só Cristo poder nos dar vida em plenitude, em abundância. O mundo nos oferece muitas coisas que passam, que não nos completam nem nos concedem a serenidade necessária para sentir felicidade plena. Só Deus pode suprir nossas carências e necessidades.

Preparando o ambiente: Ambão com toalha da cor do Tempo Litúrgico, vela, flores e Bíblia. Na Mesa da Partilha, cartaz com a ilustração da passagem bíblica da ressurreição de Lázaro.

Acolhida: O catequista acolhe os catequizandos ao dizer: "...N..., *só Cristo nos dá vida em abundância!*".

Recordação da vida: Ao redor da Mesa da Palavra ou da Partilha, recordar os fatos e acontecimentos que marcaram a semana, bem como o encontro passado. Partilhar, ainda, as atividades propostas pelo Diário Catequético.

NA MESA DA PALAVRA

Oração inicial: O catequista inicia invocando o Espírito Santo, com a oração *"Vinde, Espírito Santo, enchei os..."* ou com um canto. Antes de proclamar o Evangelho, poderá ser entoado um canto de aclamação.

Leitura do texto bíblico: Jo 11,17-44.

Após alguns minutos de silêncio, o catequista lê o texto novamente, pausadamente, destacando alguns pontos.

> *"...Já fazia quatro dias que Lázaro estava no túmulo. [...] Jesus lhe disse: 'Eu sou a ressurreição e a vida.' [...] 'Sim, Senhor – respondeu ela – creio que és o Cristo, o Filho de Deus, que devia vir a este mundo.' [...] O morto saiu com os pés e as mãos atados com faixas e o rosto envolto num sudário. Jesus ordenou: 'Desatai-o e deixai-o andar'."*

Após a leitura, todos se dirigem para a Mesa da Partilha.

NA MESA DA PARTILHA

Pedir que os catequizandos falem sobre o texto proclamado e valorizar cada contribuição. Logo após, refletir sobre a passagem bíblica mostrando a importância de se acreditar em Jesus e ter fé Nele.

▸ A carência aqui é total e absoluta, não há mais vida. Já fazia quatro dias que Lázaro estava morto. Até o terceiro dia, ainda se tinha esperança de que a pessoa reanimasse. No quarto dia, contudo, o corpo já começava a se decompor, consequentemente tornando impossível recuperar a vida.

▸ Diante da falta de vida, da falta de esperança, aparece Jesus como vida em plenitude e esperança para além das expectativas.

▸ É preciso entender a relação entre Jesus, Lázaro, Marta e Maria, que é a representação da comunidade cristã. Lázaro, Marta e Maria são irmãos, isso revela como eram as comunidades joaninas. Eram comunidades fraternas, com um único *status*, todos irmãos uns dos outros. E o texto diz que Jesus amava Lázaro, Marta e Maria. Fraternidade e amor, as únicas coisas que valem.

▸ A morte aqui é entendida de duas maneiras. Para Jesus, a morte é um sono ("o nosso amigo Lázaro adormeceu") do qual a gente desperta. Já os discípulos a viam como uma tragédia irreversível ("vamos nós também para morrer com ele").

▸ A atitude que transforma o irreversível se chama AMOR. Quando Jesus chora por Lázaro, dizem: "Vê como ele o amava", como se fosse coisa do passado. Mas o amor de Jesus por Lázaro não morre; e, por não morrer, tem uma força incrível para restabelecer a vida e fazer com que Lázaro saia.

▸ Há um caminho de fé percorrido pelas irmãs. Jesus convida Marta a dar um passo de qualidade em sua fé na ressurreição, para que não creia só na ressurreição do final dos tempos, mas em Jesus, que é a ressurreição e a vida. Quando ela confessa isso, torna-se missionária, evangelizadora, ou seja, portadora da Boa Notícia. Tanto é verdade que ela vai para casa, chama Maria e a conduz até Jesus.

▸ Maria, por outro lado, também se torna missionária pois, quando vai ao encontro de Jesus, leva consigo todos os que estão na sua casa ("foram atrás dela, pensando que ela ia no túmulo para aí chorar").

▸ Na casa de Marta e Maria só havia tristeza, desespero e, saindo dessa casa, muitos acreditaram em Jesus.

▸ A única diferença entre a ressurreição de Lázaro e a ressurreição de Jesus é que Lázaro ressuscita ainda com amarras, isto é, ele voltará a morrer. Jesus, quando ressuscita, não o faz com amarras, pois sua ressurreição é definitiva. A vitória de Jesus sobre a morte é irreversível. Jesus também dá uma tarefa às pessoas, pedindo que desamarrem Lázaro e o deixam sair.

Comentar com os catequizandos que nós, em nossas vidas de cristãos, somos convidados a ajudar as pessoas a se desamarrarem, a se soltarem de suas amarras que as impedem de ter mais vida. De alguma forma, se não dermos nossa contribuição, a ressurreição de Lázaro e das pessoas é incompleta. Lembremos as inúmeras pessoas que estão sofrendo com a depressão, com a solidão; pessoas que não encontram mais sentido para viver. Essas pessoas são os Lázaros de hoje, que precisam de ajuda para sair de sua triste situação.

Conclusão: Os sete sinais de João, juntamente com todo o seu Evangelho, foram escritos com a finalidade de despertar o compromisso da fé que leva a experimentar a vida trazida por Jesus. Muitos outros sinais foram realizados. Em João encontramos somente alguns "sinais" que foram escritos "para que vocês acreditem que Jesus é o Messias, o Filho de Deus. E para que, acreditando, vocês tenham a vida em seu nome" (Jo 20,31).

O catequista motiva os catequizandos a se perguntarem se realmente acreditam em Jesus, único que pode nos dar vida plena, e se estão dispostos a segui-lo. Deixar espaço para um tempo de silêncio e convidá-los a expressar os seus sentimentos em relação a isso, sem pressioná-los ou expô-los. Após os comentários individuais, dizer que o "sim" que damos a cada dia nos insere em uma comunidade fraterna, mas que muitas vezes sofre com o egoísmo e a falta de caridade. Ali seremos convidados a testemunhar o grande amor que Deus tem por nós.

Oração final: Convidar a ficar de pé em volta da Mesa da Palavra e elevar a Deus preces para que possamos vencer todas as situações de morte. Depois rezar o Pai-nosso e, no final, esta oração:

Pai Santo, que devolveis a vida a todo aquele que crê e professa que Jesus é o Senhor. Ajudai-nos a viver como comunidade fraterna, comunidade de amor. Por Cristo, nosso Senhor. Amém.

Após a oração, o catequista impõe as mãos sobre a cabeça de cada catequizando e traça o sinal da cruz em sua fronte dizendo: *"...N..., testemunhai sua fé no Cristo que é verdade e vida, vai em paz, que o Senhor te acompanhe!".*

14° Encontro

A Bíblia revela a História da Salvação

Palavra inicial: Neste encontro queremos refletir que a Sagrada Escritura apesar de não ser um livro de história, nos revela o caminho de salvação da humanidade. Deus escolhe Abraão e, a partir dele, forma um povo, uma raça eleita – os hebreus, hoje o povo judeu. A partir dessa escolha, Deus prepara todo o caminho de Salvação. Por isso se quer iniciar este encontro refletindo sobre a história de Abraão e o sacrifício de Isaac, explorando a questão do resgate (Deus que nos resgata da morte) e auxiliando a compreensão da aliança entre Deus e Abraão (mudança de nome), compreendendo, em uma linha cronológica, ao longo dos próximos encontros, toda a História da Salvação revelada desde o Antigo Testamento até Jesus.

Preparando o ambiente: Ambão com toalha da cor do Tempo Litúrgico, vela e flores.

Acolhida: O catequista acolhe os catequizandos com o dizer *"Deus também escolheu você, ...N..., seja bem-vindo(a)!"*. Na sala, saúda a todos mais uma vez, desejando-lhes boas-vindas.

Recordação da vida: Ao redor da Mesa da Partilha ou da Palavra, fazer uma breve recordação dos fatos ocorridos durante a semana. Ainda poderá lembrar o encontro passado e pedir para que destaquem qual mensagem tiraram do último sinal do Evangelho de São João.

NA MESA DA PALAVRA

Oração inicial: Motivar a oração valorizando tudo o que foi mencionado na recordação da vida. Depois convidar para invocar o Espírito Santo, cantando ou rezando.

O catequista convida um catequizando para se dirigir até o ambão e proclamar o texto indicado.

Leitura do texto bíblico: Gn 22,1-18.

Após alguns minutos de silêncio, o catequista lê o texto novamente, pausadamente, destacando alguns pontos.

> *"E o menino disse: 'Temos o fogo e a lenha, mas onde está o cordeiro para o holocausto?' E Abraão respondeu: 'Deus providenciará o cordeiro para o holocausto, meu filho'. [...] Depois estendeu a mão e tomou a faca para imolar o filho. Mas o anjo do Senhor gritou dos céus: 'Abraão! Abraão!' [...] 'Não estendas a mão contra o menino e não lhe faça mal algum'. [...] Abraão ergueu os olhos e viu um carneiro preso pelos chifres num espinheiro. Pegou o carneiro e ofereceu-o em holocausto em lugar do filho..."*

O catequista convida todos a se sentarem ao redor da Mesa da Partilha.

NA MESA DA PARTILHA

Reconstruir com os catequizandos o texto bíblico, incentivando a partilhar o que compreenderam. Depois, convidar a uma leitura silenciosa observando algum detalhe não comentado. Se houver algo, todos podem partilhar.

O catequista inicia dizendo que, nos últimos encontros, foram convidados a exercitar e criar uma sensibilidade para a mensagem que o evangelista quis transmitir ao redigir o texto bíblico, compreendendo por que a Palavra de Deus é sempre atual. Destacar que, apesar de não ser um livro de história simplesmente, a Bíblia narra a história concreta de salvação do povo de Israel, e como esse povo se relacionava com Deus. Para compreender a Sagrada Escritura e sua mensagem, é fundamental conhecer, mesmo que brevemente, essa história para que a mensagem possa ser atualizada ainda hoje. O catequista destaca que neste encontro irefletirão sobre o chamado de Abraão, comentando:

▸ Nos capítulos 12 a 25 do livro de Gênesis encontraremos a história de Abrão (Abraão), um homem escolhido por Deus para formar um povo eleito, uma nova raça, como vemos na passagem: "O Senhor disse a Abrão: 'Sai de tua terra, do meio dos teus parentes, da casa de teu pai e vai para a terra que te mostrarei. Farei de ti uma grande nação e te abençoarei, engrandecendo teu nome, de modo que se torne uma bênção" (Gn 12,1-2).

▸ Abraão ouviu as palavras do Senhor e nelas acreditou. Tomando sua mulher, Sara (Sarai), partiu... Depois de muitos acontecimentos finalmente se instalou na terra que o Senhor havia prometido. Muitos anos se passaram, mas Abraão e sua mulher não tiveram descendentes. Sarai era estéril. Abraão, vendo os anos passarem sem a descendência por Deus prometida, começa a questionar: "Senhor Deus, que me haverás de dar, se eu devo deixar este mundo sem filhos...?" (Gn 15,2). O tempo de Deus era diferente do tempo de Abraão.

▸ No tempo certo, Deus, na sua infinita paciência e misericórdia, se dirige novamente a Abraão e lhe reafirma a promessa de numerosa descendência. Essa é a terceira vez que Deus faz uma aliança com Abraão, e agora lhe dá um novo nome, indicando sua participação nas bênçãos da aliança e o símbolo do novo *status* que assumiria: pai das nações, do qual nascerão reis e povos. A mudança de nome, portanto, significava a nova missão, a mudança de vida, ou ainda o novo *status* assumido perante Deus e o seu povo.

▸ O catequista poderá citar alguns exemplos: Simão para Pedro; Cardeal Jorge Mario Bergoglio para Papa Francisco... Nesse contexto, convém enfatizar os textos bíblicos: "Já não te chamarás Abrão, mas teu nome serás Abraão, porque farei de ti o pai de uma multidão de nações" (Gn 17,5); "Quanto à tua mulher, Sarai, já não chamarás Sarai, mas Sara. Eu a abençoarei, e também dela te darei um filho. Vou abençoá-la, e ela será mãe de nações..." (Gn 17,15-16).

▸ Um ano depois, a promessa se cumpre. Sara dá à luz Isaac, que significa "ele ri", por causa dos risos de seus pais. Os risos de dúvida se transformam em sorrisos de alegria. Alegria de uma nova vida, da inocência de uma criança, da beleza da vida.

▸ Passados alguns anos, Abraão novamente escuta uma voz: "Abraão, [...] toma teu único filho Isaac a quem tanto amas, dirige-te à terra de Moriá e o oferece-o ali em holocausto sobre um monte que eu te indicar" (Gn 22,1-2). Deus põe Abraão à prova... Holocausto significa "queimar por inteiro";

além de sacrificar, teria que atear fogo. Abraão levantou-se cedo, rachou a lenha e colocou-se a caminho para onde Deus lhe havia falado. No terceiro dia de caminhada, Abraão eleva os olhos e avista o lugar. Ao pé do monte, ele coloca a lenha para o holocausto nas costas de Isaac e, tendo em suas mãos o fogo e a faca, começam a subir o monte até onde seria erguido o altar.

▸ A subida torna-se dramática... Isaac pergunta a Abraão: "[Pai] Temos o fogo e a lenha, mas onde está o cordeiro para o holocausto?" (Gn 22,7). Imaginem a angústia de saber que o próprio filho carregava a lenha de seu sacrifício. A resposta de Abraão é sábia e confiante: "Deus providenciará o cordeiro para o holocausto, meu filho" (Gn 22,8). E os dois continuam o caminho. No alto do monte, onde Deus havia indicado, Abraão ergue o altar, coloca a lenha em cima e amarra o filho Isaac.

▸ Imaginem cada passo dado, o caminho que se torna interminável, cada pensamento e questionamento, a dúvida entre a fé e a razão até chegar àquele momento. Imaginem cada pedra sendo colocada para erguer o altar, cada pedaço de lenha sendo acomodada e, enfim, o terrível momento de amarrar o filho, de deitá-lo sobre o altar, de empunhar a faca... O olhar de Isaac; a tentativa de entender o porquê. A sua luta, e a não compreensão: "Isaac, você é o sacrifício!". Então, a confiança no pai (Pai) torna-se maior que o medo. Isaac, dócil ao projeto de Deus, se deixa amarrar e, colocando talvez as mãos sobre os olhos do filho, Abraão ergue a faca. No momento extremo da decisão, do limite, Deus intervém: "Abraão! Abraão! [...] Não estendas a mão contra o menino e não lhe faça mal algum. Agora sei que temes a Deus, pois não me recusastes teu único filho" (Gn 22,12). Surge a concepção do RESGATE. Deus, que intervém na história e resgata Isaac da morte, apresenta o cordeiro a ser sacrificado em seu lugar.

▸ Podemos nos perguntar: Por que Deus faria um pedido desse a um pai? Que Deus é esse? Podemos compreender esse relato saindo do texto bíblico e olhando o contexto para pressupor algumas coisas... Abraão não esperou o tempo de Deus. Com a demora de a promessa se cumprir, quis fazer do seu modo, duvidou e questionou. Enfim, no tempo de Deus, e não no de Abraão, a promessa se cumpre. Isso mexe com Abraão, deixa-o com um sentimento de gratidão, mas também de arrependimento, de consciência pesada por não ter esperado no Senhor. A voz que Abraão escuta talvez seja da sua consciência que quer provar a Deus o seu amor, a sua fidelidade. E como qualquer ser humano que precisa de provas, quer também provar a Deus o seu amor por Ele. Escolhe dar o que possui de melhor e mais valioso, o filho único. Talvez influenciado por um costume pagão da época, no qual sacrificavam o filho primogênito, do sexo masculino, ao deus Baal, o deus da fertilidade, pois acreditavam que ele poderia lhes dar muito mais filhos.

▸ Abraão, talvez ao ver o costume pagão, poderia ter pensado que oferecendo o seu primogênito ao único Deus verdadeiro, autor e criador de tudo, amenizaria a dor da culpa que o condenava e, agradando a Deus, receberia muito mais descendentes. Porém a lógica de Deus é completamente diferente da lógica humana. Deus não é um deus qualquer, que quer coisas em troca... Deus faz por amor, e na gratuidade. Não nos pede nada como retribuição. Mas por que Deus permitiria a Abraão levar adiante esse pensamento, a ponto de levantar a faca sobre o filho? Ora, porque de nada adiantaria a Abraão qualquer palavra. Mesmo Deus dizendo não ser necessário, que Ele conhecia o seu coração, as palavras não amenizariam a dor da consciência de Abraão. Então, Deus permite que Abraão siga pelo caminho, deixa-o chegar ao extremo... Esse tempo e caminho foram necessários para que Deus curasse Abraão. Deus agiu no caminho e, no limite, RESGATA Isaac.

▸ Assim como Abraão e Isaac, Deus tem um Projeto de Amor e Salvação... Talvez não saibamos "o porquê" ou o "para quê" das coisas, mas é preciso ter a firme confiança de que, no tempo certo, Deus agirá e intervirá em nossas vidas, em nossas histórias. A nós, basta confiar e esperar o seu tempo. Podemos nos perguntar: Do que minha consciência me acusa? Ou qual caminho estou trilhando ou devo trilhar para que Deus possa agir?

Conclusão: Deus interveio e libertou Isaac da morte. Com o resgate e o sacrifício, Deus sela uma nova aliança. Com Abraão, portanto, começa a história do povo eleito, escolhido, até que, no tempo oportuno, para resgatar a humanidade da morte do pecado, Deus sacrifica seu Filho em nosso lugar. Cristo se torna o cordeiro que tira o pecado do mundo. Assim como fez com Isaac, Deus providencia o próprio Filho para nos salvar. Mas para chegar até Cristo, a história é longa, como nos revelarão os livros do Antigo Testamento, sobre os quais brevemente iremos refletir nos próximos encontros.

Oração final: Convidar os catequizandos a ficarem em pé ao redor da Mesa da Palavra e incentivá-los a formularem orações e preces. Concluir rezando o Pai-nosso e a oração:

> *Pai de amor, na sua infinita misericórdia enviou teu Filho ao mundo para nos resgatar da morte do pecado. Que possamos confiar em teu Projeto de Amor e Salvação, sendo fiéis aos teus ensinamentos. Por Cristo, nosso Senhor. Amém.*

Após a oração, o catequista impõe as mãos sobre a cabeça de cada catequizando e traça o sinal da cruz em sua fronte, dizendo: *"Cristo nos resgata da morte eterna, ...N..., vai em paz e que o Senhor te acompanhe!"*.

15° Encontro

Jacó e as doze tribos de Israel

Palavra inicial: Neste encontro queremos apresentar a história de Jacó e de seus doze filhos, que deram origem às doze tribos, aos doze povos a quem Deus se revelou e agiu durante longo tempo. O nascimento do "povo de Israel".

Preparando o ambiente: Ambão com toalha da cor do Tempo Litúrgico, Bíblia, vela e flores.

Acolhida: O catequista acolhe os catequizandos com o dizer "...N..., *Deus está no meio de nós!*" ou outro semelhante.

Recordação da vida: Ao redor da Mesa da Partilha ou da Palavra, lembrar fatos e acontecimentos que marcaram a semana. Partilhar, ainda, as atividades propostas no Diário Catequético.

NA MESA DA PALAVRA

Oração inicial: Convidar todos para invocarem o Espírito Santo, cantando ou rezando. Concluir com uma oração espontânea.

O catequizando escalado como leitor do encontro aproxima-se do ambão e proclama o texto bíblico.

Leitura do texto bíblico: Gn 32,25-30.

Após alguns minutos de silêncio, o catequista lê o texto novamente, pausadamente, destacando alguns pontos.

> "Mas Jacó respondeu: 'Não te soltarei se não me abençoares'. E o homem lhe perguntou: 'Qual é o teu nome?' – 'Jacó', respondeu. E ele lhe disse: 'De agora em diante já não te chamarás Jacó, mas Israel, pois lutastes com Deus e com homens e vencestes'. [...] E ali mesmo o abençoou..."

O catequista convida todos a se sentarem ao redor da Mesa da Partilha.

NA MESA DA PARTILHA

Solicitar que os catequizandos reconstruam o texto bíblico e expressem o que entenderam. Depois, pedir para que releiam a passagem individualmente. O catequista poderá incentivá-los a partilhar o que o texto disse a cada um.

Logo após, aprofundar a passagem bíblica comentando:

▸ O livro de Gênesis, do capítulo 25,19ss até o último (50), narra a história de Jacó, um dos filhos de Isaac. Uma história recheada de trapaças e mentiras. Porém, diante da fragilidade humana e de seus pecados, Deus age em favor da humanidade em seu infinito amor e misericórdia. Onde abundou o pecado, Deus faz superabundar a sua graça (cf. Rm 5,21).

▸ No texto bíblico que meditamos, Jacó está retornando para a terra de seu pai Isaac, onde deseja encontrar seu irmão Esaú para se reconciliar após inúmeros episódios de rivalidade. Nessa caminhada de volta, Jacó, sozinho na madrugada, trava uma luta corpo a corpo com um homem misterioso, que depois se revela como Deus. Esse homem fere a coxa de Jacó e lhe muda o nome para Israel, abençoando-o. Israel significa "aquele que luta com Deus". Os descendentes de Jacó passam a ser chamados e identificados como Israel, isto é, aqueles que lutam com Deus.

- Sozinho com Deus, Jacó ouve a sua voz, busca saber o seu nome, o vê face a face (glória) e recebe sua bênção. Deus o deixou vencer diante da sua persistência e perseverança, porém feriu a sua coxa para que, a partir daquele momento, Jacó deixasse de depender da sua força e de suas trapaças, e dependesse exclusivamente da ajuda, orientação e bênçãos Dele. O grito perseverante de Jacó pela bênção de Deus o transformou num novo homem, com um novo nome. Deus é vencido pelo clamor, e não pela força.

- Deus abençoa Jacó e todos os seus descendentes, e segue cumprindo a promessa feita a Abraão. Os doze filhos de Jacó (descendentes), unidos a outros grupos, constituirão no futuro o povo de Israel, escolhido por Deus, do qual nasce Jesus. Porém, até a vinda do Salvador, muitos séculos passaram e Deus continuou agindo na vida e na história do seu povo.

O catequista poderá pedir para que os catequizandos abram suas Bíblias em Gn 35,22b-26 e descubram o nome dos doze filhos de Jacó. Antes, porém, convém esclarecer que era parte da cultura da época o homem se deitar com outras mulheres para garantir a descendência como aconteceu na dramática história de Jacó, que se deitou com quatro mulheres.

Conclusão: Os doze filhos de Jacó eram Rúben, Simeão, Levi, Judá, Issacar, Zabulon, José, Benjamim, Dã, Neftali, Gad e Aser. Cada um dos filhos descerá ao Egito várias décadas depois. Com a saída do Egito e a conquista da "Terra Prometida", seus descendentes, unidos a outros grupos, formarão o povo hebreu (judeu), escolhido por Deus para nascer Jesus Cristo.

Oração final: Ao redor da Mesa da Palavra, pedir para que os catequizandos façam orações espontâneas, principalmente pela história e vida de cada um e de suas famílias. Orientar que clamem para que Deus faça a obra Dele e derrame bênçãos sobre cada realidade. Rezar o Pai-nosso e concluir com a oração:

Senhor, nosso Deus, queremos louvá-lo e agradecer por ter enviado, por amor, Jesus ao mundo para nos salvar. Louvamos e agradecemos, também, por nossas famílias e histórias, e pedimos que derrame suas bênçãos sobre cada um de nós. Por Cristo, Senhor nosso. Amém.

Após a oração, o catequista impõe as mãos sobre a cabeça de cada catequizando e traça o sinal da cruz em sua fronte, dizendo: *"Deus o abençoe e guarde, ...N..., vai em paz e que o Senhor te acompanhe! Amém"*.

Material de apoio

Ler os capítulos 25,19ss do livro de Gênesis, até o final.

Recomenda-se o livro: BALANCIN, Euclides Martins. *História do Povo de Deus*. São Paulo: Paulus, 1998.

O SIGNIFICADO DO NÚMERO DOZE

Para o povo hebreu, os números têm significados e forte simbolismo. O número doze é exemplo disso. Inúmeras passagens falam do número doze na Bíblia. O número doze é o número quatro (que representa o homem) multiplicado por três (que simboliza Deus, perfeição, plenitude, a Trindade). Sendo assim, o número doze quer representar a união da criatura com o Criador. Esse número, portanto, refere-se a todo o povo escolhido por Deus: as doze tribos de Israel, representando todo o Antigo Testamento, e os doze discípulos, todo o povo do Novo Testamento, reunido por Jesus Cristo.

16° Encontro

A escravidão no Egito

Palavra inicial: Neste encontro, refletiremos sobre a história do povo hebreu no Egito até o momento da escravidão, o nascimento de Moisés e o clamor do povo por libertação, mostrando que Moisés se identifica com seu povo e, num encontro com Deus na sarça, recebe a missão de libertá-lo. Mesmo diante das limitações, ele é obediente ao Senhor. Refletiremos sobre qual é a missão que nós também recebemos hoje.

Preparando o ambiente: Ambão com toalha da cor do Tempo Litúrgico, Bíblia, vela e flores.

Acolhida: O catequista acolhe os catequizandos com o dizer "...N..., *a luta pelo poder nos escraviza*". Quando já estiverem na sala, saúda a todos mais uma vez, desejando-lhes boas-vindas.

Recordação da vida: Ao redor da Mesa da Partilha ou da Palavra, o catequista poderá perguntar sobre o encontro anterior. Poderá destacar os acontecimentos importantes que possam ter ocorrido na vida da comunidade e recordar, ainda, o que foi abordado no último encontro. Poderá abordar as questões relacionadas ao perdão a quem lhes tenha causado algum mal, a exemplo do que ocorreu com José.

NA MESA DA PALAVRA

Oração inicial: Motivar a oração de maneira espontânea, convidando para invocar o Espírito Santo. Em seguida, o catequizando dirige-se ao ambão e proclama o texto bíblico.

Leitura do texto bíblico: Ex 3,1-12a.

Após alguns minutos de silêncio, o catequista lê o texto novamente, pausadamente, destacando alguns pontos.

> *"O Senhor lhe disse: 'Eu vi a opressão de meu povo no Egito, ouvi os gritos de aflição diante dos opressores e tomei conhecimento de seus sofrimentos. Desci para libertá-los das mãos dos egípcios e fazê-los sair desse país para uma terra boa e espaçosa, uma terra onde corre leite e mel' [...] 'E agora vai, que eu te envio ao Faraó para que libertes meu povo, os israelitas, do Egito'."*

O catequista convida todos a se sentarem ao redor da Mesa da Partilha.

NA MESA DA PARTILHA

Convidar os catequizandos a uma leitura silenciosa da passagem proclamada, observando algum detalhe não comentado na reconstrução do texto. Se houver algo, todos podem partilhar. Se o tempo permitir, pode pedir que um dos catequizandos leia a passagem bíblica de Ex 1–2,1-10.

O catequista contextualiza dizendo que Jacó e todos os seus filhos, com suas famílias, desceram e se instalaram no Egito. Muitos anos se passaram, José, seu pai e todos os irmãos já tinham falecido. Um novo rei, que não conhecera José, subiu ao trono no Egito. Este, olhando como os descendentes de Jacó cresciam e se multiplicavam, tornando-se cada vez mais numerosos, começou a temer que um dia se revoltassem e lhe tomassem o poder. Então, movido por preocupações, o novo Faraó os oprime com trabalhos forçados. Os egípcios reduziram os israelitas a uma dura escravidão.

Porém, quanto mais os israelitas eram oprimidos, mais se multiplicavam. O Faraó ordena, então, que as parteiras que assistissem o parto das mulheres hebreias matassem toda criança do sexo masculino que nascesse. As parteiras, tementes ao Senhor, descumpriram a ordem do Faraó, que acabou por ordenar ao seu povo jogar no Rio Nilo todos os meninos hebreus recém-nascidos, poupando apenas as meninas.

O texto de Ex 1–2,1-10 conta a história de Moisés, filho de hebreus que, ao nascer nesse contexto, é escondido por sua mãe para não ser jogado no rio e morrer. No entanto, sem condições de mantê-lo escondido, ela trama um plano: coloca-o numa cesta às margens do rio para ser encontrado pela filha do Faraó. O plano dá certo, e a mulher adota o menino como filho e lhe dá o nome de Moisés. Assim, ele cresce no palácio junto aos egípcios... A vida de Moisés foi poupada, pois desde o seu nascimento Deus já tinha um projeto para sua vida: conduzir seu povo em busca da libertação.

Até aqui podemos concluir que o medo de perder o poder, ou a fascinação por estar no poder, é a razão dos inúmeros males que assolam nossa sociedade. Pelo poder, nações são escravizadas, pessoas são mortas... A ganância e o dinheiro transformam o ser humano. Em busca de cumprir a sua vontade e ser melhor que os demais, muitos exploram e passam por cima dos outros. Porém, a exemplo do que fez o Faraó aos hebreus, essas atitudes demostram medo, fraqueza e insegurança.

Depois o catequista reflete com os catequizandos a passagem bíblica proclamada no encontro, dizendo que, desde o nascimento de Moisés, Deus já tinha um projeto e uma missão para ele. Embora tenha crescido e sido educado na corte egípcia, Moisés não esquece sua origem e sente-se solidário ao ver os hebreus, seus irmãos, oprimidos.

Comentar que Moisés, ao ver um irmão hebreu ser agredido por um soldado egípcio, o defende. Isso faz com que o Faraó o veja como um traidor, forçando-o a fugir para se esconder e não ser morto. Deus preparava, assim, um líder para libertar seu povo.

Na fuga, Moisés vai para a terra de Madiã, uma tribo nômade. Ali se depara com as filhas do sacerdote de Madiã sendo hostilizadas por um grupo de pastores. Moisés as defende, e o pai delas o convida para morar com eles. Moisés, então, casa-se com uma delas e ajuda o sogro a cuidar do rebanho de ovelhas.

Depois de muitos anos, o rei do Egito morre. Porém o povo hebreu continua a sofrer e a ser explorado. Deus ouve os lamentos e clamores do seu povo, não é alheio nem insensível aos seus sofrimentos. Lembrando-se da aliança feita com os patriarcas (Abraão, Isaac e Jacó), e em resposta aos pedidos do povo, Deus escolhe Moisés para libertá-lo.

Enquanto pastoreava o rebanho do sogro, Moisés vê no Monte Horeb uma sarça envolvida por uma chama de fogo que não a consumia. Ao se aproximar para ver o que era, escuta a voz divina e redescobre o Deus de seus pais. Moisés é convidado a tirar as sandálias em respeito à presença de Deus. Esse gesto é um sinal de humildade e reconhecimento da grandeza do Senhor. Deus revela a Moisés seu plano de libertação e o envia ao Faraó.

Deus prepara uma nova terra, espaçosa e fértil, para que seu povo possa habitar com dignidade. Para chegar lá precisa que alguém o conduza e o lidere. Moisés é escolhido por Deus para que, com sua sensibilidade e humanidade, possa falar ao povo em nome Dele.

No entanto, Moisés não se sente digno: "Quem sou eu para ir ao Faraó...?" (Ex 3,11). Ele já havia fracassado uma vez, e precisou fugir. Porém agora é o Senhor quem o envia, o projeto não é mais de Moisés, mas do próprio Deus. Moisés é apenas um instrumento, será apenas a boca de Deus. "Eu estou contigo" (Ex 3,12), diz o Senhor.

Conclusão: Moisés ouve atentamente as orientações do Senhor e parte confiante para cumprir a sua missão de libertar o seu povo. Assim como Deus tem uma missão para Moisés, Ele também tem uma missão para cada um de nós. Desde o ventre de nossas mães, Deus já nos escolheu e nos envia a pregar e testemunhar as suas maravilhas. Para isso, precisamos escutar a sua voz no silêncio, acreditar e nos pôr a caminho sem medo ou vergonha.

O catequista poderá dizer que no próximo encontro continuaremos vendo o desenrolar dos acontecimentos da missão de Moisés. Para isso, orientará os catequizandos para que façam as atividades propostas em seus Diários.

Oração final: O catequista convida os catequizandos a ficarem em pé ao redor da Mesa da Palavra e os incentiva a formularem orações e preces, rezando de modo especial pela paz no mundo e pelo respeito aos povos. Poderá rezar o Pai-nosso e concluir com a oração:

> *Senhor Deus, que chamastes Moisés para libertar teu povo do Egito e enviastes Jesus para nos libertar da morte eterna do pecado, nos fortaleça para que possamos também nós cumprir a nossa missão de ser verdadeiras testemunhas e construtores do teu Reino. Por Cristo, nosso Senhor. Amém.*

Após a oração, o catequista impõe as mãos sobre a cabeça de cada catequizando e traça o sinal da cruz em sua fronte, dizendo: *"Cumpra sempre a vontade do Pai, ...N..., vai em paz e que o Senhor te acompanhe!"*.

17° Encontro

A libertação do Egito e a instituição da Páscoa

Palavra inicial: Neste encontro vamos conhecer a história de como o povo de Deus se libertou do Egito. De modo especial, conheceremos todo o ritual desde a noite da libertação até a passagem pelo mar, isto é, a Páscoa, celebrada ainda hoje ritualmente pelos judeus.

Preparando o ambiente: Ambão com toalha da cor do Tempo Litúrgico, Bíblia, vela e flores.

Acolhida: O catequista acolhe os catequizandos com o dizer *"Deus liberta seu povo, ...N..., seja bem-vindo(a)!"*, ou outro semelhante.

Recordação da vida: Ao redor da Mesa da Partilha ou Palavra, lembrar fatos e acontecimentos que marcaram a semana. Lembrar que, no último encontro, falávamos da missão de Moisés em liderar a libertação do povo hebreu.

NA MESA DA PALAVRA

Oração inicial: O catequista conduz a oração de maneira espontânea e, depois, pode convidar a cantar ou rezar invocando o Espírito Santo.

Um catequizando dirige-se até o ambão e proclama o texto bíblico.

Leitura do texto bíblico: Ex 12,1-17.

Após alguns minutos de silêncio, o catequista lê o texto novamente, pausadamente, destacando alguns pontos.

> *"Assim o comereis: com os cintos na cintura, os pés calçados, o bastão na mão; e comereis às pressas, pois é a Páscoa do Senhor. [...] Guardarei esse dia, por todas as gerações, como instituição perpétua."*

O catequista convida todos a se sentarem ao redor da Mesa da Partilha.

NA MESA DA PARTILHA

Convidar os catequizandos a uma leitura silenciosa da passagem proclamada, observando algum detalhe do texto. Depois estimular a partilharem o que mais chamou atenção.

O catequista medita com os catequizandos o texto bíblico dizendo que, depois de ouvir atentamente as palavras de Deus, Moisés foi ao encontro do Faraó e fez tudo o que o Senhor dissera. Porém o coração do Faraó estava endurecido... Foi apenas depois da décima praga que o Faraó não só os deixou sair, mas os expulsou definitivamente do Egito.

Antes, porém, de saírem do Egito, Deus ordenou que fizessem uma série de ritos, "a última ceia no Egito", como preparação para a fuga e sinal profético da libertação que aconteceria ao atravessarem o mar.

O catequista explica que a última ceia no Egito era composta, como vimos na leitura do livro de Êxodo, por uma sequência de ações rituais e símbolos que começavam a ser preparados alguns dias antes da noite em questão:

- Tomar um cordeiro ou cabrito por família, macho, de um ano e sem defeito, e mantê-lo fechado.
- No dia ordenado, o animal é imolado ao cair da tarde.
- Um pouco do sangue do animal será passado nos umbrais das portas de onde será realizada a ceia.
- Deverão comer a carne assada com pães sem fermento e, também, ervas amargas.

Todas essas instruções dadas por Deus a Moisés e seu povo formavam os ritos da última ceia no Egito. Cada uma dessas ações tem origem em festas diferentes já realizadas pelo povo, tais como: a Páscoa, uma festa pastoril, e a festa dos pães de origem agrícola sem fermento, que acontecia na primavera.

O povo realizou as ações determinadas por Deus e, naquela noite, o Senhor passou e feriu todos os primogênitos dos egípcios. O povo hebreu, então, sai do Egito liderado por Moisés e guiado por Deus. O Faraó, no entanto, se arrepende de liberar a saída e manda seu exército persegui-lo. Na fuga, o povo hebreu depara-se com o Mar Vermelho à sua frente e com as tropas do Faraó às suas costas. Neste momento de limite, de não enxergar nenhuma saída, de não ter opção para onde ir, Deus intervém e diz a Moisés para erguer a vara, estender a mão sobre o mar e o dividir... O povo pode passar a pé enxuto pelo mar e alcançar a tão sonhada libertação. O Faraó e todo seu exército são derrotados.

A passagem do povo pelo mar torna-o livre, e chegar ao outro lado torna-se o evento fundador da salvação do Antigo Testamento, evento único da libertação do povo hebreu. Todos os últimos acontecimentos formam a Páscoa dos judeus. O termo Páscoa (*pésah*) se refere ao fato de Deus ter "saltado" as casas israelitas (do hebraico *pash*, "saltar, passar adiante") e também à passagem. Páscoa, portanto, significa PASSAGEM. Deus que passa libertando seu povo; Deus que faz passar a pés enxutos o mar e liberta da escravidão do Egito.

O versículo 17 dessa leitura diz que todos deverão guardar esse dia (a noite da libertação) como "instituição perpétua" (Ex 12,17). A última ceia no Egito torna-se, portanto, depois da passagem do Mar Vermelho a pé enxuto, a ocasião sobre a qual as futuras gerações poderão fazer memória dessa libertação.

Como a passagem do mar foi um evento único e não pode mais ser repetido, adaptam-se e repetem-se os ritos da última ceia todos os anos, no início da primavera (no Oriente), e assim se faz memória perpétua da Páscoa, da libertação. Com esses ritos, todos os celebrantes assumem "hoje" a libertação, atualizam o evento. A salvação dada naquela noite não se esgota ali, mas alcançará todas as gerações subsequentes. Não são os seus pais (antepassados) que atravessaram o mar e foram libertos, são eles que ao realizarem esses ritos hoje, ao celebrarem a Páscoa, são libertos e salvos pelo Senhor.

Jesus, como um bom judeu, também celebrava a Páscoa anualmente. E foi essa celebração anual da Páscoa dos judeus que deu origem à nossa Páscoa cristã.

Conclusão: O catequista poderá concluir dizendo que os ritos, a repetição ritual, é que fazem com que algo se torne perpétuo. Os ritos recordam o evento fundador e, se forem mudados, perde-se a referência. Assim, até hoje, os judeus realizam anualmente esses ritos, fazendo memória de sua libertação da escravidão do Egito. O catequista orienta os catequizandos a lerem o texto que está no

Diário, mostrando a estrutura e sequência simbólico-ritual que formam a liturgia da Páscoa dos judeus, celebrada anualmente até hoje. Poderá pedir que anotem as dúvidas para partilhá-las no próximo encontro.

Oração final: Ao redor da Mesa da Palavra, motivar os catequizandos a formularem orações e preces pedindo para que Deus liberte seu povo de toda escravidão e exploração. O catequista convida todos a rezarem o Pai-nosso e conclui com a oração:

> *Deus, Pai de bondade que nos chamastes para fazer com que o teu Reino se tornasse realidade no meio da humanidade, fazei com que tenhamos força e coragem para lutarmos pela libertação dos mais pobres e oprimidos. Por Cristo, Senhor nosso. Amém.*

Após a oração, o catequista impõe as mãos sobre a cabeça de cada catequizando e traça o sinal da cruz em sua fronte, dizendo: *"....N...., liberto(a) por Cristo, vai em paz e que Senhor te acompanhe! Amém"*.

Material de apoio

Recomenda-se a leitura dos livros:

GIRAUDO, Cesare. *Num só corpo*: tratado mistagógico sobre a Eucaristia. São Paulo: Loyola, 2003. (Ler especialmente o capítulo 3, páginas 63-93, e o capítulo 4, páginas 95-126).

FRISLIN, Fairo. *Hagadá de Pêssach*. 12. ed. São Paulo: Sêfer, 2011.

18° Encontro

A Aliança e as Tábuas da Lei

Palavra inicial: Neste encontro queremos recordar os Dez Mandamentos dados por Deus ao seu povo, em sinal de aliança. Também refletiremos sobre os quarenta anos que o povo passou no deserto.

Preparando o ambiente: Ambão com toalha da cor do Tempo Litúrgico, Bíblia, flores, vela e imagem com as Tábuas da Lei levando impressos os Dez Mandamentos.

Acolhida: O catequista acolhe os catequizandos saudando-os com o dizer "*Deus nos deu Dez Mandamentos, ...N..., seja bem-vindo(a)!*".

Recordação da vida: Quando todos estiverem na sala do encontro, o catequista convida-os para se colocarem ao redor da Mesa da Partilha ou da Palavra, onde trarão presentes fatos e acontecimentos que marcaram a semana e a vida da comunidade. Recordar o encontro anterior, pedindo que partilhem o que compreenderam da leitura dos textos sugeridos no Diário Catequético.

NA MESA DA PALAVRA

Oração inicial: O catequista conduz a oração de maneira espontânea, convidando todos a invocarem o Espírito Santo, cantando ou rezando: "*Vinde, Espírito Santo, enchei os...*". O catequizando escalado como leitor do encontro aproxima-se do ambão e proclama o texto indicado.

Leitura do texto bíblico: Dt 5,1-22.

Após alguns minutos de silêncio, o catequista lê o texto novamente, pausadamente, destacando alguns pontos.

> "*O Senhor nosso Deus fez conosco uma aliança em Horeb. [...] Não terás outros deuses além de mim. [...] Não pronunciarás o nome do Senhor teu Deus em vão [...] Guarda o dia do sábado, santificando-o [...] Honra teu pai e tua mãe [...] Não matarás. Não cometerás adultério. Não furtarás. Não darás falso testemunho contra o próximo. Não desejarás a mulher do próximo. Não cobiçarás a casa do próximo...*"

O catequista convida a todos a se sentarem ao redor da Mesa da Partilha.

NA MESA DA PARTILHA

Convidar a uma leitura silenciosa da passagem proclamada e, em seguida, incentivar a partilha do que compreenderam.

O catequista explica aos catequizandos que, depois de o povo sair do Egito e começar a caminhar em busca da Terra Prometida, muitos começaram a murmurar contra Moisés e contra Deus pela falta de água e alimentos. Deus, em sua fidelidade ao longo do caminho, providencia água e alimentos (codornas, manás...) ao povo. Porém o povo facilmente se esquece das maravilhas realizadas por Deus; as reclamações são sempre constantes, pois nunca está satisfeito.

O Senhor, na sua infinita paciência, chama Moisés até o alto da montanha e lhe entrega as Tábuas com as Leis, os Dez Mandamentos, chamados também de Decálogo – que significa literalmente "dez palavras". Os mandamentos são dados ao povo não como castigo, mas para que, ao cumpri-los, o povo tivesse vida plena e dignidade. As leis dadas por Deus servem para orientar a convivência entre o povo, valorizando a solidariedade e o amor ao próximo que estava facilmente se perdendo sob a pressão da situação.

As "dez palavras" reveladas por Deus são formuladas como mandamentos negativos, como proibições, ou ainda como orientações positivas ("honrai teu pai e tua mãe"), que em conjunto indicam as condições de uma vida liberta da escravidão do pecado. Nesse sentido, o caráter negativo, "não...", deve ser sempre lido e entendido não como algo ruim, restritivo ou proibitivo, mas como um caminho de vida: "Se obedeceres aos mandamentos do Senhor teu Deus, que hoje te prescrevo, amando ao Senhor teu Deus, seguindo seus caminhos e guardando seus mandamentos, suas leis e seus decretos, viverás e te multiplicarás" (Dt 30,16).

Os mandamentos pronunciados por Deus no contexto de uma "teofania", ou seja, manifestação de Deus sobre a montanha, no meio do fogo, faz parte da aliança selada por Ele com seu povo.

A aliança é um pacto entre duas partes (Deus e povo), no qual são esclarecidas as exigências e condições para que ambas, comprometendo-se a cumpri-las, possam selá-la. A aliança é sempre iniciativa de Deus por amor ao seu povo.

O Decálogo expõe as exigências do amor a Deus e ao próximo. Os três primeiros mandamentos se referem mais ao amor a Deus enquanto os outros sete, ao próximo. Os mandamentos estão estreitamente ligados, são inseparáveis. Cada mandamento remete aos outros, condicionam-se reciprocamente. Transgredir um mandamento é infringir todos os demais. Observar os mandamentos é condição essencial para o bem e a felicidade do homem.

Além da passagem de Deuteronômio que hoje lemos, o texto de Êxodo 20,2-17 também descreve o Decálogo. A Santa Mãe Igreja traduz as "dez palavras" em uma "fórmula catequética", facilitando a compreensão dos fiéis e ajudando-os a guardá-las na mente e no coração.

O catequista mostra a imagem com as Tábuas da Lei, onde está impressa a fórmula catequética dos Dez Mandamentos (apresentada na sequência).

Formula catequética dos Dez Mandamentos

1 - Amar a Deus sobre todas as coisas.	6 - Não pecar contra a castidade.
2 - Não tomar seu santo nome em vão.	7 - Não furtar.
3 - Guardar domingos e festas de guarda.	8 - Não levantar falso testemunho.
4 - Honrar pai e mãe.	9 - Não desejar a mulher do próximo.
5 - Não matar.	10 - Não cobiçar as coisas alheias.

Perguntar aos catequizandos o que significa cada um desses mandamentos e como podemos colocá-los em prática. À medida que forem respondendo, o catequista explica, orienta e atualiza esse saber para a vivência na realidade de nossos dias.

OBSERVAÇÃO

Os parágrafos 2052 a 2557 do Catecismo da Igreja Católica poderão auxiliá-lo nessa dinâmica.

Conclusão: O catequista conclui comentando que as leis dadas por Deus não foram abolidas por Jesus, pelo contrário, Ele resgata o seu verdadeiro significado e valor. O resumo que Jesus faz dos mandamentos de forma positiva, "amar a Deus e ao próximo" (Mc 12,30-31), implica necessariamente a observância de todo o Decálogo para ser cumprido. Portanto, os Dez Mandamentos devem estar presentes, memorizados (decorados) em nossas mentes e corações para podermos observá-los em nosso dia a dia.

Oração final: O catequista convida os catequizandos a ficarem em pé ao redor da Mesa da Palavra e os incentiva a formularem orações e preces. Poderá rezar o Pai-nosso e concluir com a oração:

> *Senhor Deus, que nos destes os Dez Mandamentos para que tenhamos vida e dignidade, ajudai-nos a observá-los sendo verdadeiras testemunhas e construtores do teu Reino. Por Cristo, nosso Senhor. Amém.*

Após a oração, o catequista impõe as mãos sobre a cabeça de cada catequizando e traça o sinal da cruz em sua fronte, dizendo: *"Ame a Deus e ao seu próximo, ...N..., vai em paz e que o Senhor te acompanhe! Amém"*.

Material de apoio

Aprofundar o tema nos parágrafos 2052 a 2557 do Catecismo da Igreja Católica.

19° Encontro

Juízes, reis e profetas

Palavra inicial: Neste encontro queremos fazer um breve resumo de toda a história do povo de Israel, falando do papel e da função dos juízes, reis e profetas na organização e constituição da sociedade.

Preparando o ambiente: Ambão com toalha da cor do Tempo Litúrgico, Bíblia e vela.

Acolhida: O catequista acolhe os catequizandos saudando-os com o dizer *"Deus nos chama a segui-lo, ...N..., bem-vindo(a)!"*. Depois de conduzir a todos para dentro da sala, saúda-os mais uma vez, desejando-lhes boas-vindas.

Recordação da vida: Ao redor da Mesa da Partilha ou da Palavra, incentiva-os a fazer uma retrospectiva da semana. O catequista poderá perguntar sobre o encontro anterior, pedindo para que partilhem o que lhes marcou e para que comentem algo de seus registros no Diário. Poderão destacar, ainda, os acontecimentos importantes ocorridos na vida da comunidade.

NA MESA DA PALAVRA

Oração inicial: O catequista motiva a invocar o Espírito Santo, rezando ou cantando, e conclui com uma oração espontânea.

Um catequizando dirige-se ao ambão, de onde proclama o texto bíblico.

Leitura do texto bíblico: 1Sm 7,15-8,1-5.

Após alguns minutos de silêncio, o catequista lê o texto novamente, pausadamente, destacando alguns pontos.

> *"Samuel exerceu as funções de Juiz sobre Israel durante toda a vida. [...] Todos os anciãos de Israel se reuniram, foram entrevistar-se com Samuel em Ramá e lhe disseram: 'Olha, tu estás velho e os teus filhos não seguem o teu exemplo. Portanto, estabelece-nos um rei, para que nos julgue!'"*

O catequista convida todos a se sentarem ao redor da Mesa da Partilha.

NA MESA DA PARTILHA

O catequista poderá pedir que os catequizandos partilhem o que compreenderam do texto. Depois, pedir para abrirem suas Bíblias na passagem proclamada e convidar a uma leitura silenciosa.

O catequista diz que, quando o povo se estabeleceu em Canaã e se organizou, nasceram as doze tribos de Israel, formando uma liga ou confederação que as representasse. Através de assembleias, adultos de todas as tribos se reuniam periodicamente para adorar a Deus e para produzir normas que orientassem o povo. Assim, instituíram juízes para uniformizar as leis de cada tribo, que pudessem julgar os conflitos e casos das comunidades. Existiam vários juízes que percorriam as tribos... Na leitura deste encontro conhecemos Samuel, que era um importante juiz para Israel e que, já em idade avançada, confia aos filhos a sua missão de julgar os conflitos das comunidades. Porém seus filhos não são como Samuel, pois se deixaram corromper.

Aparecem então os anciãos, aqueles que representavam cada uma das tribos. Reunidos com Samuel, eles lhe pedem um rei para governá-los. Querem implantar a monarquia, palavra que significa "governo de uma só pessoa". O rei possuiria toda a autoridade em suas mãos, pois é quem faz as leis a serem observadas e, ao mesmo tempo, é o juiz que decide e dá a sentença.

Assim, Samuel unge o primeiro rei de Israel: Saul. Depois de Saul, muitos outros reis reinaram em Israel: Davi, Salomão, Jeroboão, Acab, Joás, Oseias...

Além dos juízes e reis, existiram ainda, até o tempo de Jesus, inúmeros profetas. Estes surgem durante o reinado de Salomão. Não que fossem inexistentes antes, mas agora surgem com uma característica específica, passando a influenciar a vida de todo o povo. São homens que, sem medo, falarão diretamente aos reis, ministros, sacerdotes e todas as classes, defendendo o povo sofrido. Os profetas têm liderança e credibilidade junto ao povo, têm coragem para enfrentar os donos do poder, são considerados "homens de Deus", "porta-vozes do Senhor". Os profetas eram responsáveis por não deixar o povo se desviar do caminho e dos mandamentos do Senhor. Quando isso acontecia, denunciava e lhes mostrava seus erros.

Muitos profetas são lembrados pelas Sagradas Escrituras: Elias, Eliseu, Amós, Oseias, Ageu, Zacarias, Isaías... até o último profeta do Antigo Testamento, João Batista, aquele que preparou os caminhos de Jesus.

Convém destacar que a história do povo hebreu é marcada por inúmeros acontecimentos, liderada e guiada por juízes e reis, fiéis e infiéis aos mandamentos do Senhor. Deus, na sua infinita bondade, nunca abandonou seu povo. Esteve sempre presente usando a voz dos profetas para fazê-lo voltar ao bom caminho e seguir seus ensinamentos, para que tivesse vida plena e digna.

Conclusão: O catequista poderá concluir dizendo que, hoje, Jesus deve ser o único rei e juiz de nossas vidas, o único a conduzir nossos caminhos e julgar nossa história. E que, fiéis ao seu mandato, devemos ser os profetas da atualidade, denunciando as injustiças e apontado o caminho para a salvação e vida plena que só Deus pode nos dar.

Oração Final: Ao redor da Mesa da Palavra, o catequista motiva os catequizandos a formularem preces e orações. Poderá encerrar com o Pai-nosso e com a oração:

> *Senhor, nosso Deus, que cuida de cada um de nós com carinho de Pai e nos exorta à conversão, que possamos ser os profetas de nossos dias, anunciando sem medo a tua Palavra. Por Cristo, nosso Senhor. Amém.*

Após a oração, o catequista impõe as mãos sobre a cabeça de cada catequizando e traça o sinal da cruz em sua fronte, dizendo: *"Deus lhe chama a ser profeta, ...N..., vai em paz e que o Senhor te acompanhe! Amém"*.

Material de apoio

Recomenda-se o livro: BALANCIN, Euclides Martins. *História do povo de Deus*. São Paulo: Paulus, 1990.

20º Encontro
O Messias esperado: Deus se faz homem

Palavra inicial: Neste encontro queremos trabalhar as profecias da vinda do Messias, o que o povo de Israel acreditava e esperava. No tempo oportuno, Deus enviará seu Filho único, a encarnação do Verbo. Deus, que se faz homem, se revela, se faz um de nós.

Preparando o ambiente: Ambão com toalha da cor do Tempo Litúrgico, Bíblia, vela e flores. Imagem de Nossa Senhora com o menino Jesus no colo.

Acolhida: O catequista acolhe os catequizandos saudando-os com o dizer *"o Verbo se fez carne, ...N..., seja bem-vindo(a)!"*. Então os conduz para dentro da sala.

Recordação da vida: Ao redor da Mesa da Partilha ou da Palavra, o catequista motiva os catequizandos a fazerem um momento de recordação da vida, destacando fatos e acontecimentos que marcaram a vida da comunidade.

NA MESA DA PALAVRA

O catequizando escalado como leitor do encontro aproxima-se do ambão para proclamar o texto bíblico.

Leitura do texto bíblico: Jo 1,1-18.

Após alguns minutos de silêncio, o catequista lê o texto novamente, pausadamente, destacando alguns pontos.

> *"No princípio era a Palavra e a Palavra estava com Deus, e a Palavra era Deus. [...] E a Palavra se fez carne e habitou entre nós; vimos a sua glória, a glória de Filho único do Pai, cheio de graça e verdade..."*

O catequista convida todos a se sentarem ao redor da Mesa da Partilha.

NA MESA DA PARTILHA

Pedir para os catequizandos abrirem suas Bíblias no texto proclamado para uma leitura silenciosa. Depois reconstruir o texto bíblico perguntando o que compreenderam e quem é o Verbo mencionado na leitura.

O catequista comenta que o povo de Israel, de modo especial quando estava sendo perseguido ou sofrendo, como no caso do exílio que vimos no encontro passado, era animado pelos profetas a não perder a esperança. Esses profetas eram, para o povo, a voz de Deus que o exortava a não se desviar de seu caminho e o convidava a se manter fiel aos mandamentos do Senhor.

Os profetas anunciavam a vinda do Messias em suas exortações, ou seja, a chegada de um enviado por Deus para libertar seu povo, reconstruir o reino de Israel e trazer a paz. A palavra *Messias* significa "ungido". O catequista poderá pedir para que alguns catequizandos leiam passagens do Antigo Testamento relacionadas às profecias do Messias: Is 9,5-6; Mq 5,1-5; Zc 9,9-10. Comentar que esses são alguns exemplos do Antigo Testamento relacionados à vinda do Messias, e que nós, cristãos, após a ressurreição de Jesus, atribuímos a essas profecias a função de anunciar a sua chegada e missão. Portanto, para nós, o Messias é Jesus Cristo, o enviado do Pai para nos libertar.

O catequista poderá ler com os catequizandos o texto do Evangelho Mc 1,2-8, que retoma a profecia de Isaías – *"Eis que envio o meu mensageiro à tua frente; ele preparará o teu caminho"* (cf. Is 40,3) – , identificando João Batista, primo de Jesus, filho de Zacarias (sacerdote do templo) e de Isabel, como o precursor de Jesus. João Batista é o último profeta do Antigo Testamento. Ele é quem faz as últimas profecias sobre o Messias. Ele é o enviado por Deus para preparar os caminhos de Jesus. João é o único profeta a conhecer o Messias e, além de anunciá-lo, teve a graça de ver a promessa cumprida.

O catequista poderá comentar que o povo judeu, confiante, esperava o Messias, de modo especial nos tempos de sofrimento. Por isso essas profecias eram recordadas para fazer com que o povo não desanimasse nem perdesse a esperança. Os cristãos reconhecem Jesus como o ungido do Pai, como o Messias esperado. João foi aquele que anunciou, preparou os caminhos, conheceu e batizou o autor do Batismo, Jesus Cristo. A exemplo de João, hoje somos chamados a anunciar a Boa Nova de Jesus e a preparar os caminhos para a sua segunda vinda. A vinda escatológica. O catequista poderá questionar aos catequizandos de que maneira preparamos os caminhos de Jesus na atualidade.

Após ouvir cada um, refletir sobre o texto bíblico proclamado na oração inicial, dizendo que o "prólogo" com o qual João inicia seu Evangelho (importante esclarecer que nos referimos a São João apóstolo, autor do Evangelho, e não a São João Batista há pouco mencionado) recorda os primeiros versículos de Gênesis, que narram a criação do mundo. Quer mostrar que Jesus é o Filho amado do Pai, que já existia antes da criação do mundo. A humanidade foi criada à sua imagem e semelhança, pois o Filho é a imagem do Pai, e o Pai se vê totalmente no Filho. João ainda quer indicar que Jesus é o início de uma nova criação, daqueles que foram redimidos pelo seu sangue na cruz.

Jesus, a Palavra do Pai, encarna e se faz homem, habita em nosso meio. Jesus faz morada junto à humanidade. Cristo é agora a presença de Deus no mundo para os que Nele creem. A Deus Pai ninguém viu, mas o conhecemos vendo o Filho.

Celebrar a encarnação de Jesus é acreditar que a humanidade já não caminha guiando-se apenas por pequenas manifestações de Deus, mas pelo próprio Jesus, manifestação total Dele. Em Jesus tornamo--nos todos filhos de Deus. Diz o Prefácio do Natal III: *"Por Ele, realiza-se hoje o maravilhoso encontro que nos dá vida nova em plenitude. No momento em que vosso Filho assume nossa fraqueza, a natureza humana recebe uma incomparável dignidade: ao tornar-se Ele um de nós, nós nos tornamos eternos"*[14].

Na solenidade do Natal, celebramos a encarnação do Verbo, da Palavra do Pai. Não devemos cantar parabéns a Jesus, pois na liturgia não celebramos seu aniversário, mas sua encarnação.

O catequista poderá dizer, ainda, que os Evangelhos não narram o dia em que Jesus nasceu, mas afirmam que, desde o século IV, a Igreja celebra esse importante acontecimento em 25 de dezembro.

---

[14] MISSAL ROMANO. *Prefácio do Natal III*. São Paulo: Paulus, 1992. p. 420.

Isso porque, no Oriente, esse é o dia em que o sol começa a brilhar por mais tempo. Antes disso, as noites frias do inverno prevaleciam. Sendo Jesus "a luz do mundo" (Jo 9,5) e "o sol que nasce do alto para iluminar os que vivem nas trevas e na sombra da morte" (Lc 1), considerou-se oportuno fazer memória do nascimento de Jesus na data. Ainda nessa data, comemorava-se a festa pagã do "deus Sol". Os cristãos entenderam que Jesus é o nosso Sol, que nos ilumina e dissipa todas as trevas das nossas vidas. A festa pagã é cristificada e torna-se momento oportuno para acolher Jesus que nasce no coração de cada um de nós.

Em Jesus se dá a revelação total do Projeto Salvífico de Deus Pai, e o Pai Nele se faz conhecer. Jesus é o princípio e o fim de todas as coisas. Porém, essa Luz que veio habitar entre a escuridão não foi reconhecida por muitos... Na simplicidade Deus se revela, e na pobreza confunde a lógica humana.

Conclusão: O catequista poderá pedir aos catequizandos que, em um instante de silêncio, pensem como podemos acolher Jesus em nossas vidas hoje, fazendo com que Ele se encarne em nós, sendo o nosso Sol a iluminar todas as situações. Depois, pedir para que partilhem.

Oração final: O catequista convida a todos para se colocarem ao redor da Mesa da Palavra e elevarem preces e louvores a Deus. Ao final, rezar o Pai-nosso e concluir com a oração:

> *Deus de bondade, que conhece os limites e as dores da humanidade, ajudai-nos a enxergar em Jesus o Messias esperado e Nele colocar toda a nossa esperança, sendo no mundo sinais de sua presença. Por Cristo, nosso Senhor. Amém.*

Após a oração, o catequista impõe as mãos sobre a cabeça de cada catequizando e traça o sinal da cruz em sua fronte, dizendo: *"Jesus nos envia a preparar seus caminhos, ...N..., vai em paz e que te Senhor te acompanhe!"*.

21° Encontro

A vida pública e o anúncio do Reino

Palavra inicial: Neste encontro falaremos um pouco sobre o que Jesus pregou e anunciou em toda sua vida pública. Jesus foi obediente ao Pai até as últimas consequências, sendo coerente ao seu discurso. A sua fidelidade levou-o à morte, mas também lhe trouxe a ressurreição, a vida sem fim – o Reino de Deus que está além deste mundo.

Preparando o ambiente: Ambão com toalha da cor do Tempo Litúrgico, vela e flores. Providenciar também uma coroa ou imagem de Cristo Rei, ou ainda imagem de Jesus Ressuscitado.

Acolhida: O catequista recebe os catequizandos saudando-os com o dizer "*o Reino de Deus começa aqui, ...N..., seja bem-vindo(a)!*". Depois de conduzi-los para dentro da sala, saúda a todos mais uma vez, desejando-lhes boas-vindas.

Recordação da vida: Ao redor da Mesa da Partilha ou da Palavra, o catequista convida a fazer uma retrospectiva da semana e do encontro anterior. Motiva, também, a falar sobre o que registraram no Diário que possa contribuir com o grupo. É importante que destaquem os acontecimentos marcantes que possam ter ocorrido na vida da comunidade.

NA MESA DA PALAVRA

Oração inicial: Motivar a oração valorizando tudo o que foi falado na recordação da vida e incentivando para que, juntos, invoquem o Espírito Santo.

O catequista orienta um catequizando para se dirigir até o ambão e proclamar o texto bíblico.

Leitura do texto bíblico: Mt 20,20-28.

Após alguns minutos de silêncio, o catequista lê o texto novamente, pausadamente, destacando alguns pontos.

> "*Ela respondeu: 'Manda que os meus dois filhos se assentem, um à tua direita e outro à tua esquerda, no teu Reino'. [...] Os outros dez, que ouviram, se aborreceram com os dois irmãos. [...] Jesus, porém, os chamou e disse: 'Sabeis que os chefes das nações as oprimem e os grandes as tiranizam. Entre vós não seja assim. Ao contrário, quem quiser ser grande, seja vosso servidor, e quem quiser ser o primeiro, seja vosso escravo*".

O catequista convida todos a se sentarem ao redor da Mesa da Partilha.

NA MESA DA PARTILHA

Pedir aos catequizandos para abrirem suas Bíblias no texto proclamado e convidá-los a uma leitura silenciosa. Depois refletir sobre o texto bíblico, destacando:

▸ Jesus viveu em uma época na qual o poder político era dominado pelo Império Romano. Os judeus tinham o desejo de retomar o controle total de Jerusalém e de Israel. De tempos em tempos, surgiam grupos armados que iniciavam revoltas para tentar retomar o poder, porém todos os motins eram abafados pelo exército romano.

- ‣ Muitos veem em Jesus um homem poderoso, um grande líder que poderia reunir um exército e libertar Israel das mãos dos romanos. Os apóstolos escolhidos por Jesus talvez o seguissem por ver Nele uma oportunidade para retomar o poder político de Israel e fazê-lo seu rei, de modo que, consequentemente, receberiam todo o *status* de poder da época.
- ‣ Entretanto, esse não era o "reino" anunciado por Jesus. Muitos dos apóstolos e discípulos só compreenderam isso após a ressurreição de Jesus. O Evangelho que hoje lemos é uma prova disso.
- ‣ A mãe, que se aproxima de Jesus e pede para que seus dois filhos sentem um à direita e o outro à esquerda no seu reino, intercedia apenas pelo poder temporal, apenas por cargos (não diferente de muitas realidades no mundo de hoje, de modo especial na política). Os demais discípulos que a ouvem se aborrecem, pois também buscavam *status* e altos cargos no "novo reino".
- ‣ Em nenhum momento, porém, Jesus estava preocupado com o poder político da época. Ele falava de algo muito maior e de difícil compreensão para a mentalidade humana: o Reino dos Céus, o Reino que não tem fim, que a traça não corrói e a ferrugem não estraga (cf. Mt 6,19-21).
- ‣ Jesus, em toda a sua vida, anunciou uma inversão de valores pregando o desapego às coisas terrenas, aos bens materiais. Os apóstolos compreenderam isso, porém apenas alcançaram plena consciência de qual Reino falava Jesus depois de sua ressurreição e subida aos céus.
- ‣ Jesus deixa claro aos seus seguidores que doar a vida e servir ao bem comum, de modo desinteressado, são princípios vitais para que o Reino aconteça, pois revelam amor ao próximo

Desde a criação do mundo, do pecado original, Deus tinha um projeto para salvar o homem e a mulher. Simbolizados por Adão e Eva, eles recusam esse projeto e se afastam Dele. Não acreditam na sua misericórdia e no seu amor, não assumem seus erros e suas limitações. Com isso, distanciam-se de Deus. Por sua vez, no seu infinito amor, Deus quer a humanidade perto de Si, a ponto de enviar seu próprio Filho ao mundo para nos resgatar. Jesus, obediente ao Pai, dá o seu "sim" e habita em nosso meio.

O catequista poderá convidar a lerem o texto evangélico Mt 26,36-41, que narra os momentos próximos em que Jesus seria preso e condenado à morte por causa da inveja e do medo que alguns sentiam de perder o poder. Jesus tinha consciência de tudo que aconteceria. Apesar de ser o "Filho de Deus", Ele viveu a condição humana por completo, exceto no pecado, por isso também experimentou momentos de hesitação e ansiedade.

Porém, Jesus é aquele que confia plenamente no Pai. No seu momento de tristeza e agonia, pede que os seus apóstolos fiquem ao seu lado enquanto Ele rezava. No diálogo, pede que o cálice seja afastado se for possível, mas também clama que não se cumpra a sua vontade, e sim a vontade Daquele que o enviou.

O Catecismo da Igreja Católica, n. 615, nos diz que Jesus substitui nossa desobediência por sua obediência:

> 'Como pela desobediência de um só homem todos se tornaram pecadores, assim, pela obediência de um só, todos se tornarão justos' (Rm 5,19). Por sua obediência até a morte, Jesus realizou a substituição do Servo Sofredor que 'oferece sua vida em sacrifício expiatório', quando carrega o pecado das multidões, que Ele justifica levando sobre si o pecado de muitos. Jesus prestou reparação por nossas faltas e satisfez o Pai por nossos pecados.

Com isso, Jesus é a imagem do novo Adão, da humanidade redimida que cumpre fielmente a vontade do Pai. Essa obediência inverte a lógica humana: "*Se alguém quiser vir após mim, renuncie a si mesmo, tome a sua cruz e me siga. Pois quem quiser salvar sua vida, vai perdê-la; mas quem perder a sua vida por amor a mim, há de encontrá-la*" (Mt 16,24-25). Jesus foi aquele que deu o exemplo, morreu por obediência ao Pai e sua fidelidade o fez ter a vida eterna.

Todos nós somos escolhidos por Jesus e nossa resposta representa nossa disponibilidade em servi-lo. Somos chamados a anunciar o Reino dos Céus com a certeza de que tudo irá passar. Anunciar o Reino que já começa a ser vivenciado aqui. Hoje somos chamados também a perder a vida pelo Reino, assumindo nossa cruz, renunciando a nossa vontade para fazer a vontade de Deus.

Em nenhum momento Jesus nos ofereceu vida boa, cura ou milagres... Ele prometeu, no entanto, estar conosco em todos os momentos de nossas vidas, sejam bons e ruins, aliviando nossos fardos até o dia em que formaremos uma única família no Reino dos Céus.

Conclusão: Hoje somos também questionados sobre o que buscamos e o que almejamos em nossas vidas. Talvez muitos queiram ser bem-sucedidos, conquistarem altos cargos e bons salários, mas tudo o que adquirirmos, sem uma vida de fé e um desapego dos bens materiais, de nada terá valor. Só compreendemos isso à medida que nos aproximamos de Cristo e com Ele convivemos (oração diária, vida de comunidade, leitura e meditação da Palavra).

O que podemos fazer, hoje, para vivenciarmos e começarmos aqui na terra a viver um pedacinho do Céu? O que podemos fazer para anunciar Jesus a todos os que estão ao nosso redor? Quais as cruzes que cada um deve assumir no seu dia a dia e o que é preciso fazer para cumprir com fidelidade a vontade de Deus? Por fim, pode-se perguntar qual é a vontade de Deus para cada um de nós. Depois de incentivar que partilhem as respostas, poderá pedir para que leiam Jo 6,38-39.

Oração final: O catequista convida os catequizandos a ficarem em pé ao redor da Mesa da Palavra, incentivando-os a formularem pedidos e preces. Concluir com a oração:

> *Deus, Pai de bondade que nos chamastes para fazer com que o seu Reino se tornasse realidade no meio da humanidade, faça com que tenhamos força e coragem de dizer "sim" todos os dias ao teu chamado, sendo verdadeiros anunciadores da tua Palavra. Por Cristo, Senhor nosso. Amém.*

Após a oração, o catequista impõe as mãos sobre a cabeça de cada catequizando e traça o sinal da cruz em sua fronte, dizendo: "*O Reino começa aqui, ...N..., ide anunciá-lo e que o Senhor te acompanhe!*".

22° Encontro

Do lado aberto de Jesus na cruz, nasce a Igreja

Palavra inicial: Jesus, por ciúmes e inveja, por medo de perderem o poder, é condenado à morte. Seu amor derramado na cruz faz nascer a Igreja, sinal de sua presença no mundo.

Preparando o ambiente: Ambão com toalha da cor do Tempo Litúrgico, Bíblia, vela, flores e um crucifixo.

Acolhida: O catequista acolhe os catequizandos com o dizer *"Jesus o chama a ser Igreja, ...N..., seja bem-vindo(a)!"*. Quando já estiverem na sala, saúda a todos mais uma vez, desejando-lhes boas-vindas.

Recordação da vida: Ao redor da Mesa da Partilha ou da Palavra, o catequista poderá perguntar sobre o encontro anterior explorando as atividades propostas no Diário. Poderá destacar, ainda, os acontecimentos importantes ocorridos na vida da comunidade.

NA MESA DA PALAVRA

Oração inicial: Motivar a oração valorizando tudo o que foi dito na recordação da vida e convidando a invocar o Espírito Santo, cantando ou rezando.

O catequista convida todos a cantarem aclamando o Santo Evangelho. Em seguida, um catequizando se dirige ao ambão e proclama o texto indicado.

Leitura do texto bíblico: Jo19,31-37.

Após alguns minutos de silêncio, o catequista lê o texto novamente, pausadamente, destacando alguns pontos.

> *"...mas um dos soldados transpassou-lhe o lado com uma lança, e logo saiu sangue e água. Quem viu dá testemunho, e o seu testemunho é digno de fé. Sabe que diz a verdade, para que também vós creias."*

O catequista convida todos a se sentarem ao redor da Mesa da Partilha.

NA MESA DA PARTILHA

Convidar os catequizandos a uma leitura silenciosa da passagem proclamada, observando algum detalhe. Se houver algo, todos podem partilhar.

O catequista contextualiza dizendo que a crucificação e morte de Jesus aconteceu na véspera da Páscoa judaica, e o pedido de quebrar as pernas dos que estavam na cruz era para que os condenados morressem mais rápido e, assim, seus corpos pudessem ser retirados do madeiro. O soldado, vendo que Jesus já estava morto, não quebrou suas pernas, mas outro lhe transpassou o lado com uma lança. A ferida aberta fez com que alguns padres, no início da Igreja, ao lerem e interpretarem essa passagem evangélica, a enxergassem com um grande simbolismo. Vejamos algumas interpretações:

- Primeiramente, viram no sangue e na água os dois sacramentos principais da Igreja: Eucaristia e Batismo. No prefácio da solenidade do Sagrado Coração de Jesus é possível identificar este significado: "*E de seu lado aberto pela lança fez jorrar, com a água e o sangue, os sacramentos da Igreja para que todos, atraídos ao seu Coração, pudessem beber, com alegria, na fonte salvadora*"[15].

- O Espírito Santo é também compreendido como se fosse derramado tal qual um presente do Cristo Transpassado na cruz. O lado aberto de Cristo morto na cruz evoca a nossa imersão batismal na paixão e morte do Senhor. Do seio de Jesus, elevado e glorificado no mistério da morte e ressurreição, flui a água viva, símbolo do dom do Espírito Santo. O Batismo confere aos fiéis o dom do Espírito Santo e os torna portadores e templos Dele.

- Ainda, os Santos Padres viram na água e no sangue que saíram do lado do Cristo a origem da Igreja, nascida do coração do Senhor na cruz. Os padres da Igreja, recorrendo a Gênesis, fizeram uma analogia com a descrição da origem da mulher: como Eva nasceu do lado de Adão, assim a Igreja, a esposa de Cristo, nasceu do lado aberto do novo Adão, quando dormia sobre a Cruz (Catecismo da Igreja Católica – CIgC, n. 766).

- O documento conciliar *Sacrosanctum Concilium*[16], no parágrafo 5, diz: "Pois, do lado de Cristo dormindo na cruz nasceu o admirável sacramento de toda a Igreja".

Outras referências com tal compreensão podem ser consideradas na sequência, à luz dos pensadores da Igreja:

Tertuliano: "Se Adão foi figura de Cristo, o sono de Adão foi também figura do sono de Cristo, dormindo na morte sobre a Cruz, para que, pela abertura do seu lado, se formasse a verdadeira mãe dos vivos, isto é, a Igreja" (PL t. II, col. 767).

São João Crisóstomo dizia em suas pregações: "A lança do soldado abriu o lado de Cristo e foi neste momento que, de seu lado aberto, Cristo construiu a Igreja, como outrora a primeira mãe, Eva, foi formada de Adão. Por isso, Paulo escreve: somos de sua carne e de seus ossos. Com isso quer referir-se ao lado ferido de Jesus. Como Deus tomou a costela do lado de Adão, e dela fez a mulher, assim Cristo nos dá água e sangue do lado ferido, e disso forma a Igreja. Lá, nas origens, temos o sono de Adão, aqui o sono da morte de Jesus[17]".

Santo Agostinho, ainda, diz em um dos seus sermões: "Adão dorme para que nasça Eva. Cristo morre para que nasça a Igreja. Enquanto Adão dorme, Eva se forma do seu lado. Quando Cristo acaba de morrer, seu lado é aberto por uma lança, para que dali corram os sacramentos para formar a Igreja"[18].

---

[15] MISSAL ROMANO. *Prefácio*: Coração de Jesus, fornalha ardente de caridade. São Paulo: Paulus, 1992. p. 383.

[16] Constituição *Sacrosanctum Concilium*. In: Compendio do Vaticano II: COMPÊNDIO do *Vaticano II*: constituições, decretos, declarações. 19. ed. Petrópolis: Vozes, 1897 p. 262.

---

[17] STIRLI, J., Cor Salvatoris, p. 54

[18] Tractatus in Joannem, X, cap II, n. 10.

Conclusão: O catequista conclui dizendo que a Igreja nascida do Coração de Cristo, aberto na cruz, torna-se presença do seu amor para todos nós. Os sacramentos simbolizados pela água e pelo sangue constroem a Igreja, pois através deles tornamo-nos filhos adotivos do Pai e membros do Corpo de Cristo. O encontro de hoje nos leva a refletir que a Igreja nasce do Coração de Deus e por Ele é criada. A Igreja somos nós que, confiantes na misericórdia de Deus, nos colocamos ao seu serviço.

O catequista poderá destacar que no Diário Catequético há um texto complementar falando sobre o nascimento da missão da Igreja com o Pentecostes. Pedir para que leiam atentos.

Oração final: O catequista convida os catequizandos a ficarem em pé ao redor da Mesa da Palavra para fazerem preces e louvores, rezando de modo especial por toda a Igreja presente no mundo. Rezar o Pai-nosso e concluir com a oração:

> *Pai, que desde o princípio tinha um Projeto de Salvação para a humanidade e que, com o sangue e a água que jorraste do lado aberto do seu Filho na cruz, criaste a Igreja, ajudai-nos a sermos verdadeiros membros do seu corpo, testemunhando as alegrias de formarmos a tua Igreja. Por Cristo, nosso Senhor. Amém.*

Após a oração, o catequista impõe as mãos sobre a cabeça de cada catequizando e traça o sinal da cruz em sua fronte, dizendo: *"Somos Igreja, ...N..., vai em paz e que Senhor te acompanhe!"*.

Material de apoio

Aprofundar o tema nos parágrafos 687 a 747 do Catecismo da Igreja Católica (CIgC).

As primeiras comunidades

Palavra inicial: Neste encontro veremos como era a Igreja primitiva, onde as primeiras comunidades se reuniam e o que faziam. Veremos a perseguição e a convicção geradas pelo amor ao Evangelho.

Preparando o ambiente: Ambão com toalha da cor do Tempo Litúrgico, Bíblia, vela e flores.

Acolhida: O catequista acolhe os catequizandos saudando-os com o dizer "*os cristãos partilham seus bens com alegria, ...N..., seja bem-vindo(a)!*". Depois de conduzi-los para dentro da sala, saúda a todos mais uma vez, desejando-lhes boas-vindas.

Recordação da vida: Ao redor da Mesa da Partilha ou da Palavra, o catequista motiva os catequizandos a fazerem um momento de recordação da vida, destacando fatos e acontecimentos que marcaram a comunidade. Recordar ainda a reflexão do encontro anterior e as atividades propostas no Diário Catequético.

NA MESA DA PALAVRA

Oração inicial: O catequista motiva a oração inicial de maneira espontânea, depois convida a todos a invocarem o Espírito Santo rezando ou cantando.

O catequista convida um catequizando a dirigir-se ao ambão e proclamar o texto bíblico.

Leitura do texto bíblico: At 2,42-47.

Após alguns minutos de silêncio, o catequista lê o texto novamente, pausadamente, destacando alguns pontos.

> *"Eles frequentavam com perseverança a doutrina dos apóstolos, as reuniões em comum, o partir do pão e as orações. [...] Todos os dias se reuniam, unânimes, no Templo. Partiam o pão nas casas e comiam com alegria e simplicidade de coração. Louvavam a Deus e gozavam da simpatia de todo o povo. Cada dia o Senhor lhes ajuntava outros a caminho da salvação."*

O catequista convida todos a se sentarem ao redor da Mesa da Partilha.

NA MESA DA PARTILHA

Ao redor da Mesa da Partilha, os catequizandos reconstroem o texto bíblico. Depois, são convidados a uma leitura silenciosa do texto e à partilha de ainda não comentado. Em seguida o catequista diz que, após a ascensão de Jesus e o Pentecostes, cumprindo fielmente o mandato do Senhor, os apóstolos começam a anunciar o Reino de Deus e consequentemente surgem as primeiras comunidades cristãs.

A princípio, com a maioria proveniente do judaísmo, os primeiros cristãos continuavam a frequentar o templo e as sinagogas, reunindo-se em casas para rezar e partir o pão. Com o tempo e as perseguições, os primeiros cristãos foram se distanciando das práticas do judaísmo e criando seus próprios costumes e tradições. A maior ruptura com a antiga religião se deu quando se abriram aos pagãos e constituíram o domingo como dia do Senhor por causa da ressurreição.

O livro dos Atos dos Apóstolos é testemunha dos primeiros passos dados pelos apóstolos e pelas primeiras comunidades que se formaram. Como visto hoje no texto que proclamamos, todas se constituíram e se organizaram vivendo a experiência do Cristo Ressuscitado: a convivência fraterna, a fração do pão, a oração, a fidelidade ao ensinamento dos apóstolos e à Palavra de Deus.

Lucas, portanto, descreve quatro elementos distintivos da Igreja primitiva, que se tornam o ideal e as inspirações de todas as comunidades cristãs, como afirma o Documento n. 100 da CNBB[19]:

▸ O **ensinamento dos apóstolos**: a palavra dos apóstolos é a nova interpretação da vida e da lei a partir da experiência da ressurreição. Os cristãos tiveram a coragem de romper com o ensinamento dos escribas, os doutores da época, e passaram a seguir o testemunho dos apóstolos. Eles consideravam a palavra dos apóstolos como Palavra de Deus (cf. 1Ts 2,13).

▸ A **comunhão fraterna**: indica a atitude de partilha de bens. Os primeiros cristãos colocavam tudo em comum, a ponto de não haver necessitados entre eles (cf. At 2,44-45; 4,32; 34-35). O ideal era chegar a uma partilha não só dos bens materiais, mas também de bens espirituais, dos sentimentos e da experiência de vida, almejando uma convivência que superasse as barreiras provenientes das tradições religiosas, classes sociais, sexo e etnias (cf. Gl 3,28; Cl 3,11; 1Cor 12,13).

▸ A **fração do pão (Eucaristia)**: herança das refeições judaicas, principalmente da ceia pascal, nas quais o pai partilhava o pão com os filhos e com aqueles que não tinham nada. Para os primeiros cristãos, a expressão lembrava as muitas vezes em que Jesus partilhou o pão com os discípulos (cf. Jo 6,11). Lembrava o gesto que abriu os olhos dos discípulos para a presença viva Dele no meio da comunidade (cf. Lc 24,30-35). A fração do pão era feita nas casas (cf. At 2,46; 20,7);

▸ As **orações**: por meio delas os cristãos permaneciam unidos a Deus e entre si (cf. At 5,12b), fortalecendo-se no momento das perseguições (cf. At 4,23-31). Os apóstolos atestavam que não poderiam anunciar o Evangelho se não se dedicassem à oração assídua (cf. At 6,4).

Tudo isso unia os seguidores de Jesus na mesma família, estreitava o vínculo entre Cristo e os irmãos. Lucas ainda deixa clara a ação do Espírito Santo, afirmando que tudo foi dom de Deus, ação do Espírito, que os fez perseverantes diante das perseguições, lutas, sofrimentos... Perseverar indica ainda que a vida cristã é um comportamento constante objetivando o crescimento comum.

As primeiras comunidades cristãs constituíam o grupo dos seguidores de Jesus, onde a comunhão fraterna manifestava-se externamente na aceitação dos demais, na partilha dos bens e na distribuição dos serviços. Não se fechavam em si mesmas, mas se abriam à universalidade do testemunho, do anúncio da Boa Nova de Jesus Cristo morto e ressuscitado.

Diante de tudo isso, o catequista poderá questionar sobre a realidade de nossas comunidades aos catequizandos. Observando o exemplo das primeiras comunidades cristãs, o que é preciso mudar em nossas estruturas hoje? O que podemos fazer para transformar nossas comunidades para serem verdadeiros sinais de Jesus Ressuscitado no mundo?

---

[19] *Comunidades de comunidades*: uma nova paróquia. São Paulo: Paulinas, 2014. Documentos da CNBB, n. 100, p. 48-49.

Conclusão: O catequista conclui comentando que nossas comunidades, hoje, lutam por uma sociedade mais adequada ao Projeto de Deus e, para isso, consideram que é preciso se adequar aos novos tempos, avaliando-se e voltando às fontes do Evangelho e ao exemplo das primeiras comunidades, como nos pediu o Concílio Vaticano II. A Igreja precisa se adaptar às mudanças da sociedade, mas se mantendo fiel a Jesus Cristo e ao Espírito Santo.

Como gesto concreto, os catequizandos poderão ser convidados a fazer uma experiência de comunidade, reunindo-se para rezar e partilhar a Palavra.

Oração final: Ao redor da Mesa da Palavra, o catequista motiva os catequizandos a formularem orações e preces a Deus Pai. Depois, o catequista conclui com o Pai-nosso e uma oração:

> *Deus de bondade, que desde o início conduz a Igreja com seu Santo Espírito, que nossas comunidades sejam perseverantes no ensinamento dos apóstolos, na comunhão fraterna, na fração do pão e nas orações. Por Cristo, nosso Senhor. Amém.*

Após a oração, o catequista impõe as mãos sobre a cabeça de cada catequizando e traça o sinal da cruz em sua fronte, dizendo: *"Jesus está no meio de nós, ...N..., vai em paz e que o Senhor te acompanhe!"*.

Material de apoio

Aprofundar o tema nos parágrafos 62 a 105 do Documento n. 100 da CNBB, intitulado *Comunidade de comunidades: uma nova paróquia.*

Aprofundar o tema nos parágrafos 93 a 107 do Documento n. 105 da CNBB, intitulado *Cristãos leigos e leigas na Igreja e na sociedade.*

A seguir, lê-se o texto da Catequese, do Papa Bento XVI, dirigido aos peregrinos reunidos na Sala Paulo VI para a audiência geral do dia 19 de janeiro de 2011.

Na passagem citada nos Atos dos Apóstolos, quatro características definem a primeira comunidade cristã de Jerusalém como um lugar de união e amor, e São Lucas não quer apenas descrever um acontecimento passado. Ele no-lo mostra como um modelo, como padrão para a Igreja do presente, porque estas quatro características devem constituir a vida da Igreja. A primeira característica é ser unida na escuta dos ensinamentos dos Apóstolos, na comunhão fraterna, na fração do pão e na oração. Como mencionei, estes quatro elementos ainda são os pilares da vida de cada comunidade cristã e constituem um fundamento único e sólido sobre o qual a basear nossa busca da unidade visível da Igreja.

Antes de tudo, temos a escuta do ensinamento dos Apóstolos, ou seja, a escuta do testemunho que eles dão sobre a missão, a vida, a morte e a ressurreição do Senhor Jesus. Isso é o que Paulo chama simplesmente de "Evangelho". Os primeiros cristãos recebiam o Evangelho diretamente dos Apóstolos, estavam unidos para a sua escuta e sua proclamação, pois o Evangelho, como diz São Paulo, "é o poder de Deus para a salvação de todo aquele que crê" (Rm 1,16). Ainda hoje, a comunidade dos crentes reconhece, na referência ao ensinamento dos Apóstolos, a própria norma de fé: todos os esforços para construir a unidade entre os cristãos passam pelo aprofundamento da fidelidade ao *depositum fidei* que recebemos dos Apóstolos. A firmeza na fé é a base da nossa comunhão, é o fundamento da unidade dos cristãos.

O segundo elemento é a comunhão fraterna. Na época da primeira comunidade cristã, bem como em nossos dias, essa é a expressão mais tangível, especialmente para o mundo exterior, da unidade entre os discípulos do Senhor. Lemos nos Atos dos Apóstolos – e o escutamos – que os primeiros cristãos tinham tudo em comum, e quem possuía bens e haveres vendia-os para ajudar os necessitados (cf. At 2,44-45). Essa comunhão dos próprios bens encontrou, na história da Igreja, novas formas de expressão. Uma delas, em particular, é o relacionamento fraterno e de amizade construído entre cristãos de diferentes confissões. A história do movimento ecumênico é marcada por dificuldades e incertezas, mas é também uma história de fraternidade, de colaboração e de comunhão humana e espiritual, que alterou significativamente as relações entre os crentes no Senhor Jesus: todos nós estamos empenhados em continuar neste caminho. O segundo elemento é, portanto, a comunhão, que é acima de tudo comunhão com Deus através da fé. Mas a comunhão com Deus cria a comunhão entre nós e se traduz necessariamente na comunhão concreta sobre a qual fala o livro dos Atos dos Apóstolos, ou seja, a comunhão plena. Ninguém na comunidade cristã deve passar fome, ninguém deve ser pobre, é uma obrigação fundamental. Comunhão com Deus, feita carne na comunhão fraterna, traduz-se em particular no esforço social, na caridade cristã, na justiça.

Terceiro elemento. Na vida da primeira comunidade de Jerusalém também foi fundamental o momento da fração do pão, no qual o próprio Senhor está presente com o único sacrifício da cruz, em entrega completa pela vida dos seus amigos: "Este é o meu corpo entregue em sacrifício por vós… este é o cálice do meu Sangue… derramado por vós". Entendemos que "a Igreja vive da Eucaristia. Esta verdade não exprime apenas uma experiência diária de fé, mas contém em síntese o coração do mistério da Igreja" (ECCLESIA DE EUCHARISTIA, 1).

A comunhão no sacrifício de Cristo é o ponto culminante de nossa união com Deus e, portanto, também representa a plenitude da unidade dos discípulos de Cristo, a plena comunhão. Durante esta semana de oração pela unidade, está particularmente vivo o lamento pela impossibilidade de partilhar a mesma mesa eucarística, um sinal de que ainda estamos longe de alcançar a unidade pela qual Cristo orou. Esta experiência dolorosa, que confere uma dimensão penitencial à nossa oração, deve se tornar uma fonte de um esforço mais generoso ainda, por parte de todos, visando a eliminar todos os obstáculos à plena comunhão para que chegue o dia em que seja possível reunir-se em torno da mesa do Senhor, partir juntos o pão eucarístico e beber todos do mesmo cálice.

Finalmente, a oração – ou, como diz Lucas, "as orações" – é a quarta característica da Igreja primitiva de Jerusalém, descrita nos Atos dos Apóstolos. A oração é, desde sempre, uma atitude constante dos discípulos de Cristo, que acompanha sua vida diária em obediência à vontade de Deus, como testemunham também as palavras do apóstolo Paulo, escrevendo aos tessalonicenses, em sua primeira carta: "Estai sempre alegres. Orai sem cessar. Dai graças a Deus em todos os momentos: isso é o que Deus quer de todos vós, em Cristo Jesus" (1Tes 5,16-18; cf. Ef 6,18). A oração cristã, participação na oração de Jesus, é por excelência uma experiência filial, como testemunham as palavras do Pai-nosso, a oração da família – o "nós" dos Filhos de Deus, dos irmãos e irmãs – que fala a um Pai comum. Estar em oração implica, portanto, abrir-se à fraternidade. Só no "nós" podemos dizer "Pai-nosso". Abramo-nos à fraternidade que deriva de sermos filhos de um Pai celeste e, portanto, de estarmos dispostos ao perdão e à reconciliação.

Queridos irmãos e irmãs, como discípulos do Senhor, temos uma responsabilidade comum para com o mundo: como a primeira comunidade cristã de Jerusalém, partindo do que já compartilhamos, devemos oferecer um testemunho forte, espiritualmente baseado e apoiado pela razão, do único Deus que se revelou e que nos fala em Cristo, para sermos portadores de uma mensagem que oriente e ilumine o caminho do homem da nossa época, frequentemente privado de pontos de referência claros e válidos.

24° Encontro

A fé professada pela Igreja

Palavra inicial: Neste encontro iremos apresentar aos catequizandos o Credo e refletir sobre o conteúdo de cada parágrafo nos próximos encontros. Neste encontro começaremos com a frase: "Creio em Deus Pai Todo-Poderoso", mostrando o que é a Profissão de Fé, e que o ato de crer, de acreditar, nasce da fé em um Deus que é todo-poderoso, e que se revelou à humanidade.

Preparando o ambiente: Ambão com toalha da cor do Tempo Litúrgico, vela, flores, cartaz grande com a Profissão de Fé (Símbolo dos Apóstolos) e cópias do Credo para todos os catequizandos.

Acolhida: O catequista acolhe os catequizandos saudando-os com o dizer: "*somos chamados a professar nossa fé...N..., seja bem-vindo(a)!*", ou outro semelhante. Quando já estiverem na sala, saúda a todos mais uma vez, desejando-lhes boas-vindas e convida-os a se dirigirem até a Mesa da Partilha.

Recordação da vida: Após serem acolhidos, farão uma retrospectiva da semana, e o catequista poderá perguntar sobre o encontro anterior, relembrando-o.

NA MESA DA PALAVRA

Oração inicial: O catequista inicia a oração valorizando todas as coisas ditas na recordação da vida. Convida-os a juntos rezarem o Credo.

O catequizando escalado como leitor do encontro aproxima-se do ambão e proclama o texto indicado.

Antes, porém, todos podem cantar aclamando o Santo Evangelho.

Leitura texto bíblico: Mt 16,13-18.

Após alguns minutos de silêncio, o catequista lê o texto novamente, pausadamente, destacando alguns pontos.

> "*...Jesus perguntou a seus discípulos: 'Quem as pessoas dizem que é o Filho do homem?' [...]. Então ele perguntou: 'E vós, quem dizeis que eu sou?' Simão Pedro respondeu: 'Tu és o Cristo, o Filho de Deus vivo' [...] Jesus disse: 'Feliz és tu, Simão, filho de Jonas, porque não foi a carne nem o sangue que te revelou isso, mas o Pai que estás nos céus'*".

Após a leitura, todos dirigem-se para a Mesa da Partilha.

NA MESA DA PARTILHA

Pedir aos catequizandos para abrirem suas Bíblias na passagem proclamada para uma leitura silenciosa. Depois podem partilhar o que cada um compreendeu. Em seguida, interrogar os catequizandos sobre o significado da palavra *crer*. Deixar falarem.

Explicar que, segundo o Dicionário Aurélio (1988, 2. ed.), *crer* significa: acreditar; ter por certo ou verdadeiro; aceitar como verdadeiras as palavras de alguém; ter fé, dar crédito.

Crer, acreditar, é algo que nasce da fé em um Deus que se apresenta como Pai e não o vemos, mas o sentimos. No Evangelho que lemos, ouvimos a profissão de fé de Pedro que resume toda a verdade evangélica: "Tu és o Cristo, o Filho de Deus vivo" (Mt 16,16). Essa é a certeza de todo aquele que teve uma experiência com Jesus: de ter encontrado a fonte da vida. Essa fé em Jesus, Filho de Deus e único salvador, que deu a vida por todos nós, cresceu e se organizou de maneira sistemática, e seus principais pontos foram redigidos em uma fórmula de fé, professada pela Igreja do mundo todo ao longo dos séculos.

"Profissão de Fé", "Credo" e "Símbolo de Fé" são os nomes conhecidos para nos referir aos textos que resumem e traduzem o essencial daquilo que nós cristãos católicos acreditamos. *Credo* porque é uma palavra do latim que significa "creio", primeira palavra que recitamos na fórmula da fé. Assim diz o Catecismo da Igreja Católica, n. 185-187:

> Quem diz 'creio' diz 'dou minha adesão àquilo que nós cremos'. A comunhão na fé precisa de uma linguagem comum da fé, normativa para todos e que una na mesma confissão de fé. Desde a origem, a Igreja apostólica exprimiu e transmitiu sua própria fé em fórmulas breves e normativas para todos. Mas já muito cedo a Igreja quis também recolher o essencial de sua fé em resumos orgânicos e articulados, destinados sobretudo aos candidatos ao Batismo. [...] Estas sínteses da fé chamam-se 'profissão de fé', pois resumem a fé que os cristãos professam. Chamam-se 'Credo' em razão da primeira palavra com que normalmente começam: 'Creio'. Denominam-se também 'Símbolo da fé'.

Esclarecer que na Profissão de Fé iniciamos com esta frase: *"Creio em Deus Pai, Todo-Poderoso"*. Nessa oração professamos que Deus é Pai e que possui poder.

Conversar sobre o fato de que acreditar, ter fé, é um ato pessoal em que o fiel submete completamente sua inteligência e vontade a Deus. É aceitar livremente toda a verdade que Deus revelou ao homem. E isso implica uma adesão pessoal, um comprometimento com Deus e a Igreja, colocar em prática e viver os seus mandamentos. Apesar disso, da fé ser um ato pessoal, de forma alguma é um ato isolado. Ninguém pode crer sozinho ou dar a si próprio a fé. Recebemos a fé da Igreja, a professamos e a transmitimos. Quando digo "eu creio" professo de maneira pessoal a fé recebida, ao passo que os fiéis reunidos numa mesma fé, em comunidade, dizem "nós cremos". Nos artigos 166 e 167 do Catecismo da Igreja Católica (CIgC) podemos ler:

> A fé é um ato pessoal: a resposta livre do homem à iniciativa de Deus que se revela a humanidade. Ela não é, porém, um ato isolado. Ninguém pode crer sozinho, assim como ninguém pode viver sozinho. Ninguém deu a fé a si mesmo, assim como ninguém deu a vida a si mesmo. Recebemos a fé de outros, e devemos anunciá-la a outros. Nosso amor por Jesus e pela Igreja nos impulsiona a falar a outros de nossa fé. Cada pessoa que crê é como um elo na grande corrente dos crentes. Não posso crer sem ser carregado pela fé dos outros, e pela minha fé contribuo para carregar e alimentar a fé dos outros. "Eu creio": esta é a fé da Igreja, professada pessoalmente por todo crente, principalmente pelo batismo. "Nós cremos": esta é a fé da Igreja professada pelos bispos reunidos em Concílio ou, mais comumente,

pela assembleia litúrgica dos crentes."Eu creio"é também a Igreja, nossa Mãe, que responde a Deus com sua fé e que nos ensina a dizer: 'eu creio', 'nós cremos'.

Orientar que a Igreja sempre procurou preservar e propagar a fé recebida. Na catequese somos convidados a refletir sobre o que acreditamos, sobre a nossa fé; somos convidados a alicerçá-la para que, assim como aqueles antes de nós, a viveram e a propagaram, a ponto de ela chegar até os nossos dias, nós também a vivamos e a anunciemos às futuras gerações.

Ajudar os catequizandos a compreender que hoje participamos da catequese e das atividades de nossa Igreja porque nossos pais acreditaram, e porque nós também, como filhos e filhas do único Deus, queremos professar e propagar a fé professada por toda a nossa Igreja. Explicar que a Igreja hoje nos ensina dois textos com a Profissão de Fé: um mais antigo, com doze parágrafos, chamado de "Símbolo dos apóstolos", e uma versão mais estendida e completa, chamada de "Símbolo niceno-constantinopolitano", redigida pelos Concílios de Niceia (325 d.C.) e Constantinopla (381 d.C.), buscando combater algumas heresias.

Por fim, fazendo referência às primeiras palavras do Credo – "Creio em Deus Pai Todo-Poderoso..." –, dizer que Deus é "Pai" e "Todo-Poderoso" porque a paternidade e o poder Dele são caracterizados por uma liberdade amorosa e paterna. Deus é pai, pois em Jesus, e com sua morte e ressurreição, nos adota como filhos e filhas, e, com seu poder criador e salvador, respeita nossa liberdade e nos chama constantemente ao seu Reino (o Céu). O poder Dele são o amor e a misericórdia.

Conclusão: Aprendemos um pouco mais sobre o que é "crer". Vimos que a fé é algo pessoal, porém deve ser vivida comunitariamente, e que Deus está sempre presente conosco e nos ouve. E vimos que a Igreja nos ensina dois textos com o essencial da fé, chamado de *Credo*.

O catequista orienta os catequizandos a levarem para casa a cópia da Profissão de Fé que receberam para poderem fazer as atividades propostas no Diário Catequético. Orienta, ainda, sobre a Celebração de Entrega do Símbolo (Creio): dia, hora, local e como irá ocorrer.

Oração final: O catequista convida os catequizandos a ficarem em pé ao redor da Mesa da Palavra. Incentiva os catequizandos a formularem orações e preces e conclui com a oração:

Ó Deus, que destes a cada um de nós o dom da fé, que, a exemplo de Pedro, possamos cada dia professá-la, testemunhando como Igreja as suas maravilhas. Que possamos crer em tudo o que está contido na Palavra, escrita ou transmitida, e que a Igreja propõe a crer como divinamente revelado. Por Cristo, nosso Senhor. Amém.

No final da oração, o catequista impõe as mãos sobre a cabeça de cada catequizando e traça o sinal da cruz em sua fronte dizendo: *"Vai em paz, ...N..., filho amado do Pai!"*.

Material de apoio

Aprofundar o tema nos parágrafos 26 a 73 e 185 a 278 do Catecismo da Igreja Católica.

Recomenda-se o livro: STEINDL-RAST, Irmão David. *Além das palavras*: vivendo o Credo apostólico. São Paulo: É Realizações Editora, 2014.

Celebração de Entrega do Símbolo

Palavra inicial: Caros catequistas e equipes de liturgia, com essa celebração queremos entregar aos catecúmenos e catequizandos o Credo. Esta entrega é a mais antiga que conhecemos pela Tradição da Igreja. Tem um sentido muito importante dentro do processo da iniciação, pois a fé cristã se expressa por meio da profissão desde os seus primórdios.

Ambrósio de Milão, ao explicar o Símbolo aos catecúmenos, escreve: "Agora chegou o tempo e o dia de apresentar a tradição do símbolo, este símbolo que é sinal espiritual, este símbolo que é objeto da meditação de nosso coração e como salvaguarda sempre presente. De fato, é nosso íntimo"[20]. Assim, ao entregar o Símbolo aos catecúmenos durante a iniciação, a Igreja confia--lhes os antiquíssimos documentos da fé, que "recordam as maravilhas realizadas por Deus para a salvação dos homens" (RICA, n. 25), transmitindo a fé da comunidade que crê na Trindade e tende a se aprofundar cada vez mais no Pai, no Filho e no Espírito, assemelhando-se progressivamente a Eles.

O Símbolo é a face visível do mistério de Deus, é manifestação. Assim, deseja-se levar os catecúmenos a essa experiência a partir da reflexão dos artigos da fé, pois a linguagem do Símbolo, por sua natureza, coloca quem dele se serve em estreito contato com a totalidade do mistério. Ainda, a própria denominação "símbolo" remete à origem da palavra, algo que une. Aqui, pessoas de diferentes culturas, maneiras de pensar e agir tornam-se UNAS ao professarem uma só fé. A grande unidade na diversidade: a Igreja.

Receber o Símbolo e professá-lo mais adiante expressa a consciência e maturidade dos que almejam viver em comunhão com toda a Tradição da Igreja, em continuidade com a pregação dos primeiros apóstolos[21].

Proposta pelo Ritual da Iniciação Cristã de Adultos (RICA), o Rito de Entrega do Símbolo consta de:

- ‣ Entrega do Símbolo.
- ‣ Oração sobre os catecúmenos.
- ‣ Despedida dos catecúmenos.

PREPARANDO A CELEBRAÇÃO

A entrega do Credo para os adultos é feita verbalmente, portanto não é necessário entregar o texto impresso. Se desejarem, ao final da celebração podem entregar um livro que explique os artigos da Profissão de Fé ou até um volume do Catecismo da Igreja Católica, porém não durante o rito.

Se a comunidade designou introdutores para os catecúmenos e catequizandos, estes os acompanham na celebração.

"Convém que a celebração seja feita em presença da comunidade dos fiéis depois da liturgia da Palavra na missa do dia de semana, com leituras apropriadas" (RICA, n. 182). Por questões pastorais, e para valorizar a celebração, pode-se realizar em uma liturgia dominical.

Se o Rito de Entrega for dentro da missa, os catecúmenos e catequizandos já podem permanecer no interior da igreja, em lugares pré-determinados, e quem preside os acolhe durante a saudação inicial, de modo que a missa prossegue como de costume até o final da homilia.

---

[20] AMBRÓSIO DE MILÃO. *Explicação do Símbolo*, 1. Patrística. São Paulo: Paulus, 1996. p. 23 (v. 5).

[21] Texto transcrito e adaptado do livro: PARO, Thiago Faccini. *As celebrações do RICA*: conhecer para bem celebrar. Petrópolis: Vozes, 2017. p. 35-36.

Para a liturgia da Palavra, se a missa for celebrada no domingo, segue-se as leituras do dia. Sendo realizado durante a semana, pode-se escolher as leituras bíblicas conforme o Elenco de Leituras das Missas proposto pelo RICA, n. 185.

A homilia fundamentada nos textos sagrados será uma oportunidade para apresentar o significado e a importância do Símbolo para a catequese, como também da Profissão de Fé, que é proclamada no Batismo e deve ser praticada durante toda a vida.

No lugar do Símbolo dos Apóstolos, pode-se dizer o Símbolo niceno-constantinopolitano.

Se oportuno, após a celebração, todos poderão confraternizar com um lanche comunitário, partilhando as alegrias, e criando vínculo com a comunidade.

Conferir outras possibilidades que o ritual propõe no RICA, n. 125; 181-187.

Celebração de Entrega do Símbolo

Tudo prossegue como de costume até a homilia. Depois da homilia, quem preside diz:

Presidente: *Aproximem-se, os catecúmenos e catequizandos que irão receber da Igreja o Símbolo da fé.*

Os catecúmenos e catequizandos se aproximam de quem preside, que prossegue:

Presidente: *Queridos catecúmenos e catequizandos, agora vocês escutarão as palavras da fé pela qual vocês serão salvos. São poucas, mas contêm grandes mistérios. Recebam e guardem essas palavras com pureza de coração.*

Quem preside, começa o Símbolo dizendo:

Presidente: *Creio em Deus* (e continua sozinho ou com toda a comunidade dos fiéis)
Pai Todo-Poderoso, criador do céu e da terra;
e em Jesus Cristo, seu único Filho, nosso Senhor,
que foi concebido pelo poder do Espírito Santo,
nasceu da Virgem Maria,
padeceu sob Pôncio Pilatos,
foi crucificado, morto e sepultado;
desceu à mandão dos mortos;
ressuscitou ao terceiro dia;
subiu aos céus,
está sentado à direita de Deus Pai Todo-Poderoso,
donde há de vir julgar os vivos e os mortos.
Creio no Espírito Santo,
na santa Igreja católica,
na comunhão dos Santos,
na remissão dos pecados,
na ressurreição da carne,
na vida eterna. Amém.

Após a recitação do Credo, o diácono ou um catequista convida os catecúmenos e catequizandos a se ajoelharem, e quem preside faz a oração.

ORAÇÃO SOBRE OS CATECÚMENOS E CATEQUIZANDOS

Diácono: *Prezados catecúmenos e catequizandos, ajoelhem-se para a oração sobre vocês.*

Presidente: *Oremos pelos nossos catecúmenos e catequizandos.*
Que o Senhor nosso Deus abra os seus corações e as portas da misericórdia
para que, renascidos no Batismo,
e recebendo o perdão de todos os pecados,
sejam incorporados no Cristo Jesus.

Todos rezam em silêncio. (Em seguida quem preside, com as mãos estendidas, diz:)
Senhor, fonte da luz e da verdade,
imploramos vosso amor de Pai
em favor destes vossos servos (N.N.);
purificai-os e santificai-os,
dai-lhes verdadeira ciência,
firme esperança e santa doutrina,
para que se tornem verdadeiros
discípulos missionários de Jesus Cristo.
Por Cristo, nosso Senhor.

Todos: *Amém.*

Em seguida todos voltam para os seus lugares e a Celebração Eucarística prossegue com a prece dos fiéis. Se for oportuno, apenas os catecúmenos podem ser despedidos logo após a oração sobre eles e catequizandos.

Antes da bênção final, quem preside dirige breves palavras de incentivo e apoio aos catecúmenos e catequizandos.

Orientação para o Rito dentro da Celebração da Palavra de Deus

Se o rito acontecer dentro da Celebração da Palavra de Deus, poderá ser presidido por um ministro clérigo ou leigo. O rito acontece normalmente como indicado acima até a prece dos fiéis.

Após as preces, poderá se fazer uma coleta fraterna, na qual os fiéis poderão ofertar seus donativos aos pobres e à manutenção da comunidade. Em seguida pode-se cantar um canto de louvor e ação de graças, seguido do Pai-nosso, saudação da paz e ritos finais.

Se o rito acontecer numa celebração ordinária da comunidade, se houver o costume, pode-se distribuir a Sagrada Comunhão Eucarística, na qual o pão consagrado é colocado sobre o altar após o canto de louvor e ação de graças, seguindo os ritos da Comunhão como de costume. Terminado a oração pós-comunhão, faz-se os ritos finais com a despedida.

Após a celebração, os catecúmenos e catequizandos poderão permanecer juntos, com toda a comunidade, partilhando as alegrias e confraternizando.

Deus se dá a conhecer plenamente

Palavra inicial: Neste encontro ros catequizandos serão incentivados a refletir sobre os três primeiros artigos da Profissão de Fé. Deus é o autor de toda criação. Jesus, o Filho de Deus, em sentido único e perfeito, é a segunda pessoa da Santíssima Trindade. Por ação do Espírito Santo, o Filho de Deus se fez homem.

Preparar o ambiente: Ambão com toalha da cor do Tempo Litúrgico, vela e, cartaz com os artigos da Profissão de Fé utilizado no encontro passado e ícone da Santíssima Trindade.

Importante: Deverá ser utilizado um ícone da Trindade, onde as três Pessoas da imagem são iguais. Não colocar imagem de Deus Pai como um velho ou imagem do "Divino Pai Eterno". O ícone é para ilustrar que as três Pessoas da Trindade são um único Deus em três Pessoas.

Acolhida: O catequista acolhe os catequizandos saudando cada um com o dizer "*seja bem-vindo(a), ...N..., templo vivo do Senhor*". Quando já estiverem na sala, saúda a todos mais uma vez, desejando-lhes boas-vindas.

Recordação da vida: Após serem acolhidos, ao redor da Mesa da Partilha ou da Palavra, fazer uma retrospectiva da semana, pedindo para que partilhem o que cada um experienciou nesse período, sobretudo como foi participar da Celebração de Entrega do Símbolo. Poderão partilhar as atividades do Diário Catequético.

NA MESA DA PALAVRA

Oração inicial: O catequista motiva a oração inicial invocando o Espírito Santo. Depois pode rezar o Credo.

O catequizando escalado como leitor do encontro aproxima-se do ambão e proclama o texto indicado.

Leitura texto bíblico: Mt 11,25-27.

Depois de um período de silêncio, o catequista lê o texto novamente, desta vez pausadamente e destacando alguns pontos. Antes, porém, todos poderão cantar aclamando o Santo Evangelho.

> "...'Eu te louvo, Pai, Senhor do céu e da terra, porque escondestes estas coisas aos sábios e entendidos e as revelastes aos pequeninos. [...] Ninguém conhece o Filho senão o Pai, e ninguém conhece o Pai senão o Filho e aquele a quem o Filho quiser revelar'".

Após a leitura, todos se dirigem para a Mesa da Partilha.

NA MESA DA PARTILHA

Pedir aos catequizandos para abrirem suas Bíblias na passagem proclamada na Mesa da Palavra e convidá-los a uma leitura silenciosa observando algum detalhe do texto. Depois convidá-los a partilhar o que compreenderam.

O catequista contextualiza o texto dizendo que, nos versículos anteriores, Jesus havia dirigido uma veemente crítica aos habitantes de algumas cidades situadas à volta do Lago de Tiberíades, porque foram testemunhas da sua proposta de salvação e mantiveram-se indiferentes. Estavam cheios de si próprios, não estavam dispostos a abrir o coração à novidade de Deus. Nos versículos proclamados, Jesus manifesta-se convicto de que essa proposta, rejeitada pelos habitantes das cidades do lago, encontrará acolhimento entre os pobres e marginalizados, desiludidos e explorados com a religião "oficial", pois anseiam pela libertação que Deus tem para lhes oferecer.

Os "sábios e inteligentes" são certamente os "fariseus" e "doutores da Lei", que colocavam a Lei acima das pessoas, que se consideravam justos e dignos de salvação porque cumpriam escrupulosamente a Lei, que se beneficiavam de um sistema religioso que lhes garantia automaticamente a salvação. Os "pequeninos" são os discípulos, os primeiros a responderem positivamente à oferta do "Reino", os pobres e marginalizados. Jesus deixa claro que quem quiser fazer uma experiência profunda e íntima de Deus deve aceitá-lo e segui-lo. Quem o rejeitar, não poderá "conhecer" o Pai: quando muito, encontrará imagens distorcidas de Deus e as usará para julgar o mundo e o próximo. Mas quem aceitar Jesus e segui-lo, aprenderá a viver em comunhão com Deus, na obediência total aos seus projetos e na aceitação incondicional dos seus planos.

O catequista menciona que a Igreja e a vida em comunidade cumprem esse papel de nos ajudar a conhecer Deus, que se revela à humanidade como um Deus Uno e Trino. Os três primeiros parágrafos do Credo nos ajudam a compreender isso. O catequista, mostrando o cartaz com os artigos da Profissão de Fé, convida os catequizandos a lê-los.

Depois explicar aos catequizandos brevemente cada um dos artigos:

1º – Creio em Deus Pai Todo-Poderoso, criador do céu e da terra

No encontro passado já foram abordados os termos iniciais do Credo e, neste primeiro parágrafo, resta-nos falar da criação. O catequista explica aos catequizandos que existem várias teorias da "história da criação", de como o mundo surgiu. Explicar que não sabemos ao certo como foi, pois nenhum de nós estava lá. Só podemos afirmar que a única certeza que temos é de que foi Deus quem criou tudo. Não sabemos como, se foi do barro, se foi pela palavra, ou de outra maneira. A história narrada na Bíblia, no livro do Gênesis, não quer nos dizer como o mundo foi criado, mas quer transmitir uma mensagem para todos aqueles que não acreditavam no Deus único. Na época em que o livro do Gênesis foi escrito havia várias pessoas que acreditavam que o sol, a lua, a terra, o trovão, eram deuses. Então o autor bíblico escreve essa história para esclarecer que tudo aquilo que o povo dizia que era deus, na verdade, era criação do único Deus, nosso Pai. Deus criou o mundo, a natureza e a cada um de nós. "Embora a obra da criação seja particularmente atribuída ao Pai, é igualmente verdade de fé que o Pai, o Filho e o Espírito Santo são o único e indivisível princípio da criação" (CIgC, n. 316). Ao criar o mundo, Deus o confiou ao homem, para que dele usufruísse e cuidasse.

O catequista poderá a bordar o cuidado da "Casa Comum", tão defendida pelo Papa Francisco. A importância de preservar a criação, da consciência da reciclagem etc.

Aprofundar o tema nos parágrafos 279 a 421 do Catecismo da Igreja Católica.

2° – E em Jesus Cristo, seu único Filho, nosso Senhor

Explicar que o nome "Jesus" foi dado pelo anjo no momento da Anunciação e significa "Deus salva", exprimindo a identidade e a missão de Jesus de salvar toda a humanidade da morte do pecado. Jesus também é chamado de "Cristo" em grego e "Messias" em hebraico, que significa "ungido". Jesus é o Cristo porque está consagrado por Deus, ungido pelo Espírito Santo para a missão redentora. Do nome "Cristo" é que nos veio o nome de "cristãos".

Esclarecer que Jesus é o Filho de Deus, em sentido único e perfeito (1Jo 4,9), é o "Filho bem amado" (Mc 1,11). Dizer que professar a fé, e proclamar que Jesus é "Nosso Senhor", é confessar ou invocar Jesus como Senhor, é crer em sua divindade, na sua soberania enquanto Deus. Ninguém pode dizer "Jesus é o Senhor" a não ser no Espírito Santo (cf. 1Cor 12,3). Jesus, sendo Filho de Deus, é a segunda Pessoa da Santíssima Trindade.

Mostrar o cartaz com o ícone da Santíssima Trindade aos catequizandos, interrogando-os quais dos personagens do cartaz acham que é o Pai, o Filho e o Espírito Santo. Perguntar por que acham que são essas imagens que representam essas Pessoas (ajudá-los a identificar qual o critério utilizado para chegar a essa conclusão). Será que existe alguma hierarquia? (Algum deles é mais importante? Se sim, como se dá essa ordem?) Nesse momento, o catequista os interroga para ter uma ideia do que os catequizandos já sabem sobre esse mistério da Trindade, deixando-os falarem.

Aprofundar o tema nos parágrafos 422 a 455 do Catecismo da Igreja Católica.

3° – Que foi concebido pelo poder do Espírito Santo, nasceu da Virgem Maria

"No tempo determinado por Deus, o Filho Único do Pai, a Palavra Eterna, isto é, o Verbo e a Imagem substancial do Pai, encarnou: sem perder a natureza divina, assumindo a natureza humana" (CIgC, n. 479). Para isso, escolheu uma jovem simples de uma pequena cidade que se chamava Maria. E esta se abriu à ação do Espírito Santo, que a fez gerar o Salvador.

Comentar que o mundo no qual vivia Maria era cercado de sofrimento e maldade, e esperavam o Messias, o Salvador do mundo para mudar toda situação de injustiça e desigualdade. Maria sempre ouvira dizer que um dia Deus enviaria o Salvador, mas não sabia que ela seria a escolhida. Não sabia que, um belo dia, receberia a notícia de que ela seria a colaboradora deste plano de salvação.

Explicar que, por ação do Espírito Santo, a terceira Pessoa da Santíssima Trindade, Maria fica grávida. Maria concebe o Filho de Deus. Esse mistério é chamado de "encarnação": admirável união da natureza divina e da natureza humana na única Pessoa divina do verbo. Para realizar a nossa salvação, o Filho de Deus se fez "carne", se fez homem.

Maria não compreendeu como poderia ser mãe, pois não era casada, era apenas noiva de José. O anjo explica que seria pela força do Espírito Santo que Ela teria um filho e lhe daria o nome de Jesus.

Aprofundar o tema nos parágrafos 456 a 570 do Catecismo da Igreja Católica.

Oração final: O catequista convida os catequizandos a ficarem em pé ao redor da Mesa da Palavra, e incentiva-os a fazer preces e orações de louvor. O catequista poderá iniciar agradecendo a Deus por algumas coisas e pedindo aos catequizandos para que possam dar continuidade, fazendo outros agradecimentos. Exemplo: *Obrigado pelo dom da vida...*
Obrigado por cada amanhecer...
Obrigado pela comida que me sustentou e
pelo copo d'água que saciou a minha sede...
Obrigado, Senhor...

Logo após os agradecimentos espontâneos dos catequizandos, o catequista conclui com a oração:

> *Senhor, Deus Pai criador, nós agradecemos por ser o Senhor da Vida e autor de todas as coisas. Como filhos, prometemos ser obedientes e enxergar em cada criatura o teu ato de amor por nós. Por Cristo, nosso Senhor. Amém.*

No final da oração, o catequista impõe as mãos sobre a cabeça de cada catequizando e traça o sinal da cruz em sua fronte dizendo: "...N..., *criatura perfeita do Pai, vai em paz, que o Senhor te acompanhe!*".

26° Encontro

Morreu e ressuscitou para nos salvar

Palavra inicial: Neste encontro vamos refletir com nossos catequizandos que Jesus, apesar de inocente, foi julgado e condenado à morte, ressuscitou ao terceiro dia e está sentado à direita do Pai. Explorar os artigos de 4° ao 7° da Profissão de Fé.

Preparar o ambiente: Ambão com toalha da cor do Tempo Litúrgico, vela e flores. Um cartaz com os artigos da Profissão de Fé e outro com o ícone da Anástasis, facilmente encontrado na internet ou de modo impresso.

Acolhida: O catequista acolhe os catequizandos saudando-os e desejando-lhes boas-vindas com o dizer *"seja bem-vindo(a), ...N..., filho(a) amado(a) do Pai"*.

Recordação da vida: Ao redor da Mesa da Partilha ou da Palavra, em clima de oração, fazer uma retrospectiva da semana. Poderão destacar os acontecimentos importantes que possam ter ocorrido na comunidade. Partilhar ainda as atividades propostas no Diário Catequético.

NA MESA DA PALAVRA

Oração inicial: O catequista conduz a oração de uma maneira bem espontânea. Depois poderá cantar ou rezar invocando o Espírito Santo: *"Vinde, Espírito Santo, enchei..."*.

Todos poderão aclamar o Evangelho com um canto. Em seguida, um dos catequizandos dirige-se até o ambão de onde proclama o texto bíblico.

Leitura texto bíblico: Mc 15,1-15.

Após alguns minutos de silêncio, o catequista lê o texto novamente, pausadamente, destacando alguns pontos.

> *"...levaram Jesus amarrado e o entregaram a Pilatos. [...] Os sumos sacerdotes o acusavam de muitas coisas. [...] Pilatos querendo agradar o povo, soltou-lhes Barrabás. Quanto a Jesus, depois de tê-lo mandado açoitar, entregou-o para ser crucificado."*

Todos se dirigem para a Mesa da Partilha.

NA MESA DA PARTILHA

Pedir aos catequizandos para abrirem suas Bíblias na passagem proclamada na Mesa da Palavra e convidá-los a uma leitura silenciosa. Depois pedir para que os catequizandos partilhem o que compreenderam.

O catequista esclarece quem foi Pôncio Pilatos e o que ele representava naquela época (autoridade suprema, o poder romano). Explica que Jesus passou por um julgamento e, considerado culpado, teve por penitência a morte de cruz (tirania sobre os judeus).

Questionar junto aos catequizandos se o julgamento de Jesus foi justo. Ele realmente era culpado? Qual crime cometeu? Por que então foi condenado? Levar à reflexão de que muitas vezes também podemos cometer um julgamento errado diante das coisas e pessoas.

DINÂMICA

Selecionar e explorar imagens que propiciem ilusão de ótica, tais como a jovem e a idosa; o vaso de Rubin no qual, a depender de como se vê, se destaca a silhueta de um vaso ou duas faces se olhando; entre outras imagens que podem ser facilmente encontradas na internet. Para encontrá-las, acesse *sites* de busca e pesquise "ilusões de ótica".

O que ocorre nessas imagens é que, dependendo do ângulo e foco sobre elas, vemos algo diferente. Isso nos leva a crer que nem sempre temos uma percepção clara e certa de uma situação. Além disso, a mesma situação pode ser analisada de forma diferente pelas pessoas.

É preciso ter a humildade de reconhecer que o nosso ponto de vista, nosso julgamento, nem sempre estará correto. Existe a interpretação do "outro", que também deve ser levada em consideração. O catequista poderá interrogar se os catequizandos já tiveram alguma experiência de interpretar algo ou imaginar algo a respeito de alguém e depois descobrirem que estavam errados. Providenciar que compartilhem essas experiências.

Depois, poderá brevemente destacar alguns pontos importantes dos artigos 4º ao 7º do Credo. Poderá mostrar o cartaz com os artigos da Profissão de fé e convidar os catequizandos a lê-los.

4º – Padeceu sob Pôncio Pilatos, foi crucificado, morto e sepultado

Por amor à humanidade, Jesus livremente se entregou à cruz, como sacrifício expiatório, ou seja, reparou as nossas culpas com a obediência plena do seu amor até a morte. Aquilo que era causa de escândalo e vergonha, ser crucificado, torna-se instrumento de Salvação a toda a humanidade. Do alto da cruz, Jesus derrama o seu sangue e, com isso redime toda a humanidade, dando oportunidade para que todos se salvem. Reconciliou com o Pai toda a humanidade. Jesus é o cumprimento do amor maior. É o presente do Pai para todos.

Conversar com os catequizandos sobre o que nós, cristãos, pensamos sobre a morte. Comentar que a morte na verdade é um novo nascimento, agora não mais para uma vida passageira, mas para uma vida eterna junto a Deus. Poderá ser utilizada a analogia do nascimento de um bebê e da lagarta apresentada no Material de Apoio, esclarecendo que acontece conosco algo semelhante ao que acontece com uma criança sendo gerada no ventre materno. Somos gerados nesse grande útero que é a Mãe Natureza, a Mãe Terra, e, depois de um tempo, precisamos partir para nos encontrar com nosso Criador, para vivermos junto Dele. Já a lagarta, um bichinho feio muitas vezes, representa a nossa caminhada nesse mundo, cheia de dores e pecados. Somente depois de um tempo é que a lagarta se recolhe em um casulo e se transforma em uma linda borboleta. Essa transformação simboliza a nossa morte. O casulo que é deixado para trás representa o nosso corpo sem vida, enquanto a borboleta representa o nosso corpo glorioso, belo e sem pecado, como dizia São Paulo. Portanto, a morte para nós não é o fim, Jesus quebra as portas da morte, dando a sua vida por cada um de nós.

Aprofundar o tema nos parágrafos 571 a 630 do Catecismo da Igreja Católica.

5° – Desceu à mansão dos mortos; ressuscitou ao terceiro dia

Mostrar aos catequizandos o ícone da Anástasis. A palavra "anástasis" vem do grego e literalmente quer dizer: "ficar de pé novamente" ou "erguer-se". É a ressurreição para nós, cristãos. Cristo desce à mansão dos mortos e vai primeiro buscar Adão e Eva (que simbolizam toda a humanidade), ou seja, vai ao encontro do homem para resgatá-lo da morte. Pedir para os catequizandos observarem a imagem e socializarem o que refletiram a respeito dela: O que viram? Quais foram seus sentimentos?

Após conversarem, o catequista lê o texto *A descida à mansão dos mortos*, que é uma antiga homilia lida no Sábado Santo, retirada do ofício das leituras da Liturgia das Horas. O texto, que está reproduzido no Diário do Catequizando, deverá ser proclamado com ênfase, como um poema. Após a leitura, conversar com os catequizandos sobre o texto e identificá-lo com o ícone.

Refletir: Quem é Cristo para nós? Por que Ele pega Adão e Eva pelo punho? Como a morte é representada no ícone? Fomos criados para quê? É bom lembrar também que Adão e Eva representam toda a humanidade, não só uma pessoa.

Cristo é a Luz que dissipa todas as trevas. A escuridão, a morte, é ausência de Luz, ausência de Deus. Cristo é aquele que nos resgata da morte e nos dá vida em plenitude. Cristo pega Adão e Eva pelo punho, simbolizando que Ele não é igual ao homem, Nele não há pecado. O pegar pela mão simboliza que somos iguais; pegando Adão e Eva pelo punho, Jesus diz ser superior, pois foi obediente até o fim. Cristo, o Novo Homem, resgata toda a humanidade pela morte de cruz. A cruz é o sinal de sua vitória. A morte é representada pelas tábuas quebradas debaixo de seus pés (portas). A morte simboliza a ausência de vida, a ausência de Deus (o pecado). Cristo vai ao encontro da humanidade, pois fomos criados para viver junto de Deus. Apesar de fracos e pecadores, Cristo morreu por todos e nos deu a oportunidade de retornar ao paraíso, de viver junto de Deus. Como gesto concreto, no decorrer desta semana somos convidados a rezar por todas as pessoas que não tiveram a oportunidade de conhecer e fazer a experiência de Jesus Cristo.

Em seguida, o catequista poderá verificar qual a concepção de ressurreição dos catequizandos. A partir daí, apresentar a nossa fé na ressurreição, dizendo aos catequizandos que também iremos ressuscitar quando partirmos deste mundo. A ressurreição é um novo nascimento, não mais para uma vida passageira, mas para a eternidade junto de Deus.

Depois trabalhar a simbologia do número três, dizendo que para o povo hebreu os números tinham significados diferentes e que o número três na Bíblia significa plenitude, ou seja, não sabemos quanto tempo Cristo ficou na mansão dos mortos, pois para Deus não existe tempo nem espaço. Quando o autor escreve "três dias", quer dizer que Cristo ficou o tempo que foi necessário para resgatar toda a humanidade da morte do pecado. Outro exemplo é o texto bíblico sobre a conversão de Jonas (Jn 2,1), que ficou três dias na barriga da baleia, simbolizando ter ficado o tempo necessário para sua conversão.

Aprofundar o tema nos parágrafos 631 a 658 do Catecismo da Igreja Católica.

6° – Subiu aos céus, está sentado à direita de Deus Pai Todo-Poderoso

A subida do Senhor aos céus, após quarenta dias da sua ressurreição, é conhecida pela Igreja como *ascensão*. Cristo, sendo Filho de Deus, sobe por si mesmo ao céu. A sua ascensão assinala a entrada definitiva da humanidade de Jesus no Reino de Deus.

> Jesus Cristo, Cabeça da Igreja, nos precede no Reino glorioso do Pai para que nós, membros de seu Corpo, vivamos na esperança de estarmos um dia eternamente com Ele. Tendo entrado uma vez por todas no santuário

do céu, Jesus Cristo intercede sem cessar por nós como mediador que nos garante permanentemente a efusão do Espírito Santo". (CIgC, n. 666-667)

O catequista poderá aproveitar a oportunidade e explicar aos catequizandos a diferença entre "ascensão" e "assunção". Aprofundar o estudo do dogma mariano da assunção definido pelo Papa Pio XII, em 1º de novembro de 1951, poderá ajudar nesta reflexão.

A subida do Senhor ao céu indica que nós também, filhos e filhas de Deus, somos convidados a subir com Cristo. Somos cidadãos do Céu. A nossa vida nesse mundo é passageira, aqui ficamos um tempo oportuno para nossa geração, para o nosso amadurecimento, e depois de um tempo precisaremos partir para nos encontrarmos com Cristo e com todos que Nele ressuscitaram. Nós, enquanto cristãos, deveremos a cada dia aspirar as coisas do alto.

Aprofundar o tema nos parágrafos 659 a 667 do Catecismo da Igreja Católica.

7º – Donde há de vir a julgar os vivos e os mortos

Ao refletir sobre o 7º artigo da Profissão de Fé, o catequista fala um pouco aos catequizandos sobre a parusia, sobre a volta de Jesus no juízo final. A Igreja acredita e nos ensina que Cristo voltará um dia, mas não sabemos quando, por isso vivemos na vigilância, orando e clamando sempre: "Vem, Senhor Jesus" (Ap 22,20). Na sua vinda será instaurado definitivamente seu Reino. Nesse dia, os segredos dos corações dos homens e mulheres serão revelados, bem como a conduta de cada um em relação a Deus e ao próximo. Todo homem será repleto de vida ou condenado pela eternidade, de acordo com suas obras (CIgC, n. 678-682). Nesse dia, "Deus será tudo em todos" (1 Cor 15,28).

O juízo particular acontecerá logo após a morte de cada um de nós e no juízo universal, coletivo, no final dos tempos (mundo), onde o julgamento será definitivo. Porém é preciso deixar claro aos catequizandos que o julgamento de Cristo é o amor e a misericórdia. Não devemos ficar fantasiando o final dos tempos como vemos em filmes e em algumas histórias, cheio de fogo e de ira. A Igreja em nenhum momento afirma que alguém tenha sido condenado, pois a misericórdia de Deus, é muito maior que nossos pecados: "Onde foi grande o pecado, foi bem maior a graça" (Rm 5,20). É bom lembrar, porém, que a graça do perdão pressupõe o querer do homem. É preciso arrepender-se para colocar-se diante de Deus.

O catequista também poderá trabalhar com os catequizandos que o único que pode julgar alguém é Jesus, pois Ele é o único que conhece a história e o coração de cada um. Nós, enquanto seres humanos, mortais, sujeitos a erro, não devemos apontar o dedo a ninguém, pois não nos cabe julgar. Devemos amar o nosso próximo, procurando conhecê-lo e ajudá-lo a crescer. A nossa atitude deve ser de compaixão com os que erram e sempre indicando-lhes o caminho do Senhor.

Aprofundar o tema nos parágrafos 668 a 682 do Catecismo da Igreja Católica.

Conclusão: Além de conhecermos o sentido de mais quatro artigos da Profissão de Fé, pudemos aprofundar o texto bíblico do julgamento de Jesus e refletir sobre o julgamento Dele ser o amor. Muitas vezes temos a tendência de olhar com discriminação e julgamento errôneo as pessoas e algumas situações. Peçamos a orientação do Pai Celeste para sermos justos e termos um olhar de acolhimento e compreensão diante dos acontecimentos.

Oração final: O catequista convida os catequizandos a ficarem em pé ao redor da Mesa da Palavra, onde os motiva a formularem orações e preces pedindo pelos injustiçados e discriminados de nossa sociedade. No final de cada invocação todos respondem: *"Senhor, escutai a nossa prece"*. O catequista convida todos a rezarem o Credo e conclui com a oração:

> *Senhor, somos frágeis e pecadores. Muitas vezes nos deixamos guiar pelo nosso olhar egoísta e julgamos pessoas e acontecimentos. Nós vos pedimos um coração semelhante ao Vosso que acolhia e amava, sem julgar e recriminar nada e ninguém. Por Cristo, nosso Senhor. Amém.*

No final da oração, o catequista impõe as mãos sobre a cabeça de cada catequizando e traça o sinal da cruz em sua fronte dizendo: *"...N..., vai em paz, que o Senhor te acompanhe! Amém"*.

Material de apoio

A vida sem fim[22]

Uma das coisas mais complexas e difíceis de compreender é a morte. Por mais que nos digam não ser o fim, e sim uma nova vida junto a Deus, demoramos a aceitá-la e entendê-la... Isso quando não nos revoltamos com a dor da ausência e da perda.

Mas o que é a morte para nós, cristãos? O que é a vida sem fim, a ressurreição dos mortos?

Padre César Luzio, pároco da Catedral de Barretos, interior de São Paulo (†2000), poucos dias antes de sua morte, deixou impresso, em um pedaço de papel de pão, uma frase que nos ajudará a entender a fé diante da morte: "A morte não é um fim de jornada. É apenas a noite que antecede o amanhecer da ressurreição. Quando eu nasci, todos sorriam, só eu chorava; quando morri, todos choravam, só eu sorria...". As suas palavras fazem uma analogia da morte com o nascimento de uma criança. O bebê passa algum tempo no ventre materno e, depois de alguns meses, acontece o parto. O que é um parto? Vem de partir... Sair de um lugar e ir a outro. A criança sai do útero materno e vem à vida. Algumas, um pouco mais apressadas, nascem prematuramente, outras completam o ciclo de nove meses. Mas, depois disso, não têm mais como segurar, é preciso partir, nascer...

Ao nascer, mesmo sem total entendimento, a criança chora por sair do conforto e da segurança do útero materno... Ali era o seu "mundo". Ao contrário, toda família que aguarda do lado de fora se alegra com a nova vida que surge, que nasce. Assim também a permanência nesse mundo se dá por um período. Alguns ficam um pouco mais, outros, um pouco menos. Mas, quando estamos prontos, gerados, surge a necessidade um novo parto, um novo nascimento. Então nos acontece o contrário: há a alegria daquele que se encontra com Deus e há a dor da perda dos que permanecem nesta vida. A morte, neste sentido, não é um fim, e sim um novo nascimento. A morte torna-se o parto para uma nova vida, agora não mais passageira, mas eterna junto ao Criador.

Do mesmo modo, a concepção cristã da "morte se torna compreensível através da analogia da metamorfose de uma lagarta que se transforma em borboleta. O que a lagarta nela experimenta é uma morte. Entretanto, sua morte não significa fim, mas transformação, através da qual aparece um ser qualitativamente novo, a borboleta" (BLANK, 2000, p. 138).

A morte, então, não é o fim, mas o início de uma vida em plenitude. A lagarta representa nossa vida terrena, nem sempre bonita, muitas vezes imperfeita por causa do pecado e de nossas limitações... Mas, no tempo oportuno, a lagarta para e cria um casulo. Dali, sai a borboleta. Se compararmos o DNA da lagarta e o DNA da borboleta, veremos que se trata do mesmo animal. É o que também acontece conosco: o casulo representa nosso corpo, que

---

[22] Trecho do livro: PARO, Thiago Faccini. *Conhecer a FÉ que professamos*. Vozes: Petrópolis, 2017. p. 70-73.

será sepultado, sinal de nossa peregrinação neste mundo, e a borboleta representa nosso corpo glorioso que, lavado e alvejado em Cristo, recebe o Reino dos Céus como herança.

A borboleta, um ser agora colorido, bonito com o dom de voar, é símbolo da nova vida, liberta da corrupção do pecado e da morte eterna. É a comunhão dos Santos, junto de Deus, no Reino que Ele preparou para cada um de nós.

A permanência neste mundo, como dizia Rubem Alves (1996, p.154-155), é uma canção ou um poema que precisa terminar.

> A morte é o último acorde que diz: está completo. Tudo o que se completa deseja morrer. [...] o poema [...] tinha de morrer para que fosse perfeito, para que fosse belo e para que eu tivesse saudades dele, depois do seu fim. [...] depois da morte do poema viria o silêncio, o vazio. Nasceria então uma outra coisa em seu lugar: a SAUDADE. A saudade só floresce na ausência. [...] até o beijo... Que amante suportaria um beijo que não terminasse nunca?

Tudo o que é bom precisa ter um fim para dar lugar à saudade e à esperança.

É preciso entender, ainda neste contexto, o que é a ressurreição e qual sua diferença com relação à reencarnação. De maneira simples, vamos tentar compreender: Deus tem um projeto para cada um de nós, e esse projeto comporta uma vida sem fim. Porém, por causa do pecado que gera morte, não conseguimos cumprir esse projeto, morremos antes.

Os que defendem a reencarnação acreditam que, ao morrermos, vamos para um lugar e depois reencarnamos, nascemos de novo, para que através das boas obras nos purifiquemos, nos tornemos melhores, a ponto de alcançar a plenitude da vida que Deus tem para nós. Assim, esse movimento se repete inúmeras vezes, até que consigamos atingir o ápice e nos tornemos "um ser de luz".

Na visão do Espiritismo, por exemplo, que prega a reencarnação, Jesus era um homem que atingiu esse ápice e tornou-se um ser de luz. Diante disso, nessa visão, o homem se salva através de suas boas obras, se salva "sozinho", por si mesmo. E Jesus não é Deus, é apenas um exemplo, um modelo a ser seguido. Mas, é claro, esta visão é completamente diferente da nossa enquanto cristãos.

Nós, cristãos, acreditamos, sim, que Deus tem um projeto de vida plena para cada um de nós, mas, por causa do pecado, não conseguimos viver esse projeto e morremos antes. Porém, com a morte de Jesus na cruz e com sua ressurreição, Ele assume nossos pecados e nós assumimos a sua pureza. Com isso, o que falta para atingirmos a plenitude, Jesus completa em nós. Portanto, a nossa salvação é graça total de Deus, não é mérito nosso, mas Dele. Por isso, dizemos que Jesus é o nosso salvador. Por isso, não precisamos voltar e recomeçar tudo de novo. Com nossa morte, ou melhor, com nosso novo nascimento, nossa passagem, nossa Páscoa na Páscoa de Cristo, alcançamos a plenitude: o Reino de Deus, preparado por Ele desde toda a eternidade para cada um de nós. E, junto Dele, formamos a Igreja triunfante!

Como é difícil encarar a única certeza da vida. A busca pelo rejuvenescimento, a luta incessante por manter a vida biológica preservada a qualquer preço, a revolta, a não aceitação da morte... têm causado uma enorme frustração à humanidade. É preciso reaprender a sabedoria do autor sagrado: "Para todas as coisas há um momento certo. Existe o tempo de nascer e o tempo de morrer" (Ecl 3,1-2). São Francisco chama a morte de "irmã morte", pois sabia que somente através dela veria Deus face a face. Só assim gozaria da vida sem fim, da plenitude do projeto que Deus tem para cada um de nós.

Que a permanência nesse mundo seja um tempo kairótico, um tempo oportuno para o encontro com Deus. Que, celebrando a Páscoa de Cristo, possamos nos preparar para a nossa páscoa. "De domingo a domingo, de Páscoa em Páscoa, até a Páscoa definitiva".

27° Encontro

Creio no Espírito Santo... na vida eterna

Palavra inicial: Neste encontro vamos refletir com nossos catequizandos que o Espírito Santo, terceira Pessoa da Santíssima Trindade, é aquele que continua a obra de Jesus, agindo na Igreja com o poder, conferido por Cristo, de perdoar os pecados. Por fim, destacaremos a ressurreição, a vida eterna, como meta de todos nós. Um resumo dos cinco últimos artigos do Credo.

Preparar o ambiente: Ambão com toalha da cor do Tempo Litúrgico, flores. Cartaz com os artigos da Profissão de Fé, mapa territorial da (Arqui)diocese e foto do Bispo diocesano.

Acolhida: O catequista acolhe os catequizandos saudando-os carinhosamente com o dizer *"seja bem-vindo(a), ...N..., templo vivo do Espírito Santo!"*. Quando todos estiverem na sala, saúda a todos mais uma vez, desejando-lhes boas-vindas.

Recordação da vida: Após serem acolhidos, convida-os a se colocarem ao redor da Mesa da Partilha ou da Palavra, onde farão uma retrospectiva da semana e o catequista poderá recordar o encontro anterior, pedindo para que partilhem as atividades do Diário Catequético.

NA MESA DA PALAVRA

Oração inicial: O catequista motiva um momento de oração, criando um clima de espiritualidade para o início do encontro e para a proclamação da Palavra.

Um dos catequizandos dirige-se até o ambão de onde proclama o texto bíblico.

Leitura texto bíblico: Rm 8,1-11.

Após alguns minutos de silêncio, o catequista lê o texto novamente, pausadamente, destacando alguns pontos.

> *"...se o Espírito daquele que ressuscitou Jesus dos mortos habita em vós, quem ressuscitou Jesus Cristo dos mortos também dará a vida a vossos corpos mortais pelo seu Espírito que habita em vós."*

Todos se dirigem para a Mesa da Partilha.

NA MESA DA PARTILHA

O catequista convida os catequizandos a uma leitura silenciosa do trecho da carta aos Romanos, orientando a partilharem o que compreenderam. Depois o catequista questiona os catequizandos se já sentiram a presença do Espírito Santo, terceira Pessoa da Santíssima Trindade; se em algum momento de medo, de dificuldade, já sentiram uma calma e uma paz, uma força que os ajudava. Deixar que falem.

Explica que o vento não pode ser visto pelos nossos olhos, mas pode ser sentido. E completa dizendo que assim é o Espírito Santo: não podemos vê-lo, mas o sentimos a todo instante em nossa vida. É ele que nos auxilia, que nos santifica, que nos dá a coragem e o impulso de servir a Deus e testemunhar a Verdade de Cristo, que é o nosso advogado, que nos faz compreender toda a grandeza e mistério de Deus.

Em seguida analisa brevemente sobre os cinco últimos artigos do Símbolo. Poderá mostrar o cartaz com os artigos da Profissão de Fé e convidar os catequizandos a lê-los.

8° – Creio no Espírito Santo

Ler com os catequizandos o Evangelho de Jo 15,26-27. No texto Jesus fala do *Paráclito*, termo grego que significa "consolador" ou "advogado", ou seja, aquele que está ao nosso lado para nos confortar e das tristezas nos consolar; para falar a nosso favor, nos defender e advogar a nossa causa.

O Espírito Santo é uma força que produz vida no universo criado, nas comunidades e em cada um de nós. É esse Espírito que se manifestou nas pessoas (juízes, reis e profetas) que tiveram a missão de conduzir o povo de Deus, ao logo da história de Israel (cf. Jz 3,10-11; 13,25; 1Sm 10,10; 16,13; 2Sm 23,2; Is 61,1; Ez 11,5). O Espírito Santo de Deus não é privilégio de ninguém, nem de nenhuma Igreja. Ele fala e age em todos nós, basta estarmos abertos a sua ação. É Dom de Deus, que nos conduz ao Céu. Significativamente, o Espírito Santo é mencionado na primeira e na última página da Sagrada Escritura: Gn 1,2 e Ap 22,17, recordando que toda a história se desenrola sob a ação do sopro de Deus.

Aprofundar o tema nos parágrafos 683 a 747 do Catecismo da Igreja Católica.

9° – Na santa Igreja católica, na comunhão dos Santos

A palavra *Igreja* significa "convocação". É todo o povo que Deus convoca e reúne para constituir o seu Corpo. São todos os que, pela fé e pelo Batismo, se tornam filhos e filhas de Deus. A Igreja não é o local, a Igreja somos todos nós, assembleia, fiéis batizados que se reúnem em torno da mesma fé no Cristo Senhor (Igreja com "i" maiúsculo). A igreja-templo (pedra) é o local do encontro da Igreja-povo com o seu Deus (igreja com "i" minúsculo; diferente até na escrita). Diante do caos do mundo, da violência, o ser humano precisa de locais para se reunir em assembleia, para ouvir a Palavra e celebrar o Mistério Pascal.

A Igreja é Santa porque foi o próprio Deus que a constituiu, a criou; por ela, Jesus Cristo se entregou, para santificá-la e torná-la santificante, e o Espírito Santo a vivifica com a caridade. A Igreja também é pecadora, no entanto, por ser formada por homens pecadores, fracos e limitados. A Igreja é o grande hospital que acolhe todos os pecadores e os doentes para santificá-los, curá-los. É católica, ou seja, universal, porque nela está presente Cristo. Ela anuncia a totalidade e a integridade da fé e é enviada em missão, a qualquer tempo e a qualquer cultura: "Ide por todo o mundo e anunciai o Evangelho a toda a humanidade" (Mc 16,15).

Como já visto, São Pedro foi o escolhido para ser o primeiro Papa da Igreja, o primeiro "chefe", aquele que seria a pedra, o alicerce do futuro organizacional da Igreja. O catequista poderá apresentar a lista de todos os Papas que vieram depois de Pedro, mostrando a sucessão ininterrupta de pastores.

O catequista ainda poderá refletir sobre o Sacramento do Batismo, como porta de entrada para ser membro da Igreja. Sendo batizados, passamos a pertencer a essa grande família que é a Igreja

Católica Apostólica Romana. No batismo recebemos um sobrenome comum, "cristão", por isso somos todos chamados de "irmãos". Formamos um grande CORPO, cuja cabeça é Cristo. Nesta grande família cada um tem uma função, assim como o nosso corpo. O catequista poderá dizer que cada diocese constitui uma Igreja particular, ou seja, autônoma, tendo como pastor o Bispo Diocesano. Poderá mostrar então o mapa com a circunscrição da Diocese e como está organizada, bem como a foto do Bispo. Poderá pedir que leiam o texto do material complementar presente no Diário Catequético.

Em seguida continuará a dizer que cremos na comunhão dos Santos, pois Cristo santifica a sua Igreja. Os Santos são os que vivem ainda peregrinos, testemunhando o amor de Jesus Cristo e por Ele sofrendo muitas vezes; Santos são também todos os que já se encontram na glória de Deus, no Céu, com os quais vamos nos unir pela fé na vida eterna. Se achar oportuno, o catequista poderá falar-lhes sobre o Purgatório, onde se encontram aqueles que morreram na amizade de Deus, mas, embora certos de sua salvação eterna, têm ainda necessidade de purificação para obter a santidade necessária e entrar definitivamente na alegria de Deus.

Depois poderá dizer que vários Santos foram pessoas como nós, que aceitaram o convite de Deus, que se abriram a ação do Espírito Santo e tiveram suas vidas transformadas na doação. O catequista poderá questionar aos catequizandos o que faz com que uma pessoa seja Santa. Ainda poderá dar exemplos de pessoas que viveram na santidade, frisando que os Santos não são só aqueles que foram elevados aos altares, pois todos nós somos convidados à santidade. Os Santos não foram perfeitos, mas foram aqueles que reconheceram seus erros e limitações e se esforçaram para serem melhores a cada dia e para colocarem em prática os mandamentos do Senhor.

O catequista poderá falar sobre o Santo padroeiro da paróquia ou comunidade, perguntando se eles o conhecem, se sabem da sua história. Se o tempo permitir, o catequista então conta a vida do Santo e explica por que foi escolhido para ser padroeiro da sua paróquia ou comunidade. Por fim, poderá incentivar a pesquisa sobre a vida dos Santos, tornando possível aos catequizandos inclusive adotá-los como seus Santos de devoção.

Aprofundar o tema nos parágrafos 748 a 975 do Catecismo da Igreja Católica.

10° – Na remissão dos pecados

Jesus morreu na cruz por amor à humanidade, para salvar todo homem e mulher da morte do pecado. Por sua morte todos fomos lavados em seu sangue. Ele, não tendo pecado, assumiu os nossos pecados.

O próprio Cristo, antes de subir junto ao Pai, deixou à Igreja a missão e o poder de perdoar os pecados. Pedir aos catequizandos para que abram suas Bíblias e procurem a passagem de Jo 20,22-23. Pedir para que um dos catequizandos a proclame.

Depois refletir com os catequizandos dizendo que foi transmitindo o Espírito Santo aos apóstolos que Cristo Ressuscitado conferiu-lhes seu próprio poder de perdoar os pecados (ClgC, n. 976). Portanto, a Igreja tem essa missão e poder de perdoar todos os pecados daqueles que, com coração sincero e arrependido, pedirem o perdão. Não há pecado algum que a Santa Igreja não possa perdoar. O primeiro e principal sacramento para a remissão dos pecados é o Batismo. Nele somos lavados e purificados. Para os pecados cometidos depois do Batismo, Cristo instituiu o sacramento da Reconciliação ou Penitência, por meio do qual o batizado se reconcilia com Deus e com a Igreja. Os padres e os sacramentos são meros instrumentos dos quais Cristo, único autor e dispensador de nossa salvação, se apraz em se servir para pagar nossas faltas e dar-nos a graça da justificação (ClgC n. 987).

Aprofundar o tema nos parágrafos 976 a 987 do Catecismo da Igreja Católica.

11° – Na ressurreição da carne

12° – Na vida eterna, amém

No fim dos tempos, após o juízo final, quando Deus inaugurar os "novos céus" e a "nova terra" (2Pe 3,13), e quando Ele for tudo em todos, os nossos corpos mortais readquirirão a vida. O nosso estado definitivo não será apenas a alma espiritual separada do corpo. Como Cristo ressurgiu verdadeiramente dos mortos e vive para sempre, assim também Deus ressuscitará a todos no último dia, com um corpo incorruptível. O catequista, se oportuno, poderá deixar claro que a fé da Igreja é na ressurreição e NÃO na reencarnação. Depois encerrar dizendo que nossa vida neste mundo é passageira, somos apenas peregrinos, pois nosso lugar é estar junto de Deus.

Aprofundar o tema nos parágrafos 988 a 1065 do Catecismo da Igreja Católica.

O catequista poderá explorar também o item **Para conhecer e aprender** †, no Diário Catequético, onde se propõe que assistam ao vídeo *Católicos voltam para casa*. Caso seja possível, assista com o grupo ao vídeo. Incentive-os a responder as questões propostas no Diário Catequético. Promova um espaço de partilha sobre as percepções de cada um. Em relação aos textos das ações da Igreja sugere-se ao catequista, como atividade complementar, convidar seu grupo de catequese para reunir as informações e produzir um texto coletivo que possa ser divulgado no *site* da paróquia ou boletim, como uma contribuição à comunidade

Conclusão: O catequista convida cada catequizando a ficar alguns minutos em silêncio e formular um gesto concreto, uma atitude para que possa, como os discípulos, anunciar e testemunhar a fé. É um compromisso pessoal que cada um deverá formular e assumir pelo tempo que achar necessário.

Explicar que no final do processo catequético (Sábado Santo), em uma celebração, todos eles irão solenemente "professar a fé" através da recitação do Credo.

Oração final: O catequista convida todos a se colocarem ao redor da Mesa da Palavra motivando os catequizandos a formularem preces por suas vidas e por suas famílias. Conclui com o Pai-nosso e com a oração:

Deus, nosso Pai, que enviastes o Espírito santificador sobre cada um de nós. Fortalecei-nos na missão e no seguimento de sua Palavra, fazendo-nos templos vivos de amor a todos que nos forem confiados. Por Cristo, nosso Senhor. Amém.

No final da oração, o catequista impõe as mãos sobre a cabeça de cada catequizando e traça o sinal da cruz em sua fronte dizendo: *"...N..., o Senhor está contigo, vai em paz!"*.

28º Encontro
A celebração do Mistério Pascal

Palavra inicial: Neste encontro iremos falar sobre a Sagrada Liturgia, na qual celebramos o mistério de nossa fé, atualizando o memorial do sacrifício de Cristo. É pela liturgia que celebramos o que professamos.

Preparando o ambiente: Ambão com toalha da cor do Tempo Litúrgico, Bíblia, flores, vela e imagem ou quadro da última ceia.

Acolhida: O catequista acolhe os catequizandos saudando-os com o dizer: "Jesus é nosso alimento, ...N..., seja bem-vindo(a)!".

Recordação da vida: Quando todos estiverem na sala do encontro, o catequista convida-os para se colocarem ao redor da Mesa da Partilha ou da Palavra, onde trarão presentes fatos e acontecimentos que marcaram a semana e a vida da comunidade. O catequista poderá pedir que alguns dos catequizandos partilhem as histórias dos Santos que pesquisaram, citando a virtude que assumiram para sua vida pessoal.

NA MESA DA PALAVRA

Oração inicial: O catequista conduz a oração de maneira bem espontânea, podendo rezar invocando o Espírito Santo.

O catequista convida todos a cantarem aclamando o Santo Evangelho. Em seguida o catequizando dirige-se até o ambão de onde proclama o texto bíblico.

Leitura do texto bíblico: Lc 22,7-20.

Após alguns minutos de silêncio, o catequista lê o texto novamente, pausadamente, destacando alguns pontos.

> "...Jesus se pôs à mesa com os apóstolos [...] tomando um pão, deu graças, partiu-o e deu-lhes dizendo: 'Isto é meu corpo, que é dado por vós. Fazei isto em memória de mim'. Do mesmo modo, depois de haver ceado, tomou o cálice, dizendo: 'Este cálice é a nova aliança em meu sangue derramado por vós'".

Todos se dirigem para a Mesa da Partilha.

NA MESA DA PARTILHA

Convidar os catequizandos a uma leitura silenciosa do Evangelho proclamado. Depois todos podem partilhar o que compreenderam. O catequista reflete com os catequizandos dizendo que a fé que professamos é celebrada pela Sagrada Liturgia, constituída de seus ritos e símbolos. A liturgia nasce do Mistério Pascal.

Desde a criação do mundo e do pecado do homem, Deus propõe um Projeto de Salvação e o revela à humanidade. Propõe um caminho de arrependimento, reconhecimento, conversão e aliança.

Nesta trajetória, com o chamado de Abraão, Deus elege um povo como sinal de seu amor, mostrando sua paciência e fidelidade para com a humanidade que constantemente lhe volta as costas. O povo hebreu experimenta Deus e sua misericórdia em diversos momentos de sua história, quando fazem a experiência da libertação de sua escravidão no Egito. Deus, que escuta o clamor do seu povo, vê o seu sofrimento e se compadece, o faz sair e atravessar a pé enxuto o mar na passagem da escravidão para a libertação. Este momento tão importante e significativo na vida e na história de um povo não pode ser esquecido. É necessário fazer memória, não no sentido apenas de lembrar, mas de atualizar. Este evento, portanto, é vivido e atualizado a cada ano, em um conjunto de ações, palavras e gestos: a Páscoa judaica!

Jesus era judeu, celebrava anualmente este acontecimento da libertação do povo de Israel da escravidão do Egito. Porém, em sua última ceia pascal, ao celebrá-la com os discípulos, Jesus dá um novo sentido ao rito; torna-a a prefiguração da nova libertação, da nova e eterna aliança: Paixão, Morte e Ressurreição. Nos ritos judaicos, experimentam a presença do Mistério Pascal de Cristo! Agora não mais a passagem do mar para libertar da escravidão do Egito, mas a passagem (Páscoa) da morte para a vida que liberta da escravidão do pecado.

Este evento tão importante, que só foi entendido pelos discípulos após a ressurreição do Senhor, não podia ser esquecido, pois o próprio Cristo havia deixado o mandato: "Fazei isto em memória de mim" (Lc 22,19). Para entender isso é preciso voltar para o que Jesus disse, fez e mandou fazer: "Mandou que se faça a mesma coisa que fez naquela ceia derradeira" (Oração Eucarística V).

- ‣ Tomou o pão/vinho (Preparação das oferendas).
- ‣ Deu graças (Prece Eucarística).
- ‣ Partiu e repartiu (Rito da Comunhão).

Neste sentido podemos perguntar: qual mistério da fé é proclamado a cada celebração da Eucaristia – *"Eis o mistério da fé!"*? Essa pergunta pode facilmente ser respondida pela aclamação memorial reintroduzida pelo Concílio Ecumênico Vaticano II – "Anunciamos, Senhor, a vossa morte! Proclamamos a vossa ressurreição! Vinde, Senhor Jesus!" – que tem sua origem em 1Cor 11,26.

O mistério da fé não é só acreditar que Jesus está presente nas espécies eucarísticas, é muito mais que isso; é ter a certeza que Deus enviou seu Filho ao mundo, que se encarnou no seio de uma mulher, se fez homem, morreu e ressuscitou para nos salvar e vai voltar em sua glória. Celebrar a Eucaristia não é recordar a última ceia, é estar hoje aos pés da cruz e no jardim da ressurreição. É fazer memória, atualizar o único e eterno sacrifício. *"Eis o mistério da fé"* é celebrar a Páscoa do Senhor!

Esse é o papel da liturgia... De origem grega, o termo liturgia – LIT (povo, comunidade) + URGIA (serviço, obra, ação) – expressa a ação do povo e a ação em favor do povo. Neste sentido, o primeiro e maior liturgo é a Santíssima Trindade: Deus Pai com a CRIAÇÃO; Deus Filho com a SALVAÇÃO; Deus Espírito Santo com a SANTIFICAÇÃO (cf. CIgC n. 1069-1109). Essa ação da Trindade em favor da humanidade é a primeira e mais perfeita liturgia. Experimentar esse Deus que se inclina em favor da humanidade gera em nós também a liturgia, quando gratuitamente nos colocamos a serviço do outro.

Liturgia é também celebração. Celebrar é tornar célebre, importante, valorizar algum acontecimento. É uma necessidade humana, é expressar e aprofundar o sentido da existência. Podemos ver a importância de celebrar em um aniversário, quando proclamamos o sentido da vida; nos jogos olímpicos, a unidade e integração entre os povos; nas festas religiosas, que alguém olha por nós.

A liturgia cristã nasce dessas duas perspectivas: celebramos a ação de Deus em favor do seu povo. Tornamos célebre a obra salvífica de Deus, o Mistério Pascal, a celebração da obra de Deus realizada em Cristo (sua paixão, morte, ressurreição e glorificação). É este o acontecimento central de nossa fé. E é em torno dele que em algum lugar do mundo, neste exato momento, há uma comunidade reunida para celebrar, podendo ser para partir o pão na Eucaristia, para acolher os nascidos pela água do Batismo, para selar a união do matrimônio, para rezar a Liturgia das Horas, ou ainda, pelas exéquias, celebrar a Páscoa de um ente querido.

Liturgia significa que o povo de Deus toma parte na "obra de Deus", e pela liturgia, Cristo, nosso Redentor e Sumo Sacerdote, continua a obra de nossa redenção na Igreja, com ela e por ela. Na celebração litúrgica, a Igreja é serva à imagem do seu Senhor, o único "liturgo", participando do seu sacerdócio (culto) profético (anúncio) e régio (serviço da caridade). Assim, em nós e por nós, membros do seu Corpo, Cristo continua sua obra de santificação do ser humano e glorificação do Pai. Sua "liturgia" continua sendo "celebrada" de inúmeras maneiras, "mediante sinais sensíveis".

Portanto, liturgia é muito mais que um conjunto de ritos. Participar dela vai muito além de fazer uma leitura, ou levantar os braços e bater palmas. Liturgia é tornar célebre o mistério da nossa salvação, atualizando, fazendo sua memória, cumprindo o mandato de Jesus: "Fazei isto em memória de Mim" (Lc 22,19).

Conclusão: A cada missa, cumprimos o que Jesus mandou: *"Fazei isto em memória de mim"* (Lc 22,19). Cristo, portanto, instituiu a Eucaristia, e se dá em alimento a cada um de nós. A Celebração Eucarística é o momento ápice onde se encontram todos os cristãos, com os diversos serviços e ministérios, e é também a fonte que os alimenta e os envia constantemente em missão. Celebrar é professar a fé publicamente, reunindo-se na assembleia dos batizados.

Oração final: O catequista convida os catequizandos a ficarem em pé ao redor da Mesa da Palavra e os incentiva a formularem orações e preces. Poderá rezar o Pai-nosso e concluir com a oração:

> *Deus, Pai criador, olhai com bondade a cada um de nós e ajudai-nos a professar e celebrar a nossa fé. Que a Sagrada Liturgia seja o ápice de toda nossa vida, e sustento para nossa missão. Por Cristo, nosso Senhor. Amém.*

No final da oração, o catequista impõe as mãos sobre a cabeça de cada catequizando e traça o sinal da cruz em sua fronte dizendo: *"Cristo está contigo, ...N..., vai em paz, que o Senhor te acompanhe! Amém"*.

Material de apoio

Aprofundar o tema nos parágrafos 1066 a 1112 do Catecismo da Igreja Católica.

Sugerimos a leitura do IV capítulo do livro: PARO, Thiago Faccini. *Conhecer a FÉ que professamos.* Petrópolis: Vozes, 2017. p. 38-51.

A comunicação litúrgica

Palavra inicial: Neste encontro, queremos mostrar aos nossos catequizandos que toda a comunicação dos sacramentos é feita através de ritos e símbolos. A liturgia tem uma linguagem própria, se comunica por ritos e símbolos.

Preparando o ambiente: Ambão com toalha da cor do Tempo Litúrgico, vela, flores, símbolos e sinais usados na liturgia: óleo, água, fogo, ramos, incenso, pão, vinho, entre outros. Para a dinâmica: jarro com água, bacia e toalha de banho grande.

Acolhida: O catequista acolhe os catequizandos saudando-os com o dizer "*Deus usa de sinais e símbolos para nos falar ...N..., seja bem-vindo(a)!*", e os conduz para dentro da sala. Quando já estiverem na sala, saúda a todos mais uma vez, desejando-lhes boas-vindas.

Recordação da vida: Após serem acolhidos, ao redor da Mesa da Partilha ou da Palavra, convidar a fazer uma retrospectiva da semana e perguntar sobre o encontro anterior.

NA MESA DA PALAVRA

Oração inicial: O catequista motiva um momento de oração, criando um clima de espiritualidade para o encontro e para a proclamação da Palavra. Poderá rezar ou cantar invocando o Espírito Santo.

Em seguida, o catequista poderá convidar todos a cantarem aclamando o Santo Evangelho e um catequizando dirige-se até o ambão, de onde o proclama.

Leitura do texto bíblico: Jo 13,4-17.

Após alguns minutos de silêncio, o catequista lê o texto novamente, pausadamente, destacando alguns pontos.

> "*Levantou-se então da mesa, tirou o manto, tomou uma toalha e amarrou-a na cintura. [...] e começou a lavar os pés dos discípulos [...] 'Se não te lavar os pés, não terás parte comigo...'*"

Todos se dirigem para a Mesa da Partilha.

NA MESA DA PARTILHA

O catequista pede para os catequizandos falarem sobre o que entenderam da passagem bíblica desse encontro. Depois pede para abrirem suas Bíblias na passagem proclamada na Mesa da Palavra, e os convida a uma leitura silenciosa observando algum detalhe não comentado. Se houver algo, pode-se partilhar.

Dependendo do que os catequizandos disserem, o catequista deve instigá-los com algumas indagações do texto bíblico, tais como: Por que Jesus lavou os pés dos discípulos? Era porque eles estavam com os pés sujos ou Jesus queria dizer outra coisa com este gesto?

O catequista então poderá dizer que o gesto de Jesus de lavar os pés dos discípulos representava um serviço feito pelos escravos. Jesus assume este serviço para mostrar aos seus discípulos que todos os que o seguem não devem buscar *status* e fama, poder ou dinheiro, mas devem colocar a própria vida em favor dos irmãos. Os seguidores de Jesus devem ser aqueles que servem, que buscam os últimos lugares. A humildade e simplicidade são exigências do Mestre. Jesus, o Mestre e Senhor, com este gesto, nos dá o exemplo. Sendo assim, a atitude de lavar os pés vai muito além de simplesmente limpá-los, de um ato de higiene; quer simbolizar a adesão, a escolha, a aceitação ao Projeto de Deus. O ato de deixar-se lavar os pés pode ser entendido, também, numa dimensão batismal: para pertencer a nova realidade que Ele trouxe, só passando pelo banho do Batismo e, ao mesmo tempo, seguindo o seu exemplo de doação e entrega total.

O catequista recorda que na Celebração da Ceia do Senhor, em cada quinta-feira santa, o padre repete este gesto, até os dias de hoje como um forte convite para o seguimento a Jesus que deve acontecer na humildade e caridade fraterna.

DINÂMICA

O catequista poderá propor então, se achar oportuno, a repetição deste gesto: os catequizandos lavarão os pés uns dos outros. O catequista poderá dividir os catequizandos de dois em dois ou, se preferir, escolher apenas dois catequizandos para participar deste gesto. É importante ressaltar que deverá ser feito num clima de silêncio e observação. Alguns exercícios de respiração poderão ajudar na concentração da turma. Frisar que quem lava, e quem se deixa lavar, deverá ter as atitudes de Jesus – seriedade, humildade e comprometimento com o Projeto de Deus. O catequizando que irá lavar os pés amarra a toalha na cintura, enquanto o outro tira o calçado. Quem lava derrama água nos pés do outro catequizando e depois o enxuga com a toalha. O gesto poderá ser repetido várias vezes por outros catequizandos.

Após a dinâmica, o catequista questionará os catequizandos sobre como foi lavar e se deixar lavar. Quais os sentimentos e pensamentos que vieram à mente. Deixar que falem.

O catequista poderá pegar o jarro com água, a bacia e a toalha, e dizer que, através do gesto de lavar os pés e dos objetos utilizados, Jesus queria comunicar algo a cada um de nós. E assim acontece em todas as celebrações litúrgicas. Através de gestos (ritos) e de objetos (símbolos e sinais), Jesus se comunica conosco, mostrando realidades que vão além das que simplesmente estamos vendo. O catequista poderá pedir para que todos leiam o texto *Comunicação litúrgica: do visível ao invisível*, que está no Diário Catequético como reflexão complementar. Depois todos podem partilhar o que compreenderam.

Conclusão: O catequista poderá então mostrar outros símbolos e sinais utilizados nas celebrações litúrgicas dos sacramentos: óleo, ramos, incenso, pão, vinho... Poderá explicar que símbolos e sinais não são coisas, mas relações. Isso quer dizer que a intenção e a intensidade de quem expressa o gesto, o olhar que acompanha e está além do gesto e do objeto em si, comunicam algo que vai além do que está ali, visível. Algo que remete a mente e o coração a outra dimensão, a outra interpretação e a outro significado. Não é um simples partir o pão, não é apenas aspergir a água... Vai além. Para ser símbolo, deve comunicar: Um só corpo, que é entregue a muitos; a água aspergida que nos remete ao banho do Batismo, que nos lava e purifica pelo sangue do cordeiro... Símbolos e sinais não são um ornamento ou decoração. Têm que dizer algo à comunidade dentro do seu contexto cultural e social.

O catequista conclui dizendo que cada Tempo Litúrgico e cada sacramento tem seus próprios símbolos, como será visto nos próximos encontros.

Oração final: Ao redor da Mesa da Palavra, o catequista pode incentivar os catequizandos a fazerem orações e agradecimentos. Rezar o Pai-nosso e concluir com a oração:

> *Senhor, nosso Deus, que através dos ritos e símbolos realizados na liturgia possamos entender e compreender seu mistério de amor e de salvação. Por Cristo, nosso Senhor. Amém!*

No final da oração, o catequista impõe as mãos sobre a cabeça de cada catequizando e traça o sinal da cruz em sua fronte dizendo: "...N..., na busca da humildade e da doação, vai em paz, que o Senhor te acompanhe! Amém".

Material de apoio

Sugerimos a leitura do capítulo 2 do livro: PARO, Thiago Faccini. *Catequese e liturgia da Iniciação Cristã: o que é e como fazer.* Petrópolis: Vozes, 2018. p. 44-71.

Aprofunde o tema também nos livros:

BUYST, Ione. *Símbolos na Liturgia.* São Paulo: Paulinas, 1998.

BUYST, Ione. *Celebrar com símbolos.* São Paulo: Paulinas, 2001.

BUYST, Ione. *O Segredo dos Ritos.* São Paulo: Paulinas, 2011.

LEMBRETE

> É importante que, antes de concluir o Tempo do Catecumenato e seus ritos, o catequista ou cada introdutor, oriente os catecúmenos e os catequizandos a pensarem e a escolherem seus futuros padrinhos ou madrinhas. Preparamos algumas orientações que poderão ser entregues em um *folder* aos catecúmenos e catequizandos, conforme descrito na introdução deste subsídio. Observe, porém, quais as normas e orientações de sua paróquia ou (Arqui)diocese.
>
> A escolha deve ser tomada pelos catecúmenos e catequizandos e aprovada pelo padre e catequista. É importante fixar uma data para a apresentação dos nomes, antes do Rito da Eleição (1° domingo da Quaresma), para que se possa preparar melhor os futuros padrinhos e madrinhas, esclarecendo e capacitando-os na missão que assumirão.

O Ano Litúrgico

Palavra inicial: Neste encontro vamos refletir com nossos catequizandos sobre o tempo de Deus (kairós), vivido e experimentado através do Ano Litúrgico, compreendendo brevemente cada um dos seus ciclos.

Preparando o ambiente: Ambão com toalha da cor do Tempo Litúrgico, vela e flores. Cartaz com o gráfico do Ano Litúrgico.

Acolhida: O catequista acolhe os catequizandos saudando-os com o dizer "*o tempo de Deus não é o nosso ...N..., esperemos nele!*".

Recordação da vida: Ao redor da Mesa da Partilha ou da Palavra, o catequista motiva os catequizandos a fazerem um momento de recordação da vida e a compartilharem as atividades propostas no Diário Catequético.

NA MESA DA PALAVRA

Oração inicial: Após a recordação da vida o catequista motiva a oração, de maneira bem espontânea, invocando o Espírito Santo cantando ou rezando: "*Vinde Espírito Santo...*"

Em seguida, o catequista convida um catequizando a dirige-se até o ambão, de onde proclama o texto bíblico.

Leitura do texto bíblico: Ecl 3,1-8.

Após alguns minutos de silêncio, o catequista lê o texto novamente, pausadamente, destacando alguns pontos.

> "*Para tudo há um momento, há tempo para cada coisa debaixo do céu...*"

Todos se dirigem para a Mesa da Partilha.

NA MESA DA PARTILHA

O catequista convida todos a uma leitura silenciosa e contemplativa do texto que acabaram de ouvir. Em seguida pede para que partilhem o que compreenderam. Poderá perguntar se eles sabem definir o que é o tempo. Deixar que falem.

O catequista prossegue dizendo que o tempo é uma das noções mais complexas e ricas desenvolvidas pelo ser humano e, pelo mesmo motivo, uma das mais difíceis de explicar. Santo Agostinho, grande Santo que viveu entre os séculos IV e V, também já se fez essa pergunta e escreveu sobre ela nas suas Confissões: "Se ninguém me pergunta, eu sei; se quero explicá-lo a quem me pede, não sei".

Para o sábio de Eclesiastes, como ouvimos na leitura de hoje, o tempo é um suceder de momentos nos quais a vida acontece. É no tempo que nascemos e, depois de um tempo, morremos. No tempo plantamos e colhemos, brigamos e fazemos as pazes... A vida e a história obedecem a um suceder-se de durações e de momentos. O tempo é sempre neutro. De acordo com o uso que dele fazemos, passa a ter um sentido e um significado para nós, especialmente por meio de datas importantes, por exemplo: aniversários, Natal, Páscoa... Tudo acontece no tempo e nada se faz fora dele.

Para compreendermos melhor, precisamos ir ao texto original, escrito em grego, em que pode-se ler: "Debaixo do céu há o seu *chronos* determinado, e há um *kairós* para cada coisa debaixo do céu". *Chronos* e *kairós* são dois termos gregos que expressam o tempo: *chronos* representa o tempo cronológico e físico, como os dias, horas e minutos que acompanhamos em calendários e relógios. *Kairós* é símbolo da ideia de tempo momentâneo, de uma oportunidade ou um período específico para a realização de determinada atividade; revela o momento certo para a coisa certa. Representa, ainda, o aspecto qualitativo do tempo, não reflete o passado ou antecede o futuro, é o melhor instante no presente. No cristianismo, os termos *kairós* e *chronos* são antagônicos no sentido de um significar o "tempo de Deus" e o outro o "tempo da humanidade". Ou seja, existe um tempo cronológico dentro do qual vivemos, e nele há um momento oportuno para que Deus age, e se cumpra os seus propósitos em nossas vidas. Isso podemos dizer que é uma característica da teologia judaico-cristã, o fato de que Deus entrou na história da humanidade.

É disso que nos fala o último profeta do Antigo Testamento, João Batista, ao pregar o Evangelho e a conversão: "Completou-se o tempo, e o Reino de Deus está próximo. Convertei-vos e crede no Evangelho" (Mc 1,15). João nos exorta que o Reino de Deus está sendo manifestado, que o tempo se cumpriu, e devemos aproveitar ao máximo o tempo que ainda temos.

A Igreja, sendo uma realidade divina, porém, inserida no mundo e na sociedade, nos convida a vivenciar o tempo de Deus e experimentar o mistério da salvação realizado por Jesus Cristo. Por isso, guiada pelo Espírito Santo no decorrer dos séculos, a Igreja se organizou para que os fiéis celebrassem e vivessem da melhor maneira sua fé, criando seu próprio calendário chamado de *Ano Litúrgico* no qual suas celebrações têm um caráter pedagógico e mistagógico. A Igreja vai formando seus fiéis em discípulos de Cristo (pedagógico) e, ao mesmo tempo, introduzindo-os, modo consciente, a participar ativamente do Mistério celebrado (mistagogia). O Ano Litúrgico, portanto, é uma maneira de a Igreja oferecer à assembleia de batizados a experiência e vivência do *kairós*, o tempo de Deus, em seu *chronos*.

Desse modo, o calendário da Igreja não coincide com o calendário civil nem segue a sua lógica. Podemos dizer, portanto, que o calendário civil é o nosso *chronos*, tempo em que experimentamos as fadigas e lutas da vida, que nos frustram e desanimam na maioria das vezes. E o *kairós* é vivenciado pelo calendário litúrgico, através do qual a Igreja nos oportuniza momentos de parar, de sair da rotina e de nos encontrar com Deus e experimentar o seu mistério de amor e salvação.

Assim, a cada celebração litúrgica, irrompemos o *chronos*, de maneira ritual (através de ritos e símbolos), e entramos no *kairós*, no tempo de Deus, onde mil anos é como um dia e um dia é como mil anos (cf. 2Pd 3,8). É na Sagrada Liturgia que experimentamos por excelência o tempo de Deus, celebrando o mistério da nossa fé, que não se limita a acreditar na presença real de Jesus nas espécies eucarísticas (pão e vinho), mas envolve também celebrar o mistério da nossa salvação, da paixão, morte e ressurreição de Jesus. Isso fica explícito, após a narrativa da instituição da Eucaristia, na Prece Eucarística, quando quem preside diz: "Eis o mistério da fé" e toda a assembleia celebrante responde: "ANUNCIAMOS SENHOR A VOSSA MORTE E PROCLAMAMOS A VOSSA RESSURREIÇÃO, VINDE, SENHOR JESUS!".

É este o mistério de nossa fé: de ter a certeza de que ao entrar no tempo de Deus celebrativamente, estamos aos pés da cruz do Senhor, estamos hoje e agora no túmulo vazio recebendo o anúncio do anjo; Ele não está aqui, ressuscitou (cf. Lc 5,6). É experimentar e vivenciar a antecipação do Céu. Não dizemos que o Céu começa aqui? E começa! Na celebração da fração do pão, reunidos ao redor do altar, fazemos a experiência da transfiguração. A mesma transfiguração vivida por Pedro, Tiago e João no Monte Tabor acontece no hoje de nossa história (cf. Lc 9,28-36).

O catequista poderá dizer então que o Ano Litúrgico é composto por dois grandes ciclos, Natal e Páscoa, e por um longo período de 33 ou 34 semanas, chamado de Tempo Comum. Poderá mostrar o cartaz com o gráfico do Ano Litúrgico e explicar brevemente o sentido de cada um, bem como o significado das cores de cada Tempo.

Conclusão: O catequista poderá chamar a atenção para as cores da tolha do ambão da sala de encontro, perguntando se já tinham percebido que elas mudavam, bem como as vestes do padre (casula e estola), durante a celebração da missa. Depois de ouvi-los, incentiva-os a lerem os textos do Diário Catequético e a fazerem as atividades propostas.

Oração final: Ao redor da Mesa da Palavra, o catequista motiva os catequizandos a formularem orações e preces a Deus, pedindo para que tenhamos a sensibilidade de, a cada dia, experimentarmos o seu *kairós*. No final de cada prece todos podem responder: *"No tempo oportuno, ouvi-nos, Senhor"*. Depois o catequista conclui com o Pai-nosso e com a oração:

> *Deus de amor, princípio e fim de todas as coisas, ajudai-nos a vivenciar no tempo dos homens o seu kairós. Que a cada celebração possamos estar mais perto de Ti, nos fortalecendo e alimentando para superar as adversidades deste mundo, na certeza da pátria definitiva. Por Cristo, nosso Senhor. Amém.*

No final da oração, o catequista impõe as mãos sobre a cabeça de cada catequizando e traça o sinal da cruz em sua fronte dizendo: *"Esperando confiante em Deus, ...N..., vai em paz, que o Senhor te acompanhe! Amém"*.

Material de apoio

Aprofundar o tema nos parágrafos 1163 a 1178 do Catecismo da Igreja Católica.

Sugerimos a leitura do livro: ARNOSO, Rodrigo; PARO, Thiago Faccini. *Conhecer o Ano Litúrgico que vivenciamos*. Petrópolis: Vozes, 2021.

Ler os artigos anexos sobre cada Tempo Litúrgico do livro: PARO, Thiago Faccini. *O Caminho*: subsídio para encontros de catequese de Primeira Eucaristia – 1ª, 2ª ou 3ª etapa – livro do catequista. Petrópolis: Vozes, 2014.

Aprofunde também nos livros:

Normas Universais do Ano Litúrgico e o novo Calendário Romano Geral, em: *INSTRUÇÃO GERAL DO MISSAL e introdução ao Lecionário*. Brasília: Ed. CNBB, 2008, p. 165-180. Ou diretamente no Missal Romano.

BECKHAUSER, Frei Alberto (OFM). *O Ano Litúrgico*. Petrópolis: Vozes, 2016.

ADAM, Adolfo. *O Ano Litúrgico:* sua história e seu significado segundo a renovação litúrgica. São Paulo: Loyola, 2019.

31° Encontro

A Eucaristia: fonte e ápice de toda a vida cristã

Palavra inicial: Neste e nos próximos encontros iremos refletir sobre os sete sacramentos, tendo a Eucaristia como "fonte e ápice" de toda a vida cristã. Pretendemos superar uma catequese puramente teórica sobre cada sacramento, buscando na mistagogia as ferramentas para a compreensão de cada rito e símbolo da Celebração dos Sacramentos.

Preparando o ambiente: Ambão com toalha da cor do Tempo Litúrgico, vela e flores. Cartaz com a sequência ritual da Celebração Eucarística (como descrito no decorrer do encontro).

Acolhida: O catequista acolhe os catequizandos saudando-os com o dizer *"Cristo se dá em alimento a nós, ...N..., seja bem-vindo(a)!"*.

Recordação da vida: Ao redor da Mesa da Partilha, ou em pé ao redor da Mesa da Palavra, o catequista motiva os catequizandos a fazerem um momento de recordação da vida, destacando fatos e acontecimentos que marcaram a vida da comunidade. Motiva também como a partilharem as atividades propostas no Diário Catequético.

NA MESA DA PALAVRA

Oração inicial: Após a recordação da vida, o catequista motiva a oração, de maneira bem espontânea, invocando o Espírito Santo.

Ainda em clima de oração, um catequizando dirige-se até o ambão e proclama o texto bíblico.

Leitura do texto bíblico: 1Cor 11,17-34.

Após alguns minutos de silêncio, o catequista lê o texto novamente, pausadamente, destacando alguns pontos.

> *"...Isto é o meu corpo, que se dá por vós [...] Este cálice é a nova Aliança no meu sangue; todas as vezes que dele beberdes, fazei-o em memória de mim. Pois todas as vezes que comerdes desse pão e beberdes desse cálice, anunciareis a morte do Senhor, até que ele venha...".*

Todos se dirigem para a Mesa da Partilha.

NA MESA DA PARTILHA

Ao redor da Mesa da Partilha, os catequizandos podem fazer uma leitura silenciosa da passagem bíblica. Depois podem partilhar o que cada um compreendeu e que mensagem o texto apresenta.

Paulo, dirigindo-se à comunidade de Corinto, faz uma exortação chamando-lhe a atenção pelo egoísmo e individualismo com que celebravam a Eucaristia. Nesta época cada um trazia o pão de casa e, após ouvir a Palavra e a bênção, comia-o deixando os pobres, que não tinham o que levar, constrangidos porque não havia a partilha. Paulo então deixa claro que comungar indignamente é não reconhecer a comunidade, é comungar e voltar para casa sem colocar os dons e talentos a serviço da Igreja. É viver o individualismo da fé. Ao expressar isso, Paulo justifica que todas as vezes que nos reunimos enquanto comunidade, enquanto Igreja, para celebrar o Sacramento da Eucaristia, fazemos memória da paixão, morte e ressurreição do Senhor, que se doou, que partilhou a sua vida conosco, que se entregou totalmente por amor a nós, ao próximo.

A Eucaristia é a fonte e ápice de toda a vida cristã, pois é símbolo da entrega, da doação, do amor, do serviço. A Eucaristia contém todo o bem espiritual da Igreja: o próprio Cristo, nossa Páscoa. A Eucaristia é SACRAMENTO, sinal visível de uma ausência. Jesus institui sete sacramentos, sete sinais sensíveis, maneiras de nos tocar e de se deixar tocar ao longo de toda nossa caminhada cristã. Esses sacramentos atingem todas as etapas e os momentos mais importantes da vida do cristão: dão à vida de fé do cristão origem e crescimento, cura e missão (cf. CIgC, n. 1210).

> Os sacramentos são sinais eficazes da graça, instituídos por Cristo e confiados à Igreja, por meio dos quais nos é dispensada a vida divina. Os ritos visíveis sob os quais os sacramentos são celebrados significam e realizam as graças próprias de cada sacramento. Produzem fruto naqueles que os recebem com as disposições exigidas. (CIgC, n. 1131)

Se o tempo permitir, o catequista poderá pedir para que os catequizandos leiam o texto *Os sete sacramentos da Igreja*, que se encontra no Diário Catequético, ou poderá pedir que o leiam previamente.

Prosseguir dizendo que todos os demais sacramentos, bem como todos os ministérios eclesiásticos e tarefas apostólicas, se ligam à Sagrada Eucaristia e a ela se ordenam. Cristo é a fonte de onde brota a Igreja, e é o ápice para onde todos nós caminhamos. Pela Celebração da Eucaristia já nos unimos à liturgia do Céu e antecipamos a vida eterna. Não dizemos que o Céu começa aqui? Sim, começa, e na Celebração Eucarística se unem as duas assembleias: a militante (nós que aqui ainda peregrinamos) e a triunfante (a dos Santos e Santas que já se encontram face a face com Deus).

Na Celebração da Eucaristia também nos unimos para dar graças por todo o trabalho realizado, por todas as conquistas e principalmente pelo trabalho de evangelização desempenhado durante toda a semana, além de ser um momento por excelência, no qual nos abastecemos ouvindo a Palavra e comendo do Corpo e Sangue de Cristo.

Mas o que significa mesmo comer o pão e beber do cálice indignamente, como diz Paulo à comunidade de Corinto? Significa comer e não estar em comunhão. É não reconhecer o pão eclesial. A Eucaristia é comunitária, me alimenta e me fortalece para o serviço e a missão. Não posso comungar se não estiver em comunhão com os irmãos e irmãs. Comungar indignamente é não reconhecer que pertenço a uma grande família, que faço parte de um grande Corpo, que é a Igreja. Assumir a missão e o serviço, testemunhando e vivendo a fé, é essencial para receber o Corpo e Sangue do Senhor.

Para que possamos participar de maneira consciente é preciso entender as ações rituais que compõem a celebração do Sacramento da Eucaristia.

O catequista poderá então apresentar a estrutura do rito da missa e dizer que nos próximos encontros iremos refletir um pouco sobre cada parte que compõe a celebração.

I. Ritos iniciais
- Sinal da cruz
- Saudação inicial
- Ato penitencial
- Hino de louvor (domingos, festas e solenidades)
- Oração do dia

II. Liturgia da Palavra
- 1ª leitura
- Salmo
- 2ª leitura (domingos, festas e solenidades)
- Aclamação ao Evangelho
- Evangelho
- Homília

- Profissão de Fé (domingos, festas e solenidades)
- Oração dos fiéis

III. Liturgia Eucarística
- Preparação das oferendas
- Oração Eucarística
- Pai-nosso
- Ósculo da paz
- Fração do Pão
- Comunhão
- Oração pós-comunhão

IV. Ritos finais
- Bênção final

Conclusão: O catequista conclui dizendo que estar na catequese, e participar da celebrações dos sacramentos, só terá sentido se for para assumir e viver a fé, que é coroada e expressa pela celebração da Santíssima Eucaristia. É preciso celebrar dominicalmente, partilhando os dons e a vida com a comunidade, comungando do Corpo e Sangue de Cristo.

Oração final: Ao redor da Mesa da Palavra o catequista motiva os catequizandos a formularem orações e preces a Deus Pai especialmente por todos os cristãos, para que verdadeiramente assumam a fé no Cristo e Dele deem testemunho. Depois o catequista conclui com o Pai-nosso e com a oração:

> *Deus de bondade, que conhece o coração do homem, que possamos através da comunhão, e Celebração dos Sacramentos, ser fortalecidos na missão de levar o Evangelho a todos os povos. Por Cristo, nosso Senhor. Amém.*

No final da oração, o catequista impõe as mãos sobre a cabeça de cada catequizando e traça o sinal da cruz em sua fronte dizendo: *"Como um só corpo, ...N..., vai em paz, que o Senhor te acompanhe!"*.

Material de apoio

Aprofundar o tema nos parágrafos 1113 a 1162 do Catecismo da Igreja Católica.

MISSAL ROMANO. *Instrução geral.* São Paulo, Paulus, 1997. (Observar a sequência dos ritos com suas respectivas rubricas.)

Sugerimos ainda a leitura do capítulo II do livro: CNBB. *Guia Litúrgico-Pastoral.* Brasília: Edições CNBB, 2017. p. 31 a 47.

SUGESTÃO

Sugerimos que durante a semana seja feito um momento de adoração ao Santíssimo Sacramento. Sendo assim, é importante refletir com os catequizandos sobre a presença real de Jesus na Eucaristia e que esta presença continua nas espécies eucarísticas após a celebração.

Se possível, organizar este momento de adoração na Igreja ou Capela do Santíssimo. Orientar os catecúmenos e catequizandos sobre o horário e o local. Se a comunidade tiver adotado o ministério do introdutor, este momento pode ficar sob sua responsabilidade, podendo ser individual ou com todo o grupo.

32° Encontro

Convocados pela Trindade

Palavra inicial: Neste encontro, vamos procurar refletir sobre os ritos iniciais e a Liturgia da Palavra da Santa Missa, mostrando a unidade e simbologia de cada ação.

Preparando o ambiente: Ambão com toalha da cor do Tempo Litúrgico, Bíblia, vela e flores. Cartaz utilizado no encontro passado com a sequência ritual da Celebração Eucarística.

Acolhida: O catequista acolhe carinhosamente os catequizandos dizendo *"somos convocados pela Trindade, ...N..., seja bem-vindo(a)!", e* os conduz para a sala de encontro.

Recordação da vida: Ao redor da Mesa da Partilha ou da Palavra, o catequista motiva os catequizandos a fazerem um momento de recordação da vida, no qual lembrarão fatos e acontecimentos que marcaram a vida de cada um, de suas famílias, da comunidade e da sociedade. Poderão comentar as atividades do Diário Catequético e do encontro passado, partilhando o que mais gostaram de aprender.

NA MESA DA PALAVRA

Oração inicial: Após o momento de recordação da vida, o catequista motiva um momento de oração pedindo o Espírito Santo sobre todos os catequizandos e sobre toda a Igreja.

Um catequizando dirige-se até o ambão e proclama o texto bíblico.

Leitura do texto bíblico: 2Cor 13,11-13.

Após alguns minutos de silêncio, o catequista lê o texto novamente, pausadamente, destacando alguns pontos.

> *"...A graça do Senhor Jesus Cristo, o amor de Deus e a comunhão do Espírito Santo estejam com todos vós".*

Todos se dirigem para a Mesa da Partilha.

NA MESA DA PARTILHA

Ao redor da Mesa da Partilha, o catequista incentiva os catequizandos a comentarem o texto bíblico. Depois pergunta se eles têm participado da missa, e se compreendem o significado dos ritos que a constituem. Deixar que falem.

O catequista prossegue dizendo aos catequizandos que Deus está sempre conosco, nunca nos abandona e sempre nos convida a estar com Ele. As celebrações litúrgicas são um momento por excelência de encontro, de diálogo, de experienciar o amor e a compaixão que Deus dedica a cada um de nós.

A graça de Deus já começa a agir a partir do momento que decidimos ir ao seu encontro. Podemos dizer que a Santa Missa inicia para cada um de nós desde o momento em que decidimos participar dela. Devemos ter claro, porém, que a iniciativa nunca é nossa, é sempre de Deus; Ele nos convoca a irmos ao seu encontro. Sendo assim, os ritos iniciais da Celebração Eucarística é expressão disto: na procissão inicial, o presidente da celebração (padre, Bispo) e as várias pessoas comprometidas a desempenhar algum serviço ou ministério, quando adentram a Igreja, representam todos nós, que saímos de nossas casas movidos pelo chamado de Deus para nos reunir com Ele. A procissão inicial, portanto, não é para o padre entrar nem para acolhê-lo, mas é sinal de todos os fiéis que vão ao encontro do Senhor. Aquele que preside em nosso nome saúda o altar com o beijo, saudação dada no próprio Cristo, pois Cristo é o altar do próprio sacrifício (Hb 4,14;13,10). O presidente saúda o Cristo simbolizado pelo altar e traça, depois, o sinal da cruz: *Em nome do Pai e do Filho e do Espírito Santo. Amém.*

Expressamos que estamos reunidos em nome da Trindade, e por Ela fomos convocados. A saudação que segue:

> A graça de Nosso Senhor Jesus Cristo,
> O amor do Pai
> E a comunhão do Espírito Santo
> Estejam convosco

Inspirada na passagem da Escritura que hoje proclamamos (2Cor 13,13), essa não é uma saudação qualquer como bom-dia, boa-noite... É é a saudação do próprio Cristo, é um desejo de PAZ! A paz é a maior graça que só Deus pode nos dar. Jesus, nos diversos relatos de suas aparições após a ressurreição, saúda os discípulos com a paz: "A paz esteja convosco" (Jo 20,19.26). É uma acolhida divina! Outras saudações semelhantes são previstas pelo ritual com o mesmo sentido.

Depois, no ato penitencial, somos convidados a tirar as sandálias, a reconhecer nossas fragilidades e misérias, a assumir nossos pecados antes de escutar o Verbo e de participar do seu evento salvífico. Não é momento de elencarmos pecados, pois isso se faz no Sacramento da Reconciliação; é o momento de tirar as sandálias da prepotência, da vaidade, da falta de humildade, e de nos prostrar diante do Senhor, que nos dignifica e nos dá condição de permanecer na sua presença. (Tirar sandálias nos remete ao livro do Êxodo 3,5, no qual Deus pede a Moisés para tirar as sandálias, pois o lugar onde estava era santo.)

Reconhecendo a misericórdia do Pai, entoa-se o Glória, hino antiquíssimo e venerável, pelo qual a Igreja, congregada no Espírito Santo, glorifica e suplica a Deus Pai e ao Cordeiro.

Os ritos iniciais se encerram com a oração que se costuma chamar de "coleta", na qual após o convite à oração ("oremos"), todos permanecem em silêncio por alguns instantes, tomando consciência de que estão na presença de Deus e formulando interiormente os seus pedidos e intenções. Depois o que preside diz a oração que, segundo antiga Tradição da Igreja, costuma ser dirigida a Deus Pai, por Cristo, no Espírito Santo. A assembleia se une à súplica, fazendo sua a oração pela aclamação "amém".

Os ritos iniciais nos preparam para bem participarmos da Liturgia da Palavra e da Liturgia Eucarística.

O catequista salienta que a Palavra é o próprio Deus, o Verbo encarnado: Jesus Cristo. A Bíblia é apenas um livro, porém, quando proclamado cada capítulo e versículo, e assumido pelos fiéis e pela comunidade, torna-se o próprio Deus a nos falar. Na Sagrada Liturgia o próprio Deus nos reúne para, através de um diálogo amoroso, nos comunicar a Boa Notícia que nos orienta, nos liberta e dá vida. Este diálogo é evidenciado na Liturgia da Palavra, quando são lidas e explicadas as Sagradas Escrituras.

Na Liturgia da Palavra iniciamos com um discurso descendente, ou seja, Deus é quem fala ao seu poro por meio do leitor, através da primeira leitura, do salmo responsorial, da segunda leitura, da aclamação ao Evangelho, do Evangelho e da homilia; neste discurso, nós somos os ouvidos que ouvem atentos a

Sua voz. Ouvir significa estar consciente, meditar e guardar no coração, fazendo-a germinar e crescer. São Jerônimo († 420) dizia:

> *Quando participamos da Eucaristia, tomamos cuidado para que nem uma migalha se perca. Quando ouvimos a Palavra de Deus, quando a Palavra de Deus é dada aos nossos ouvidos e nós, então, ficamos pensando em outras coisas, que cuidado tomamos? Leiamos, pois, as Santas Escrituras! Dia e noite cavemos cada sílaba. Alimentemo-nos da carne de Cristo, não somente na Eucaristia, mas na leitura das Escrituras.*

Neste sentido, os leitores são boca de Deus, são os responsáveis em distribuir a Palavra. Sendo assim, não há necessidade de dizer o nome da pessoa que irá proclamar o texto bíblico, pois ela está ali para prestar um serviço (ministério) à comunidade. Quem deve aparecer é Cristo, Ele é o centro, o protagonista de toda ação litúrgica. Deve-se tomar o cuidado também com a preparação dos leitores, bem como com suas vestes e o local destinado à Proclamação da Palavra.

Conscientes da Palavra, nós que o ouvimos, respondemos com um discurso ascendente, suplicando e pedindo por meio do Símbolo da Fé (Credo) e pela prece dos fiéis. De pé, renovamos o nosso compromisso de pautar nossa vida na Palavra do Senhor, aguardando a plena realização do seu Reino. Ainda suplicando e pedindo, apresentamos nossas necessidades, angústias, dores e desejos, expressando também a nossa esperança e o clamor de tantas pessoas que confiam e esperam em Deus.

Esta dinâmica poderá ser mais bem compreendida a partir do gráfico presente no Material de Apoio, no final deste encontro, o qual poderá ser ampliado e utilizado durante a explicação. Esta dinâmica exprime a relação entre Deus que chama através da sua Palavra e o homem que responde, sabendo claramente que não se trata de um encontro de dois contraentes iguais. Deus, por meio do seu amor, torna-nos verdadeiros parceiros, capazes de escutar e responder à Palavra divina, então, por graça, somos verdadeiramente chamados a configurar-nos com Cristo, e a ser transformados Nele (VD 22).

Conclusão: O catequista conclui dizendo que o "ambão" ou a "Mesa da Palavra" é o lugar de onde se proclamam os textos bíblicos. Durante a celebração, enquanto estiverem sendo proclamadas as leituras bíblicas, a nossa atitude deve ser de escuta atenta à voz do leitor e olhos fixos nele.

Por fim, poderá apresentar o Lecionário Dominical e Ferial dizendo se compor de alguns dos livros litúrgicos que contêm ordenadamente as leituras proclamadas durante os dias de semana (Ferial) e nas celebrações dominicais (Dominical). Poderá passá-lo para os catequizandos folhearem e conhecerem.

Oração final: O catequista convida todos a se colocarem ao redor da Mesa da Palavra, onde estimula os catequizandos a formularem preces e orações para que a Palavra de Deus nunca deixe de ser proclamada e nunca deixe de encontrar terreno fértil para crescer. Conclui com o Pai-nosso e com a oração:

> *Deus de Misericórdia, ajudai-nos a responder ao seu chamado e irmos com alegria ao seu encontro. Fazei que toda Palavra lançada entre os homens encontre terreno fértil para crescer e produzir muitos frutos. Por Cristo, nosso Senhor. Amém.*

No final da oração, o catequista impõe as mãos sobre a cabeça de cada catequizando e traça o sinal da cruz em sua fronte dizendo: *"Deixai a Palavra germinar em seu coração, ...N..., vai em paz, que o Senhor te acompanhe!"*.

Material de apoio

Aprofundar o tema nos parágrafos 1345 a 1349 do Catecismo da Igreja Católica.

Seria importante que o catequista realizasse a leitura da Instrução Geral do Missal Romano e da Introdução ao Lecionário.

Gráfico para compreender a Dinâmica da Liturgia da Palavra[23]

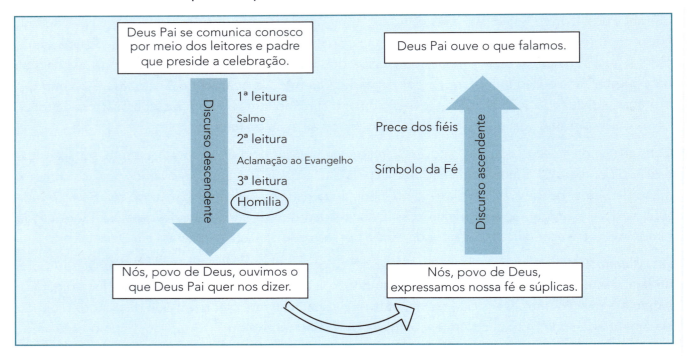

 artigos

O beijo na Sagrada Liturgia

Pe. Thiago Faccini Paro

Na Sagrada Liturgia, o homem expressa através da linguagem corporal seus sentimentos e convicções acerca das verdades da fé. Na liturgia, o corpo é nossa linguagem fundamental. Sendo assim, em determinados momentos, com o beijo, durante o rito litúrgico, o homem expressa de maneira perceptível o seu interior.

O beijo é um dos gestos universalmente mais usados em nossa vida social. Muitas pessoas se saúdam e se despedem com um beijo. Os vencedores de alguma competição beijam o troféu que conquistaram, bem como os amantes exprimem seus afetos com o beijo. O beijo antropologicamente pode ser um simples cumprimento ou uma expressão de amor, intimidade, pertença a um determinado grupo, reverência, respeito... Na Bíblia encontramos diversas passagens onde o beijo é sinal de veneração, como em 1 Samuel 10,1, quando Samuel beija Saul recém-eleito rei. No Salmo 2,11-12, beijar os pés significa sujeição incondicional. Beijar é uma saudação de paz em Romanos 16,16; 1 Coríntios 16,20; 2 Coríntios 13,12; 1 Pedro 5,14. Com um beijo, Paulo se despede da comunidade de Éfeso (At 20,37).

---

[23] Para um maior aprofundamento e entendimento sobre a dinâmica da Liturgia Eucarística sugere-se o estudo: GIRAUDO, Cesare. *Num só corpo*. São Paulo: Loyola, 2003. p. 555.

Na liturgia, no início da celebração, o beijo é dado ao altar pelo presidente e pelos presbíteros e diáconos concelebrantes; no final da celebração, o beijo é dado ao altar somente pelo presidente e pelos diáconos. Em ambas as ocasiões, é um sinal de veneração, expressando a admiração tida à mesa do Senhor, na qual se celebra a sua Ceia. No decurso da história, viu-se no altar o próprio Cristo que Paulo compara com a rocha (1Cor 10,4), sendo o beijo dado ao altar visto como um beijo ao próprio Cristo. O beijo ao altar vai além da Celebração Eucarística, pois o Cerimonial dos Bispos fala explicitamente do beijo ao altar dado pelo Bispo também nas vésperas solenes.

Também ao final da Proclamação do Evangelho, o ministro beija o evangeliário, como sinal da fé na presença do Cristo que se comunica como a Palavra verdadeira. No passado, o livro dos Evangelhos era beijado também pelos demais ministros e, em alguns lugares, até pelos fiéis.

Ainda na liturgia o beijo é dado, mesmo que hoje com pouca frequência, na saudação da paz, costume antigo e que nos primeiros séculos era chamado "ósculo da paz". É mais que um simples gesto de saudação ou amizade, é um desejo de unidade com Cristo e com os irmãos, que na comunhão constrói um compromisso de fraternidade. Beija-se na sexta-feira santa a cruz no rito de adoração lembrando com carinho o instrumento pelo qual fomos salvos. Os mais piedosos costumam beijar as imagens dos Santos.

Enfim, o beijo na liturgia é sinal da nossa fé, e dado com dignidade e autenticidade tem endereço próprio: Cristo, Sacerdote, Altar e Cordeiro de seu sacrifício, Verbo encarnado revelado nas Escrituras e refletido na Igreja, pedras vivas, templos do Espírito Santo.

A Mesa da Palavra: "Toma e come"

Pe. Thiago Faccini Paro

"Ai de mim, se eu não anunciar o Evangelho!" (1 Cr 9,16). A Igreja, em sua Missão Evangelizadora, recebeu a tarefa de anunciar a Boa Nova de Jesus Cristo, de comunicar e testemunhar o seu amor à humanidade. Anúncio este que seria praticamente impossível sem uma íntima relação com as Sagradas Escrituras.

Seguindo antiga tradição, como nos afirma o Concílio Vaticano II, "A Igreja sempre venerou as Escrituras, como também o próprio corpo do Senhor, sobretudo na sagrada liturgia, nunca deixou de tomar e distribuir aos fiéis, da mesa tanto da palavra de Deus como do corpo de Cristo, o pão da vida" (DV 21). E ainda, "as duas partes de que se compõe de certa forma a missa, isto é, a liturgia da palavra e a liturgia eucarística estão tão estritamente unidas que formam um só culto" (SC 56). Sem dúvida a Celebração Eucarística, como nos afirmam os documentos conciliares, expressam muito bem a importância e dignidade que as Sagradas Escrituras têm para a Igreja e para a vida da comunidade. Na liturgia, a Palavra de Deus é celebrada. Celebração memorial, ou seja, Palavra que acontece (atualizada) na assembleia.

Diante de tal importância, a Instrução Geral do Missal Romano (IGMR n. 309) nos diz que "a dignidade da Palavra de Deus requer na Igreja um lugar condigno de onde possa ser anunciada e para onde se volte espontaneamente a atenção dos fiéis no momento da liturgia da Palavra". Trata-se da Mesa da Palavra, ou Ambão.

O lugar da Palavra, de forma privilegiada, pertence à revelação judaico-cristã. O ambão não tem precedentes em outras religiões. Já no Antigo Testamento, no livro de Neemias (8,2-3), encontramos a citação de um local preparado para a Proclamação da Palavra.

Etimologicamente "ambão" deriva do grego *anabáiano* = subir (porque costuma estar em posição elevada de onde Deus fala), ou *ambio* = entrar, adentrar, ou ainda *ambo*, porque tem escada dos dois lados, uma para subir e outra para descer. Também foi chamado de *analogoium*, de *anà* e *logos*, porque do alto se lê e do alto se fala, ou porque se anuncia a palavra que vem do alto. Foi chamado também de *pyrgos*, porque é elevado como uma torre e finalmente "púlpito", porque a palavra é dirigida ao público.

No decorrer dos séculos muitos simbolismos e significados foram dados ao ambão, bem como diversas conotações dentro do espaço celebrativo. Era colocado na direção leste, lembrando o nascer do sol. Já foi colocado tendo em vista o posicionamento da assembleia, que era dividida entre homens e mulheres. Os homens ficavam situados no lado norte e as mulheres, no lado sul. O ambão era colocado no lado sul, pois, a partir de Eva, temos o pecado e na ressurreição as mulheres se tornam as primeiras testemunhas, recebem o anúncio do anjo. Ainda colocado do lado esquerdo de quem entra na igreja, representado o lado do coração, terreno fértil que acolhe a Palavra de Deus. Alguns textos bíblicos são simbolizados no ambão, como Mc 16,1-4, que narra a ida das mulheres ao sepulcro. Elas encontram a pedra do túmulo removida e o anjo que lhes anuncia a ressurreição. O ambão é o ícone espacial deste texto evangélico, pois o diácono é o anjo que na Vigília Pascal sobe ao ambão e proclama a ressurreição. Em Jo 2,41-42, fala-se que no local do sepulcro havia um jardim entendido não só como o Jardim da Ressurreição, mas como o jardim do paraíso. Jesus é o novo Adão que reconquista a vida que perdemos pelo pecado do primeiro homem. Esta iconografia era encontrada nos ambões que em muitos casos eram decorados com flores, plantas, pássaros e figuras femininas das Miróforas (mulheres fiéis ao Senhor que, ao amanhecer do dia da Páscoa, foram ao sepulcro levando aromas preciosos para completar o ritual do sepultamento). O espaço da Palavra era e é visto como o "túmulo vazio", como "jardim", como "lugar alto" do anúncio da Páscoa do Senhor.

Infelizmente, no decorrer da história, a Bíblia foi tirada da mão do povo, e o espaço da Palavra ficou esquecido, a ponto de no segundo milênio da fé cristã nem existir em algumas construções. A Sagrada Escritura era lida nas celebrações, mas somente pelo padre, em latim e em voz baixa. O Concílio Vaticano II recupera a tradição do primeiro milênio, que a valorizava tanto quanto a Eucaristia. O respeito que se tinha pela Palavra era tão grande que o Livro Sagrado, especialmente os Evangelhos, em muitos lugares era guardado em custódias, semelhante ao sacrário.

Hoje, não se pode mais conceber um espaço litúrgico sem a Mesa da Palavra, que deve ser única, assim como a Palavra de Deus é única. Ao falar deste espaço, a Instrução Geral do Missal Romano (IGMR, n. 309), afirma que, "de modo geral, convém que esse lugar seja uma estrutura estável e não uma simples estante móvel. O ambão seja disposto de tal modo em relação à forma da Igreja que os ministros ordenados e os leitores possam ser vistos e ouvidos facilmente pelos fiéis". Podemos dizer, ainda, que o ambão seja feito do mesmo material do altar e da cadeira da presidência, destacando assim os espaços em que Cristo se manifesta. Que o mesmo detalhe e beleza artística contemplem as três peças e que, sendo o ambão bonito e digno, não há a necessidade de cobri-lo com toalhas e escondê-lo atrás de flores. Deixe que o ambão apareça, que evoque por si só o mistério da presença do Senhor.

A IGMR diz ainda: "Do ambão sejam proferidas somente as leituras, o salmo responsorial e o precônio pascal; também se podem proferir a homilia e as intenções da oração universal ou oração dos féis. A dignidade do ambão exige que a ele suba somente o ministro da Palavra" (n. 309). É importante frisar que os avisos, comentários etc. sejam feitos de outro lugar. Se houver necessidade de uma estante para o "comentarista", ela deve ser diferente do ambão, nunca uma peça igual, de preferência móvel, e bem discreta, colocada fora do presbitério.

O ambão, portanto, é o ícone espacial que antecipa e permanece na Igreja como sinal do anúncio da Boa Nova de Jesus, Palavra do Pai, como salienta a oração de bênção do ambão: "Ó Deus, que, por excesso de amor, vos dignais falar-nos como a amigos, concedei-nos a graça do Espírito Santo, para que, experimentando a doçura da vossa Palavra, nos enriqueçamos com a eminente ciência do vosso Filho"[24]. Que a Palavra de Deus ressoe sempre em nossos templos; que ela nos revele o mistério de Cristo e opere na Igreja a salvação[25].

---

[24] CNBB. *Ritual de Bênçãos*. São Paulo: Paulus, 1990. p. 330-334.

[25] CNBB. *Ritual de Dedicação de Igreja e Altar*. São Paulo: Paulinas, 1984. p. 35.

33º Encontro
A Liturgia Eucarística

Palavra inicial: Neste encontro queremos refletir com nossos catequizandos sobre a terceira e quarta partes da missa: a liturgia Eucarística e os ritos finais.

Preparando o ambiente: Ambão com toalha da cor do Tempo Litúrgico, Bíblia, vela e flores. Se possível, pão ázimo e vinho (no Material de Apoio ensinamos como fazer pão ázimo). Se não for possível levar pão ázimo, pode-se levar outro para a dinâmica.

Acolhida: O catequista acolhe os catequizandos saudando-os carinhosamente com o dizer: "*Deus nos dá o Pão do Céu, ...N..., seja bem-vindo(a)!*". Quando todos estiverem na sala, saúda-os mais uma vez, desejando-lhes boas-vindas.

Recordação da vida: Após serem acolhidos, convida-os a se colocarem ao redor da Mesa da Partilha ou da Palavra, onde farão uma retrospectiva da semana, e o catequista poderá recordar o encontro anterior. Poderão destacar, ainda, os acontecimentos importantes que possam ter ocorrido na vida da comunidade.

NA MESA DA PALAVRA

Oração inicial: O catequista motiva um momento de oração, criando um clima de espiritualidade para o início do encontro e para a Proclamação da Palavra. Poderá ser invocado o Espírito Santo, cantando ou rezando.

O catequista convida todos a cantarem aclamando o Santo Evangelho. Em seguida um catequizando, escalado previamente, dirige-se até o ambão e proclama o texto bíblico.

Leitura do texto bíblico: Lc 22,14-20.

Após alguns minutos de silêncio, o catequista lê o texto novamente, pausadamente, destacando alguns pontos.

> "*...tomando um pão, deu graças, partiu-o e deu-lhes dizendo: Isto é o meu corpo [...] fazei isto em memória de mim...*"

Todos se dirigem para a Mesa da Partilha.

NA MESA DA PARTILHA

O catequista pede para os catequizandos falarem sobre o que entenderam da passagem bíblica desse encontro. Depois orienta para abrirem suas Bíblias na passagem proclamada na Mesa da Palavra e convida a uma leitura silenciosa observando algum detalhe ainda não comentado do texto. Se houver algo, todos podem partilhar.

O catequista situa os catequizandos dizendo que os versículos lidos fazem parte das palavras e ações de Jesus durante a *última ceia* com os discípulos, na qual nos deixa um mandato: "Fazei isto em memória de mim!". A cada Celebração Eucarística, portanto, fazemos aquilo que Jesus mandou fazer.

Atos de Jesus		Estrutura da Liturgia Eucarística
1. Tomou o pão/vinho	⟶	Preparação das oferendas
2. Deu graças	⟶	Prece Eucarística
3. Partiu e deu aos seus discípulos	⟶	Rito da Comunhão

Na *preparação das oferendas* levamos até o altar o pão e o vinho que serão consagrados, além de esmolas que serão destinadas aos pobres.

A *Oração Eucarística ou Cânon*, ou ainda *Anáfora*, como é conhecida na grande Tradição Litúrgica do Oriente, é uma grande "oração de aliança" por ter uma estrutura semelhante aos tratados de aliança do Oriente Médio antigo e, que serviram de inspiração para os textos bíblicos da aliança entre Deus e seu povo.

Como todo tratado, supõe dois parceiros, duas partes; neste caso: Deus e o seu povo. Neste tratado é selado um pacto, um contrato do qual emanam deveres e direitos de ambas as partes. Na relação entre homem e Deus, porém, a humanidade não pode fazer exigências nem apresentar méritos diante de Deus. O discurso de aliança, da parte do homem, só pode ser recordação da misericórdia divina e súplica humilde e confiante nas promessas da aliança.

Neste sentido, o homem inicia o discurso recordando os grandes feitos de Deus em favor de seu povo, sua fidelidade diante das infidelidades humanas, de modo que louva, bendiz, dá graças a Deus por tanta bondade e misericórdia. Baseado na sempre renovada fidelidade de Deus, ousa ainda apresentar-lhe súplicas. Como ponto central, suplica o Espírito Santo sobre as espécies eucarísticas, e essa súplica se completa com a súplica se completa pela súplica sobre todos os comungantes, pedindo o envio do Espírito para fazer da comunidade reunida o corpo eclesial de Cristo. A súplica sobre os comungantes se prolonga e se explicita nas intercessões. Enquanto a súplica sobre os comungantes tinha presente apenas aqueles que agora participam da Eucaristia, as intercessões estendem o pedido pela unidade do corpo eclesial de Cristo a todos os demais segmentos da Igreja (a Igreja hierárquica, a Igreja no mundo, a Igreja dos santos, a Igreja dos defuntos...), dos quais converge a grande aclamação de toda a assembleia: o "amém" como parte da grande doxologia. A doxologia é do padre, e o amém é uma aclamação de todos os fiéis celebrantes.

Nessa grande dinâmica da Prece Eucarística temos, portanto, primeiramente um discurso ascendente: nós (celebrantes) que falamos a Deus pela boca do presidente através da Oração Eucarística. Então Deus, ouvidos que escutam os louvores e clamores de seu povo, numa resposta descendente, nos dá o Pão do Céu. Nessa dinâmica, nós, celebrantes, somos a boca que recebe o Corpo e Sangue de Cristo (Comunhão Sacramental). Esta dinâmica poderá ser mais bem compreendida através do gráfico que se encontra no Material de Apoio, no final deste encontro, o qual poderá ser ampliado e utilizado durante a explicação.

Em algumas comunidades criou-se o costume de introduzir aclamações devocionais, bem como toques de sinos e campainhas depois da consagração. São introduções impróprias, pois, diante da presença de Deus, tudo cala. O silêncio é o máximo da contemplação que podemos fazer, nada mais que isso. Além do mais, a aclamação que se faz na consagração é sempre anúncio da salvação de Cristo e suplica para que venha em sua segunda vinda: "Anunciamos, Senhor, a vossa morte e proclamamos a vossa ressurreição. Vinde, Senhor Jesus"(Oração Eucarística II).

Ao concluir a Prece Eucarística, o presidente convida todos a rezarem a oração do Pai-nosso e realizarem o ósculo da paz. O pão é repartido e distribuído a todos os fiéis: a comunhão.

Comunhão significa a união das pessoas com Cristo ou com Deus, com a comunidade eclesial, e, numa perspectiva mais ampla, a "comunhão dos Santos". Comunhão vem da palavra latina *communio* (ação de unir, de associar e participar), e corresponde à palavra grega *koinonia*. Do ponto de vista eucarístico, "a comunhão com o corpo e o sangue do Senhor é participação no sacrifício que está sendo celebrado. Essa comunhão significa e realiza a incorporação a Cristo e à Igreja. Eis o motivo pelo qual se recomenda que os fiéis comunguem com hóstias consagradas na própria celebração"[26] (cf. IGMR, n. 56h).

DINÂMICA

Para ilustrar melhor o sentido da comunhão, o catequista mostra o pão aos catequizandos e pergunta o que eles estão vendo. Irão dizer que é um pão. O catequista então poderá dividi-lo e dar um pedaço a cada um, e depois perguntar onde está o pão. Irão dizer que cada um está com um pedaço do pão na mão. Então poderá pedir para que o comam. Após comerem, perguntará novamente onde está o pão e irão dizer que o comeram, está "dentro" deles. O catequista diz o que precisa fazer para ter o pão de volta: é preciso que todos se juntem e formem um só corpo. Poderá explicar então que, assim como o pão que comemos está dentro de cada um de nós, Cristo se faz presente ao comungarmos do pão e do vinho, Corpo e Sangue Dele. Porém este Cristo só se torna presente e visível quando todos os comungantes se unem num só corpo, formam a Igreja. Assim nós também devemos receber a Eucaristia com a consciência de que formamos a Igreja, Corpo de Cristo, colocando nossos dons a serviço uns dos outros. Poderá convidá-los a ler o texto de 1Cor10,16-17: "...uma vez que há um só pão, nós formamos um só corpo, embora sejamos muitos, pois todos participamos do mesmo pão."

O catequista poderá orientar como cada catequizando procederá ao receber a Eucaristia quando participar da celebração em que receberá os sacramentos da Iniciação Cristã. As palavras de São Cirilo de Jerusalém († 386) em uma de suas catequeses, poderão ser recordadas:

> Ao te aproximares [da comunhão], não vás com as palmas das mãos estendidas, nem com os dedos separados; mas faze com a mão esquerda um trono para a direita como quem deve receber um Rei e no côncavo da mão espalmada recebe o corpo de Cristo, dizendo: 'Amém'. Com segurança, então, santificando teus olhos pelo contato do corpo sagrado, toma-o e cuida de nada se perder. Pois se algo perderes é como se tivesses perdido um dos próprios membros. Dize-me, se alguém te oferecesse lâminas de ouro, não as guardarias com toda segurança, cuidando que nada delas se perdesse e fosses prejudicado? Não cuidarás, pois, com muito mais segurança de um objeto mais precioso que ouro e pedras preciosas, para dele não perderes uma migalha sequer?

---

[26] D'ANNIBALE, Miguel Ángel. A Celebração Eucarística. In: MANUAL DE LITURGIA.. *Os sacramentos*: sinais do Mistério Pascal. 2. ed. São Paulo: Paulus, 2011. v. III, p. 157.

> Depois de teres comungado o corpo de Cristo, aproxima-te também do cálice do seu sangue. Não estendas as mãos, mas inclinando-te, e num gesto de adoração e respeito, dize 'amém'. Santifica-te também tomando o sangue de Cristo.[27]

O catequista poderá esclarecer que a fala de São Cirilo pertence à Tradição da Igreja, que este é o melhor modo de receber a comunhão. Poderá ainda recorrer ao costume de cada comunidade para orientar os catequizandos, principalmente se a comunhão for sob as duas espécies. Não se esquecer de falar do importante diálogo e momento de oração que deverá ser feito durante a comunhão.

A dúvida sobre a diferença deste pão e das hóstias tradicionalmente utilizadas em nossas comunidades poderá surgir, sendo assim, explicar que as hóstias também são feitas de farinha e água, porém têm uma durabilidade maior, podendo ser conservadas no sacrário por mais tempo, além de facilitar a distribuição em celebrações com grande número de fiéis. A forma nem sempre evidencia a aparência e o gosto de pão. Por isso é aconselhado, sempre que possível, a confecção artesanal do pão ázimo, de modo que todos poderão de fato comê-lo (mastigá-lo). No Material de Apoio ensinamos a fazer o pão ázimo, e a receita poderá envolver os catequizandos, se achar oportuno.

O Rito da Comunhão é concluído com a oração pós-comunhão. Neste momento quem preside pode dar os avisos e informes necessários e a celebração encerra-se com a bênção final.

Conclusão: O catequista conclui esclarecendo a importância de se aproximar da mesa para o Banquete Eucarístico, bem como o zelo que se deve ter com o Corpo e Sangue de Cristo. Incentiva-os a lerem o texto no Diário Catequético e a fazerem as atividades propostas.

Oração final: O catequista convida todos a se colocarem ao redor da Mesa da Palavra e os motiva a ficar um tempo em silêncio lembrando tantos homens e mulheres que consagram a sua vida a serviço do Evangelho. Orienta-os depois a rezarem a oração pelas vocações. Conclui com o Pai-nosso e com a oração:

> *Deus, nosso Pai, que celebrando a Eucaristia renovemos a cada dia a grande aliança selada pela morte e ressurreição de Cristo. Que seu sangue e água derramados no alto da cruz nos lave, nos purifique e nos conduza à vida eterna. Por Cristo, nosso Senhor. Amém.*

No final da oração, o catequista impõe as mãos sobre a cabeça de cada catequizando e traça o sinal da cruz em sua fronte dizendo: *"Alimentai-vos da Eucaristia, ...N..., vai em paz, o Senhor está contigo!"*.

Material de apoio

Aprofundar o tema nos parágrafos 1356 a 1419 do Catecismo da Igreja Católica.

Sugerimos a leitura dos números 20 a 23 e 232 a 236 da Instrução Geral do Missal Romano.

---

[27] CIRILO DE JERUSALÉM. *Catequese mistagógica*. Petrópolis: Vozes, 2004. v. 21-22, p. 54-55.

Gráfico para compreender a Dinâmica da Liturgia Eucarística[28]

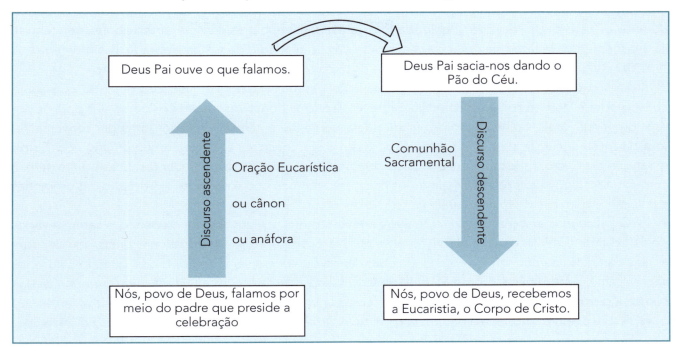

A preparação das oferendas e o ofertório

Pe. Thiago Faccini Paro

Tem-se o costume de chamar o momento da preparação das oferendas de "ofertório". Mas qual será o momento do verdadeiro "ofertório" dentro da Santa Missa e o que ofertamos a Deus?

Na Santa Missa, a única e perfeita oferenda a ser feita a Deus é o próprio Corpo e Sangue de Cristo, o único sacrifício agradável a Deus. O verdadeiro ofertório é na Prece Eucarística quando o presidente (padre ou Bispo) diz: "celebrando, pois, a memória da morte e ressurreição do vosso Filho, nós vos oferecemos, ó Pai, o pão da vida e o cálice da salvação; e vos agradecemos porque nos tornastes dignos de estar aqui na vossa presença e vos servir" (Oração Eucarística II). Oferecemos "ao Pai, no Espírito Santo, a hóstia imaculada" (IGMR, n. 55).

"No início da Liturgia Eucarística são levadas ao altar as oferendas que se converterão no Corpo e Sangue de Cristo" (IGMR, n. 49), ou seja, a procissão que antecede a Prece Eucarística não é ofertório, mas sim a sua preparação. Portanto leva-se até ao altar o pão e o vinho que serão consagrados. Vale frisar que se leva aquilo que será utilizado no "ofertório". Sendo assim, não há sentido levar na procissão das oferendas aquele pão bonito comprado na padaria nem aquela jarra, na qual muitas vezes se coloca suco de uva artificial para imitar o vinho. Para que levar isso, se não terão utilidade dentro da missa? Enfeite? Não! Tudo deve ser verdadeiro e ter uma utilidade para o rito.

---

[28] Para um maior aprofundamento sobre a dinâmica da Liturgia Eucarística sugere-se o estudo: GIRAUDO, Cesare. *Num só corpo*. São Paulo: Loyola, 2003. p. 555.

Além disso, é preciso tomar o cuidado com outros sinais que são apresentados na preparação das oferendas (livros, cartaz, imagens de Santos etc.). Esses podem ser levados na procissão inicial ou durante a "recordação da vida", realizada após a saudação do presidente e antes do ato penitencial. Aí é o momento de fazer memória da caminhada da comunidade, da festa celebrada. É o momento de recordar a vida da comunidade, a sua história e os motivos da reunião para a Fração do Pão.

Mas o que levar na procissão de preparação das oferendas, além do pão e vinho que serão consagrados? "Também são recebidos o dinheiro ou outros donativos oferecidos pelos fiéis para os pobres ou para a igreja, ou recolhidos no recinto dela; serão, no entanto, colocados em lugar conveniente, fora da mesa eucarística" (IGMR, n. 49). É o nosso gesto concreto, é a Igreja que comunga do Corpo e Sangue de Cristo, mas que pensa e cuida do corpo eclesial e social, dos pobres. Que bonito seria a comunidade, algumas vezes, levar alimentos não perecíveis aos pobres durante a procissão das oferendas e colocá-los num cesto próximo ao altar.

O cálice e as âmbulas vazias, corporal, sanguíneos etc. podem ficar na credência e serem levados pelos acólitos e ministros com discrição ao altar. Na procissão das oferendas, um prato grande, com muitas partículas ou pão ázimo, e vinho em abundância que possa ser visto por todos, quando colocados sobre o altar, se tornarão Corpo e Sangue de Cristo, sacrifício instituído na última ceia, memória de sua paixão e gloriosa ressurreição e ascensão aos céus.

A Igreja, em particular a assembleia reunida, realizando esta memória, deseja que os fiéis não apenas ofereçam a hóstia imaculada, mas aprendam a oferecer-se a si próprios, e se aperfeiçoem, cada vez mais, pela mediação do Cristo, na união com Deus e com o próximo, para que finalmente Deus seja tudo em todos (IGMR, n. 55).

Fração do Pão

Pe. Thiago Faccini Paro

"Do mesmo modo ao fim da ceia, ele tomou o pão, deu graças, partiu e o deu aos seus discípulos". O gesto de partir o pão é um dos ritos mais expressivos e significativos da celebração litúrgica. Gesto este feito pelo próprio Cristo, que nos mandou fazer do mesmo modo.

A última ceia com Cristo toma uma nova orientação nos ritos judaicos; nela se experimenta a presença do mistério de Cristo. O referencial não é mais a Páscoa do Egito, mas é o próprio Jesus Cristo. O único pão que é repartido e dado como alimento a todos. "O cálice da bênção, que abençoamos, não é comunhão com o sangue de Cristo? E o pão que partimos não é comunhão com o corpo de Cristo? Porque há um só pão, nós, embora muitos, somos um só corpo, pois todos nós participamos desse único pão" (1Cor 11,16-17).

Na cena narrada em Lc 24,13-35, os discípulos de Emaús reconhecem o Senhor ao partir o pão. Como na tradição judaica da *beraká* (bênção), o rito ficou especialmente impregnado na vida da comunidade que nascia, a ponto de ser o primeiro nome dado à Celebração Eucarística: "Fração do Pão".

A Fração do Pão, é tão significativa que ganhou um refrão próprio durante a sua execução: o "Cordeiro de Deus". Para acompanhar a Fração do Pão, pode-se repetir o refrão quantas vezes for necessário, terminando-se sempre com as palavras: "dai-nos a paz" (IGMR, n. 56). Porém, infelizmente em algumas ocasiões, este rito ficou ofuscado pelo canto do abraço da paz. Certamente recomendamos que se houver necessidade de escolher entre cantar o abraço da paz e a invocação Cordeiro de Deus, que se opte pelo segundo (Invocação ao Cordeiro), ou ainda, se os dois momentos forem cantados, que se faça distinção entre as melodias, nunca emendando um canto no outro.

Que o presidente da celebração, ao partir o pão, não o faça no momento da Oração Eucarística, pois a Liturgia entende que Cristo partiu o pão em vista da distribuição, na comunhão, e não para consagrá-lo. Além disso, o padre não faz teatralização, mas proclamação memorial. Que o gesto de partir a hóstia, portanto, seja feito com calma e visto por todos antes da distribuição da comunhão.

Que bom seria se o pão a ser consagrado verdadeiramente tivesse forma e gosto de pão, e que o presidente da Eucaristia não tivesse um pão separado numa patena, mas em um único prato houvesse pão suficiente para ser distribuído a todos os fiéis, mostrando com sinais sensíveis o único pão que é repartido a todos.

Sendo assim, o gesto de partir o pão, realizado por Cristo na última ceia, e que deu o nome a toda ação eucarística na época apostólica, não possui apenas uma razão prática, mas significa que nós, sendo muitos, pela comunhão do Único Pão da Vida, que é Cristo, formamos um único corpo, a Igreja (IGMR, n. 56).

Sugestão de como fazer pão ázimo

Ingredientes:
1 copo (200 ml) e meio de farinha de trigo, 1 copo (200 ml) de água morna e bacia.

Antes de iniciar, poderá ser feita a oração a seguir:

Bendito sejas tu, Senhor, Pai nosso.
Deus Santo, Rei eterno, que por tua bondade
hás feito surgir o trigo da terra.
Faz, Senhor, que como esta farinha
estava antes espalhada por aqui e por ali,
sobre as colinas, e recolhida se fará uma só
coisa neste pão que eu sou indigno de fazer,
assim seja recolhida tua Igreja em teu Reino,
desde os confins da Terra porque tua é a Glória
e o poder pelos séculos dos séculos.

Modo de preparo: Despejar a farinha na bacia e, colocando a água aos poucos, misturar a massa. Misturar até ficar na consistência própria de pão, sem grudar nos dedos. O Ideal seria sovar, por pelo menos 20 minutos. Enquanto o pão é sovado poderá rezar algumas orações ou recitar algum salmo ou cântico.

Abre-se a massa e, com a ajuda de uma faca sem ponta, risca-se o pão conforme o modelo a seguir, mostrando que não é um pão qualquer, mas um pão que será o Corpo do Senhor. As doze cruzes simbolizam os discípulos (nós) por quem Cristo (cruz grande no centro) se entregou na cruz.

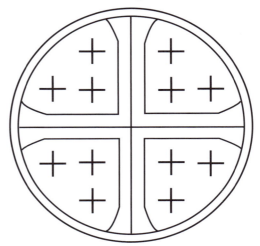

Depois, colocar o pão no forno e assar por alguns minutos. Antes de o pão começar a dourar, mostrando-se cozido, pode-se tirar para não ficar duro.

SUGESTÃO

Vivência em preparação para o próximo encontro

No próximo encontro serão abordados os Sacramentos do Batismo e Confirmação. Seria importante que, antes do encontro, os catequizandos pudessem participar de uma Celebração Batismal e da Confirmação, para melhor compreenderem o sentido e significado da ação celebrativa desses sacramentos. Se possível, pelo menos a do Batismo, podendo ser inclusive do Batismo de crianças.

Se o catequista conseguir organizar, juntamente com o padre e a Pastoral do Batismo, esta participação, deverá comunicar o dia e a hora dela. Pedir que cheguem com antecedência, para que o catequista possa prepará-los para esta experiência, conforme roteiro sugerido a seguir.

Se for inviável a participação na celebração, o catequista poderá passar um vídeo (ou pedir que o assistam), sobre os Sacramentos do Batismo e da Confirmação, que contenha cenas de seus ritos.

Encontro de orientação para a participação na Celebração Batismal (e da Confirmação)

Palavra inicial: Prezados catequistas, esta reunião poderá acontecer minutos antes da Celebração do Batismo, onde queremos destacar aos catequizandos alguns detalhes importantes que serão aprofundados no próximo encontro.

Orientações para a participação observativa:

▸ Primeiramente, parabenizar os catequizandos pela presença.

▸ Introduzir com uma breve explicação a importância de participar desta celebração em silêncio e prestar bastante atenção em cada gesto e palavra dita durante os ritos.

▸ Pedir para que fiquem atentos aos símbolos que serão usados: óleo, água, vela...

▸ Ficar atento às palavras ditas durante o Rito do Batismo (e da Confirmação).

▸ Observar quais os ritos feitos antes e quais os ritos feitos depois de mergulhar ou jogar a água no catecúmeno.

▸ Ao final, o catequista poderá reunir brevemente os catequizandos e perguntar o que atraiu a atenção deles. Depois pedir para anotarem e partilharem no próximo encontro.

34° Encontro — Batismo e Confirmação

Palavra inicial: Neste encontro queremos apresentar aos nossos catequizandos o Sacramento do Batismo, como porta de entrada da fé cristã e da adoção divina, e o Sacramento da Confirmação. Também queremos refletir sobre o sentido e significado dos ritos e símbolos que constituem suas celebrações.

Preparando o ambiente: Ambão com toalha da cor do Tempo Litúrgico, vela e flores. Painel com várias fotos de pessoas sendo batizadas (crianças e adultos) e recebendo a assinalação com o Crisma. Providenciar recipiente com água benta e, se possível, símbolos e sinais utilizados na celebração dos Sacramentos do Batismo e da Confirmação: óleo dos catecúmenos e do Crisma, Círio Pascal, vela, sal e veste branca.

Acolhida: O catequista acolhe os catequizandos saudando-os com o dizer *"pelo Batismo nos tornamos filhos de Deus, ...N...!"*, e os conduz para a sala de encontro. Quando já estiverem na sala, saúda a todos mais uma vez, desejando-lhes boas-vindas.

Recordação da vida: Ao redor da Mesa da Partilha ou da Palavra, fazer uma retrospectiva da semana. O catequista poderá ainda perguntar sobre o encontro anterior, recordando-o e incentivando-os a partilharem o que escreveram no Diário Catequético. Logo após inicia a oração louvando e agradecendo por tudo o que foi lembrado.

NA MESA DA PALAVRA

Oração inicial: O catequista motiva a oração, momento no qual poderá passar um recipiente com água benta para que possam tocar na água e traçar o sinal da cruz em suas frontes, recordando o Batismo. Poderá ainda invocar o Espírito Santo rezando ou cantando.

Um catequizando dirige-se até o ambão e proclama o texto bíblico.

Leitura do texto bíblico: At 8,27-39.

Após alguns minutos de silêncio, o catequista lê o texto novamente, pausadamente, destacando alguns pontos.

> *"...Dize-me, de quem o profeta está falando? [...] Felipe pôs-se a falar e, começando com esta passagem da Escritura, anunciou-lhe a Boa Nova de Jesus. [...] e o camareiro disse: 'Aqui existe água, o que impede que eu seja batizado?...'"*

Todos se dirigem para a Mesa da Partilha.

NA MESA DA PARTILHA

Pedir para os catequizandos para abrirem suas Bíblias na passagem proclamada, e convidá-los a uma leitura silenciosa. Depois motivá-los a partilhar o que cada um compreendeu do texto.

Refletir com os catequizandos sobre muitas pessoas nascerem e crescerem em famílias não católicas, de modo que muitas nem acreditam em Deus. Talvez essas pessoas nunca tenham ouvido falar de Jesus, ou nunca tiveram oportunidade de receber o anúncio do Evangelho. Aquele etíope estava lendo as Sagradas Escrituras, porém faltava alguém que o ajudasse a entendê-las. Deus envia Felipe, que, partindo do texto proclamado, anuncia a pessoa de Jesus Cristo ao etíope. O AMOR e a convicção com que Felipe fala de Cristo, e dele dá testemunho, toca o coração do etíope, mexe com seu ser, faz brotar o sentimento de mudança, de conversão a ponto de pedir o Batismo.

Quando o Evangelho é anunciado, e as pessoas o ouvem e o deixam cair no coração, acontece uma transformação de vida. Além do desejo, surge também a necessidade de dar passos concretos nesta mudança. Uma delas é aceitar publicamente Jesus Cristo e caminhar com Ele, e com a comunidade. Este passo concreto é dado através dos Sacramentos do Batismo e da Confirmação. Com o Batismo, abrimos nossa mente e coração para escutar Jesus e segui-lo, vivendo como Ele viveu.

Com o Batismo, passamos a fazer parte de uma grande família, chamada de cristãos. Com o Batismo recebemos o mesmo sobrenome, somos adotados por Deus como filhos. Deixamos de ser simplesmente criaturas, e nos tornamos filhos adotivos. Deus nos acolhe e nos trata como filhos. Nesse sentido, nos tornamos todos irmãos, pois fomos gerados no mesmo útero: a fonte batismal. No Batistério Lateranense tem uma inscrição que diz:

AQUI (fonte batismal)
NASCE PARA O CÉU UM POVO DE NOBRE ESTIRPE.
O ESPÍRITO É QUEM DÁ A VIDA NESSAS ÁGUAS FECUNDAS.
AQUI, A MÃE IGREJA GERA, COM FÉRTIL VIRGINDADE,
AQUELES QUE COLOCA NO MUNDO PELA AÇÃO DO ESPÍRITO.
ESTA É A FONTE DA VIDA QUE BANHA TODO O UNIVERSO: BROTA DA FERIDA
ABERTA DO CORAÇÃO DO CRISTO E FAZ O CRISTÃO.
ESPERAI NO REINO VÓS QUE NASCESTES NESTA FONTE.

Com o Batismo nascemos de novo, aceitamos a salvação dada por Deus e somos lavados de todo o pecado. O catequista poderá perguntar aos catequizandos quem já é batizado e se eles sabiam o sentido e o valor do Batismo.

O Batismo cristão não somente nos leva à conversão e ao seguimento de Cristo. Este Batismo nos insere no Cristo, faz com que nos tornemos participantes da divindade Dele. Uma vez que estamos inseridos no Cristo, o Filho único de Deus, nos tornamos também filhos de Deus por adoção. Este Batismo nos faz membros de Cristo, membros do seu corpo que é a Igreja. Somos pelo Batismo participantes da missão da Igreja, sal da terra e luz do mundo.

Todo aquele que receber o anúncio do Evangelho e reconhecer Jesus como Senhor e Salvador, e for batizado, receber o "banho da regeneração e renovação", recebe como herança o Reino de Deus, a vida eterna. Pelo Batismo, todos os pecados são perdoados: o pecado original (de Adão e Eva) e todos os pecados pessoais, bem como todas as sequelas do pecado, das quais a mais grave é a separação de Deus (CIgC, n. 1263).

No Batismo somos adotados por Deus, deixamos de ser criatura e nos tornamos membros de Cristo, templos do Espírito Santo. A herança que recebemos de Deus, por sermos filhos, é a vida eterna. Livres do pecado e da morte, somos destinados a uma vida na alegria dos Santos.

O catequista então poderá dizer aos catequizandos que, diante da importância do Batismo, a data deste sacramento deverá ser sempre recordada. E, se possível, com festa!

O catequista poderá dizer ainda que, para os cristãos, o Batismo é o único caminho para a salvação, porém muitas pessoas não têm e não tiveram a oportunidade de receber o anúncio do Evangelho, e com isso não conheceram a Cristo. Essas pessoas encontram salvação desde que procurem a Deus de coração sincero e orientem suas vidas segundo a sua consciência.

Em seguida, o catequista começa a refletir também sobre o Sacramento da Confirmação, recordando o encontro sobre o Espírito Santo, terceira Pessoa da Santíssima Trindade.

O catequista prossegue na reflexão dizendo que o Espírito Santo já havia sido anunciado pelos profetas no Antigo Testamento, que afirmaram que ele repousaria sobre o Messias. Com o Batismo de Jesus, essa profecia se cumpre quando o Espírito desce em forma de pomba sobre Ele. Cristo por sua vez, promete a todo instante enviar também sobre todos os que o seguem esta efusão do Espírito, que se torna realidade primeiramente no dia da Páscoa e, de forma mais marcante, no dia de Pentecostes. Repletos do Espírito Santo, os apóstolos começam a proclamar a Boa Nova de Jesus Cristo, a anunciar o seu Evangelho. Todos os que creram e foram batizados receberam também o mesmo Espírito.

> Desde então, os apóstolos, para cumprir a vontade de Cristo, comunicam aos neófitos, pela imposição das mãos, o dom do Espírito que leva a graça do Batismo sua consumação. (CIgC, n. 1288).
>
> [Este gesto de impor as mãos e conferir o Espírito Santo foi chamado pela Igreja de "Sacramento da Confirmação].
>
> Bem cedo, para melhor significar o dom do Espírito Santo, acrescentou-se à imposição das mãos uma unção com óleo perfumado (Crisma). Esta unção ilustra o nome de 'cristão', significa 'ungido' e que deriva a sua origem do próprio nome de Cristo, ele que 'Deus ungiu com o Espírito Santo' (At 10,38). (CIgC, n. 1289)

A imposição das mãos e a unção completam o Batismo, e pelo qual se recebe o dom do Espírito Santo e se obtém força para testemunhar o amor e o poder de Deus com atos e palavras. Com a Confirmação, muitos que foram batizados ainda pequenos, sem entender o seu significado e importância, têm a oportunidade e a maturidade de livremente escolher seguir Jesus Cristo e sua Igreja.

O catequista convida os catequizandos a recordarem alguma Celebração Batismal e da Confirmação participaram e a dizerem alguns dos símbolos e ritos que são utilizados nela. À medida que os símbolos forem mencionados, o catequista poderá mostrá-los aos catequizandos. Seria interessante permitir o contato deles com os símbolos: pedir que toquem a vasilha com água benta; que coloquem um pouco de sal na boca e sintam seu sabor; que sintam o cheiro do que sintam o cheiro do óleo do Crisma etc. Poderá, enquanto isso, explicar o sentido e significado de cada símbolo e rito. Poderá pedir ainda que leiam o texto no Diário Catequético, que apresenta uma breve explicação de cada um. Outros ritos, símbolos e sinais poderão ser aprofundados de acordo com a necessidade e maturidade da turma.

Conclusão: Aquele etíope só decidiu mudar de vida porque houve quem lhe anunciasse o Evangelho, quem lhe apresentasse a pessoa de Jesus Cristo. Com o Batismo e a Confirmação, todos nós, cristãos, recebemos a missão de, além de viver no seguimento de Cristo, também anunciá-lo a todas as pessoas indistintamente. Temos falado de Jesus para as pessoas? Temos vivido como Ele viveu? Temos amado como Ele nos amou?

Oração final: O catequista convida os catequizandos a ficarem em pé ao redor da Mesa da Palavra, onde poderá pedir para que façam preces pela paz e unidade dos cristãos. Depois convida a rezarem o Pai-nosso e conclui com a oração:

> *Deus, Pai amado, que conhece o coração de cada um de nós, ajudai-nos a viver como irmãos e irmãs sendo bons cristãos. Que possamos assumir nosso compromisso batismal de anunciá-lo a todos os povos. Que o Espírito Santo, derramado sobre nós, nos encoraje e nos impulsione nesse santo propósito. Por Cristo, nosso Senhor. Amém!*

No final da oração, o catequista impõe as mãos sobre a cabeça de cada catequizando e traça o sinal da cruz em sua fronte dizendo: "*...N..., sede sal e luz do mundo. Vai em Paz, que o Senhor te acompanhe!*".

Material de apoio

Aprofundar o tema nos parágrafos 1213 a 1321 do Catecismo da Igreja Católica.

Sugerimos a leitura do livro: PARO, Thiago Faccini. *As celebrações do RICA*: conhecer para bem celebrar. Petrópolis: Vozes, 2017. p. 49-69.

SUGESTÃO

Seria interessante que o catequista pudesse ter em mãos o **Ritual da Iniciação Cristã de Adultos** (RICA), para observar a sequência dos ritos e as rubricas de como são realizadas as celebrações do Batismo e da Confirmação de adultos na Vigília Pascal.

O Sacramento da Penitência e da Reconciliação

Palavra inicial: Neste encontro queremos refletir sobre e o Sacramento da Penitência, conscientizando os catequizandos do que é pecado e da importância da prática da reconciliação (confissão).

Preparando o ambiente: Ambão com toalha da cor do Tempo Litúrgico, Bíblia, vela, uma gaiola de pássaros e recortes de revistas que mostram pássaros livres.

Acolhida: O catequista acolhe os catequizandos saudando-os com o dizer "*Cristo nos liberta, ...N..., seja bem-vindo(a)!*", e os conduz para dentro da sala. Quando já estiverem na sala, saúda a todos mais uma vez, desejando-lhes boas-vindas.

Recordação da vida: Ao redor da Mesa da Partilha ou da Palavra, farão uma retrospectiva da semana, e o catequista poderá perguntar sobre o encontro anterior, pedindo para que partilhem o que cada um experienciou. Poderão destacar, ainda, os acontecimentos importantes que ocorreram na vida da comunidade.

NA MESA DA PALAVRA

Oração inicial: O catequista motiva a invocar o Espírito Santo, rezando ou cantando, e conclui com uma oração espontânea.

Um catequizando dirige-se até o ambão e proclama o texto bíblico.

Leitura do texto bíblico: 2Cor 5,18-21.

Após alguns minutos de silêncio, o catequista lê o texto novamente, pausadamente, destacando alguns pontos.

> "*Tudo isso vem de Deus, que nos reconciliou consigo por Cristo e nos confiou o ministério da reconciliação...*"

Todos se dirigem para a Mesa da Partilha.

NA MESA DA PARTILHA

O catequista incentiva a partilharem o que compreenderam do texto. Em seguida questiona o que é "reconciliação" e o que precisamos fazer para nos reconciliar.

O catequista, aproveitando todas as contribuições, diz que só precisamos nos reconciliar quando nos distanciamos de alguém por algum motivo – por briga, por falar mal de alguém, por contar mentiras, esquecimentos... Constantemente cometemos erros, machucamos e magoamos pessoas que amamos, principalmente a Deus, que nos criou e nos modelou com amor materno.

Infelizmente, costumamos abandonar a Deus por muitas coisas: festas, jogos, visita à casa de amigos, uso de televisão e internet, preguiça, viagens... Colocamos muitas coisas em primeiro lugar e costumamos deixar Deus e a sua Igreja em segundo plano.

O catequista poderá pedir para que olhem a gaiola de pássaros e digam para que serve. Explicar depois que ali prendemos animais que nasceram para ser livres. Assim como os pássaros são presos, nós também somos presos pelo pecado. Os pássaros livres são muito mais felizes, pois não nasceram para ficar presos. E nós também, ao nos confessarmos e nos reconciliarmos com Deus, nos tornamos mais felizes, pois Cristo morreu na cruz para libertar a todos nós.

Deus, por amor, sempre olha com misericórdia para o homem, e sempre está aberto a dar uma nova chance a ele. Deus, para salvar o homem do pecado, entregou seu próprio Filho, Jesus, para morrer numa cruz. Deus, por Jesus Cristo, nos reconciliou consigo e nos chama constantemente ao arrependimento. O Sacramento da Penitência, deixado por Jesus à Igreja, é uma maneira que temos de nos reconciliar com Deus, com o mundo e conosco.

O Sacramento da Penitência, chamado também de Sacramento da Reconciliação, da Conversão ou da Confissão, é um dos sacramentos de cura da Igreja. O ser humano em sua caminhada terrestre está sujeito aos sofrimentos, à doença e, à morte e ao pecado. Cristo, médico de nossas almas e de nossos corpos, que remiu os pecados, quis que sua Igreja continuasse, na força do Espírito Santo, sua obra de cura e salvação também junto de seus próprios membros. O Sacramento da Reconciliação tem, portanto, essa finalidade.

Pecar significa errar o caminho. Quando pecamos nos distanciamos de Deus, saímos da estrada que nos conduz até Cristo. O pecado fere a honra de Deus e seu amor, fere a própria dignidade de homem chamado a ser filho de Deus e a saúde espiritual da Igreja da qual cada cristão é pedra viva. Quando pecamos, viramos as costas ao projeto que Deus tem para nós.

Mas Deus, que é amor e misericórdia, sempre nos dá uma nova chance de voltar ao caminho que nos leva até Ele. Este movimento de volta é chamado de *arrependimento* e *conversão,* sentimentos que provocam uma verdadeira aversão aos pecados cometidos e firmam o propósito de não mais pecar no futuro. A conversão atinge, portanto, o passado e o futuro; nutre-se da esperança na misericórdia de Deus.

Ao participar deste sacramento, podemos tomar o rumo certo, nos colocar de volta no caminho de busca de Deus, antes desviados pelo pecado. Ao celebrar a Penitência, participamos de dois grandes momentos:

▸ **O primeiro momento –** consiste em olhar nossos "atos", enquanto seres humanos, frágeis e humildes. Recebemos a oportunidade de, sob a ação do Espírito Santo, nos arrependermos de nossas falhas, de fazermos nossa *contrição*. Assim podemos expressar nosso arrependimento ao padre ao confessarmos nossos pecados. A *confissão* constitui uma parte essencial do rito, onde a luz da misericórdia de Deus, de forma bem concreta, atua em nossas vidas quando confessamos tudo o que tem nos desviado do Senhor. Depois vem a *satisfação*, onde aceitamos humildemente a sugestão dada pelo confessor de reparar o dano causado e nos corrigir (conhecido como penitência, que nada tem a ver com "castigo"). Colocá-la em prática simboliza nossa disposição de mudar.

▸ **O segundo momento –** conduz a compreender que, depois dos "atos" do homem, vem os "atos" da Igreja: *Oração* e *absolvição*. Toda a Igreja reza pelos pecadores. A oração feita pelo ministro, que impondo as mãos profere a fórmula, é símbolo da transmissão do Espírito Santo para o perdão dos pecados.

Assim, podemos dizer que o Rito da Penitência é marcado pelo arrependimento (contrição ou conversão), confissão e satisfação por parte do penitente, e pela oração e absolvição por meio da Igreja.

Aos três atos do penitente foram acrescidos ao longo da Tradição da Igreja outras duas práticas: *o Exame de Consciência* e o *Ato de Contrição.*

1. **Exame de Consciência:** É um exercício pelo qual o catequizando irá recordar a luz da Palavra de Deus, as atitudes e ações que possam ter causado uma ruptura com Deus, com os irmãos e irmãs, com a natureza e consigo mesmo.

2. **Ato de Contrição:** Ao longo dos anos, criou-se o costume de expressar o próprio arrependimento através do *Ato de Contrição*. Muitas fórmulas foram criadas, entretanto a melhor delas é deixá-la sair do fundo do coração, fruto da intimidade com Deus. Alguns exemplos:

> *"Ó meu Jesus, que morreste na cruz para nos salvar, eu me arrependo dos meus pecados e prometo não mais pecar. Amém."*

> *"Meu Deus, porque sois tão bom, me arrependo por Vos ter ofendido. Ajudai-me a não tornar a pecar."*

A absolvição é feita pelo sacerdote que, de mãos estendidas sobre a cabeça do penitente, diz:

> *"Deus, Pai de misericórdia, que, pela morte e ressurreição de seu Filho, reconciliou o mundo consigo e enviou o Espírito Santo para a remissão dos pecados, te conceda, pelo ministério da Igreja, o perdão e a paz.*
> *Eu te absolvo dos teus pecados em nome do Pai, e do Filho, e do Espírito Santo."*

E o penitente responde: *Amém.*

O Catecismo da Igreja Católica nos ensina que os efeitos espirituais do Sacramento da Penitência são:

▸ a reconciliação com Deus, pela qual o penitente recobra a graça;

▸ a reconciliação com a Igreja;

▸ a remissão da pena eterna devida aos pecados mortais;

▸ a remissão, pelo menos em parte, das penas temporais, sequelas do pecado;

▸ a paz e serenidade da consciência e a consolação espiritual;

▸ o acréscimo de forças espirituais para combate cristão.

Conclusão: O catequista poderá incentivar os catequizandos a sempre, no final do dia, quando já estiverem deitados para dormir, fazerem um pequeno Exame de Consciência, revendo todo o seu dia, e examinado o que foi bom e o que poderia ter sido melhor. Eu tratei alguém mal? Não cumpri como deveria com minhas obrigações? Julguei alguém? Não fui fiel aos valores cristãos? Essas e outras perguntas podem ser úteis no processo. Depois, com a ajuda de Deus, incentivá-los a se proporem a corrigir essas falhas no outro dia. Dizer que, o próximo dia, ao abrir os olhos ao acordar, será uma nova chance que Deus nos dá de sermos melhores. Nossa caminhada neste mundo é um amadurecer-se, é converter-se sempre, para um dia, alcançarmos o Reino de Deus.

Lembrar ainda que o Sacramento da Penitência deve fazer parte de nossa caminhada de fé. Devemos nos aproximar deste sacramento sempre que for necessário, de modo especial para nos preparar para as grandes solenidades do Natal e da Páscoa. Lembrar também que os já batizados serão convidados a se confessarem antes de receberem os Sacramentos da Eucaristia e da Confirmação, e os não batizados, precisarão se confessar só depois do Batismo, uma vez que este apaga todos os pecados. Afinal, "o perdão dos pecados cometidos após o Batismo é concedido por um sacramento próprio chamado sacramento [...] da Penitência ou da Reconciliação" (CIgC, n. 1486).

Oração Final: Ao redor da Mesa da Palavra, o catequista motiva os catequizandos a formularem preces e orações. Poderá encerrar com o Pai-nosso e com a oração:

> *Senhor, nosso Deus, que cuida de cada um de nós com carinho de Pai e nos exorta à conversão, que possamos reconhecer sempre nossas faltas e nos reconciliar contigo. Por Cristo, nosso Senhor. Amém.*

No final da oração, o catequista impõe as mãos sobre a cabeça de cada catequizando e traça o sinal da cruz em sua fronte dizendo: *"...N..., reconciliai-vos com Deus, vai em paz, que o Senhor te acompanhe! Amém"*.

Material de apoio

Aprofundar o tema nos parágrafos 1422 a 1498 do Catecismo da Igreja Católica.

Sugerimos, ainda, as leituras:

CNBB. Estudos da CNBB, n. 96: Deixar-vos reconciliar. Brasília: Edições CNBB, 2008.

SAGRADA CONGREGAÇÃO PARA O CULTO DIVINO. Ritual da Penitência. São Paulo: Paulus, 1999. (Introdução e Apêndice III – Esquemas para Exames de Consciência, p. 242-245; Oração do penitente, p. 35-36.)

SUGESTÃO

Vivência em preparação para o próximo encontro:

No próximo encontro iremos falar sobre o Sacramento da Unção dos Enfermos. Seria importante que, antes do encontro, os catequizandos pudessem participar de uma Celebração da Unção com um idoso ou doente da comunidade. Com a participação na Celebração dos Enfermos queremos, também, que os catequizandos presenciem as dificuldades e as dores dos enfermos, assim como a fragilidade das pessoas idosas, para que possam fazer a experiência da compaixão e refletir sobre suas vidas e projetos futuros, desenvolvendo mais respeito e valorização da história dos idosos.

O catequista poderá organizar com antecedência, com o padre e a Pastoral dos Enfermos, a celebração. Se for inviável a participação na celebração, o catequista poderá passar um vídeo (ou pedir que o assistam) sobre o Sacramento da Unção dos Enfermos, contendo cenas dos ritos desse sacramento.

Ao encontro do Cristo que sofre

Preparando o ambiente: Organizar juntamente com o padre e alguns ministros da comunhão a celebração, que poderá ser na igreja, capela ou outro espaço da comunidade, levando em conta as condições do enfermo ou idoso. Bíblia para a leitura do texto bíblico, Ritual da Unção dos Enfermos, óleo dos enfermos e todos os demais recursos necessários para a celebração.

Orientações para a celebração:

- Escolher previamente cada pessoa que irá receber a unção.
- Comunicar dia, horário e local onde acontecerá a celebração.
- Antes da celebração, orientá-los para não fazerem perguntas, considerando as situações de cada pessoa – o ideal é que apenas se apresentem e participem da celebração expressando sua solidariedade e oração confiante.
- Prepará-los para as condições de saúde que o enfermo possa ter: impossibilitado de falar, com dificuldades de andar etc.
- Pedir para que prestem atenção em cada rito realizado e em cada palavra proferida pelo padre.
- Ao final, despedirem-se do enfermo e da família.
- Na igreja ou capela, antes de dispensar os catequizandos, rezar com eles agradecendo a Deus a oportunidade de estarem com um(a) irmão(a) que sofre e a saúde que cada um tem.

O Sacramento da Unção dos Enfermos

Palavra inicial: Neste encontro iremos refletir sobre o segundo Sacramento de Cura: a Unção dos Enfermos, aprofundando o significado de cada rito da celebração deste sacramento.

Preparando o ambiente: Ambão com toalha da cor do Tempo Litúrgico, vela, Bíblia e óleo dos enfermos. Pedaços de papel com nomes de pessoas doentes e idosas da comunidade para serem distribuídos aos catequizandos para rezarem em suas intenções durante a semana.

Acolhida: O catequista acolhe os catequizandos saudando-os carinhosamente com o dizer "*Jesus é o médico que cura nossa alma e corpo, ...N..., seja bem-vindo(a)!*". Quando já estiverem na sala do encontro, convida-os a se colocarem ao redor da Mesa da Partilha ou da Palavra em clima de oração para a recordação da vida e oração inicial.

Recordação da vida: Neste momento recordar fatos e acontecimentos que marcaram a vida dos catequizandos e da comunidade.

NA MESA DA PALAVRA

Oração inicial: O catequista, reunindo todos os acontecimentos da recordação da vida, motiva a oração invocando o Espírito Santo.

Um catequizando dirige-se até o ambão e proclama o texto bíblico.

Leitura do texto bíblico: Tg 5,13-16.

Após alguns minutos de silêncio, o catequista lê o texto novamente, pausadamente, destacando alguns pontos.

> "*...Alguém entre vós está enfermo? Mande chamar os presbíteros da Igreja, para que orem sobre ele, ungindo-o com óleo no nome do Senhor...*".

Todos se dirigem para a Mesa da Partilha.

NA MESA DA PARTILHA

O catequista estimula os catequizandos a falarem o que entenderam do texto. Depois pede aos catequizandos para abrirem suas Bíblias na passagem proclamada na Mesa da Palavra, e os convida a uma leitura silenciosa observando algum detalhe não comentado.

O catequista poderá dizer que a doença e o sofrimento sempre marcaram a caminhada da humanidade. Na enfermidade o homem experimenta sua impotência, suas misérias e limites. Na doença, descobre-se a fragilidade do ser humano.

A doença que traz dor e sofrimento pode deixar o enfermo angustiado, desesperado e revoltado contra Deus. Mas também pode ser um tempo oportuno de conversão, de mudança de vida. Tempo de amadurecer e discernir o que é supérfluo em sua vida e o que realmente é essencial. A doença, em muitos casos, provoca uma busca de Deus e um retorno a Ele.

Cristo em toda a sua caminhada teve um olhar especial aos doentes. Suas numerosas curas são sinal de que Deus não abandona seu povo. Jesus não só tem o poder de curar, mas também de perdoar os pecados. Jesus, na sua infinita misericórdia, veio curar o homem inteiro: alma e corpo.

Jesus, comovido com tantos sofrimentos do seu povo, como se pode ver em inúmeras passagens do Evangelho, não apenas se deixa tocar, mas também assume suas misérias: "Ele levou nossas enfermidades e assumiu nossas doenças" (Mt 8,17).

Diante da dor e do sofrimento pela enfermidade, Jesus deixa à Igreja a missão de "curar os doentes" (Mt 10,8). A Igreja esforça-se em cumprir essa missão, e encontra no Rito do Sacramento da Unção dos Enfermos a certeza de confortar aqueles que são provados pela enfermidade.

A Unção dos Enfermos é, portanto, um dos sete sacramentos da Igreja instituídos por Cristo. Como vimos na leitura da carta de Tiago, ele exorta a comunidade a recorrer aos presbíteros (padres e Bispos) para o auxílio aos enfermos. A oração, a unção com o óleo e o perdão dos pecados estão na base deste sacramento.

O catequista poderá perguntar aos catequizandos se conhecem alguém que está doente, ou bem velhinho. Poderá investigar se eles sabem o que essa doente ou idosa tem, se já foram visitá-la, se conversam com ela e lhe dão atenção.

Se a proposta de participarem da Celebração da Unção dos Enfermos tiver acontecido, poderá perguntar como foi a experiência, o que sentiram e o que lhes chamou atenção. Comentar os ritos que o padre fez durante a realização do sacramento. Se não foi possível realizar essa experiência, poderá perguntar se algum deles já participou de alguma Celebração da Unção dos Enfermos. Deixar que falem.

O catequista depois poderá explicar o sentido de cada rito e símbolo utilizado durante a Unção dos Enfermos (ver a sequência ritual no Diário Catequético – Rito Comum ou em Perigo de Morte Iminente).

A Unção dos Enfermos não é um ato mágico. O efeito salutar é atribuído à oração que vem da força da fé, da certeza de saber que o Senhor pode ajudar, pode aliviar as dores e curar. Da firme convicção de que Ele realmente ajudará. É sempre o próprio Jesus Cristo que cura o enfermo, e o padre é apenas um instrumento e sinal de Deus. Na Unção dos Enfermos encontramos não só o Jesus sofredor, mas também o médico Jesus que curou os doentes.

A imposição das mãos sobre a cabeça do doente é feita em silêncio. É um gesto de proteção, abrindo um espaço em que o enfermo se sente protegido pela proximidade curadora e amorosa de Deus. Nesse espaço, o enfermo pode se confrontar com a própria verdade. Ele sabe que até mesmo em sua doença está sob a proteção de Deus, que Deus coloca sua mão protetora e amorosa sobre ele e o abriga em suas boas mãos.

Depois da imposição das mãos, o sacerdote faz uma oração de agradecimento sobre o óleo. Ele louva a Deus pela ação da cura por meio de seu Filho Jesus Cristo e do Espírito Santo.

O óleo era um medicamento conhecido na Antiguidade. Sobretudo o óleo de oliva era considerado símbolo de força espiritual, porque era obtido do fruto da oliveira, uma árvore que cresce em solo árido e mesmo assim produz frutos. O óleo de oliva não é considerado apenas um medicamento, mas é símbolo de luz e de pureza. Quando os enfermos são ungidos com óleo, os ministros não agem como médicos, mas como testemunhas de Jesus Cristo. Invocam a força da bênção divina sobre os doentes.

A unção com o óleo dos enfermos é feita na fronte e nas mãos enquanto o sacerdote diz:

POR ESTA SANTA UNÇÃO E PELA SUA INFINITA MISERICÓRDIA, O SENHOR VENHA EM TEU AUXÍLIO COM A GRAÇA DO ESPÍRITO SANTO, **R.** Amém.	PARA QUE, LIBERTO DOS TEUS PECADOS, ELE TE SALVE E, NA SUA BONDADE, ALIVIE OS TEUS SOFRIMENTOS. **R.** Amém.

Na Unção dos Enfermos, o desejo é que o enfermo vença a doença e obtenha a paz interior; que se reconcilie consigo mesmo e com sua vida, e com sua doença, contra a qual interiormente possa ter se revoltado. Só aquele que se reconcilia pode se curar e permanecer saudável.

Conclusão: O catequista conclui dizendo que o Sacramento da Unção dos Enfermos tem por finalidade conferir uma graça especial ao cristão que está passando pelas dificuldades da doença ou da velhice. Todos nós, cristãos, temos por missão cuidar e zelar por essas pessoas, com nossa oração, visita e apoio nas diversas necessidades.

O catequista chama a atenção dos catequizandos para os papéis com os diversos nomes dos enfermos e idosos da comunidade e os convida a rezarem durante a semana por um deles. Cada catequizando retira um papel e o leva para casa.

Oração final: O catequista convida os catequizandos a ficarem em pé ao redor da Mesa da Palavra para a formularem pedidos e preces especialmente pelos doentes e idosos. Pode-se rezar o Pai-nosso e concluir com a oração:

> *Ó Deus, fonte de toda a vida, queremos, a exemplo do teu Filho Jesus e da nossa Igreja, ter um especial olhar pelos enfermos, idosos e abandonados. Queremos verdadeiramente exercer nossa compaixão, auxiliando e atendendo neste momento de dor e sofrimento. Por Cristo, nosso Senhor. Amém.*

No final da oração, o catequista impõe as mãos sobre a cabeça de cada catequizando e traça o sinal da cruz em sua fronte dizendo: *"Orai pelos doentes, ...N..., vai em paz, que o Senhor te acompanhe!"*.

Material de apoio

Aprofundar o tema nos parágrafos 1499 a 1532 do Catecismo da Igreja Católica.

Ritual da Unção dos Enfermos e sua assistência Pastoral. São Paulo: Paulus, 2000. Deste ritual indica-se ler a introdução e o Rito comum ou em perigo de morte eminente.

37° Encontro

O Sacramento da Ordem

Palavra inicial: Neste encontro iremos refletir sobre os Sacramentos de Serviço, iniciando pelo Sacramento da Ordem.

Preparando o ambiente: Ambão com toalha da cor do Tempo Litúrgico, Bíblia, vela, flores e estola.

Acolhida: O catequista acolhe os catequizandos saudando-os com o dizer *"Deus nos chama a servir ...N..., seja bem-vindo(a)!"*.

Recordação da vida: Ao redor da Mesa da Partilha ou da Palavra, os catequizandos farão uma retrospectiva da semana, e o catequista poderá perguntar sobre o encontro anterior, pedindo para que lembrem quais são os Sacramentos da Iniciação Cristã e os Sacramentos de Cura. Poderão destacar, ainda, os acontecimentos importantes que possam ter ocorrido na vida da comunidade.

NA MESA DA PALAVRA

Oração inicial: Colocando no coração de Deus todos os elementos trazidos durante a recordação da vida, o catequista inicia a oração invocando o Espírito Santo e pedindo para que Deus derrame o seu amor no coração de cada catequizando e os ajude a perdoar aqueles que os ofenderam.

Um catequizando dirige-se até o ambão e proclama o texto bíblico.

Leitura do texto bíblico: Jr 1,4-9.

Após alguns minutos de silêncio, o catequista lê o texto novamente, pausadamente, destacando alguns pontos.

> *"...Antes mesmo de formar no ventre materno, eu te conheci; antes que nascesses, eu te consagrei e te constituí profeta...".*

Todos se dirigem para a Mesa da Partilha.

NA MESA DA PARTILHA

Deixar que os catequizandos falem o que cada um entendeu sobre o texto. Depois pedir aos catequizandos para abrirem suas Bíblias na passagem proclamada na Mesa da Palavra e convidá-los a uma leitura. Comentar que o texto bíblico que ouviram do profeta Jeremias reflete muito bem o sacramento que hoje iremos aprofundar: a Ordem.

Deus, ao longo dos tempos, escolheu homens para estarem à frente do seu povo e conduzi-lo para o Reino Eterno. Deus se manifestou em cada um deles e se revelou à humanidade como um Deus que ama, que se compadece da humanidade a ponto de enviar ao mundo seu próprio Filho, Jesus Cristo, para nos salvar.

Jesus, o enviado do Pai, cumpriu em tudo sua missão e foi chamado de *sumo e eterno sacerdote*. Aquele que foi o único e perfeito mediador entre Deus e os homens.

Mas o verdadeiro e único sacerdote e pastor do rebanho, ao voltar para junto do Pai, encarrega a Igreja de continuar sua missão e presença na Terra. Assim, todos os batizados são chamados a participar do sacerdócio de Cristo, exercendo seu "sacerdócio batismal" por meio de sua participação, segundo sua própria vocação, na missão de Cristo, Sacerdote, Profeta e Rei.

No entanto, apenas algumas pessoas têm vocação e são chamadas para se dedicar exclusivamente ao serviço do Reino de Deus, junto a seu povo, através do ensinamento, do culto divino e do governo pastoral; essas pessoas assumem o "sacerdócio ministerial" (ou hierárquico).

São homens tirados do meio do povo para, após um período de formação, voltarem ao seio das comunidades e se tornarem pastores, conduzindo os fiéis até Deus. São instituídos pela Igreja através da *ordenação* em nome de Cristo e recebem o dom do Espírito Santo, para apascentar a Igreja com a Palavra e a graça de Deus (cf. LG, n. 11). São três os chamados graus do Sacramento da Ordem: diaconado (diáconos), presbiterado (padres) e episcopado (Bispos), sobre os quais veremos no próximo encontro qual a função e missão de cada um na grande messe do Senhor. O nome *Ordem* é apropriado, pois se refere ao sentido de uma classe ou categoria de pessoas que exercem a mesma função sociedade – como vemos, por exemplo, na designação *Ordem dos Advogados do Brasil* (OAB), órgão que congrega todos os advogados do país. Esse é o sentido empregado ao Sacramento da Ordem, sendo um sacramento de SERVIÇO.

O Sacramento da Ordem é conferido pela imposição das mãos feita pelo Bispo, seguida de solene oração consecratória que pede a Deus a graça do Espírito Santo para que o ordinando possa exercer seu ministério, motivo pelo qual imprime um caráter indelével, significando que o sacramento somente pode ser conferido apenas uma única vez.

Todos os ministérios conferidos pela ordenação têm sua origem na missão de Cristo confiada a seus apóstolos e pertencem à estrutura fundamental da Igreja. Os ministérios, portanto, são parte constitutiva da verdadeira Igreja. Sem ministérios não existe Igreja.

Como já dito, são três os graus do Sacramento da Ordem: diaconado, presbiterado e episcopado. Porém, somente existem dois graus de participação no ministério sacerdotal de Cristo: o episcopado e o presbiterado. O diácono se destina a ajudá-los e a servi-los. Então pode-se dizer que os graus de participação sacerdotal (Bispos e padres) e o de serviço (diácono) são conferidos por um ato sacramental chamado *ordenação*, isto é, pelo Sacramento da Ordem.

No **primeiro grau da Ordem**, o candidato recebe a ordenação diaconal:

O diaconado é o primeiro grau da hierarquia na Igreja, no qual lhes são impostas as mãos não para o sacerdócio, mas para o serviço. Na Antiguidade foi um ministério de muito prestígio.

Na ordenação diaconal, somente o bispo impõe as mãos, significando que o diácono está especialmente ligado a ele nas tarefas de sua "diaconia" (cf. CIgC, n. 1569). Os diáconos estão sujeitos ao Bispo e são considerados os ouvidos, a boca, o coração e a alma dele; suas funções se orientavam mais na direção da caridade e da comunhão. Pedia-se dos diáconos um cuidado especial pelos doentes e pelos pobres, por isso eram chamados *amigos dos órfãos*.

Cabe, portanto, ao diácono, entre outros serviços, auxiliar o Bispo e padres nas celebrações, distribuir a comunhão, assistir o Matrimônio, proclamar e pregar o Evangelho, presidir as exéquias e dedicar-se aos serviços sociais.

O diácono pode ser ordenado em vista da ordenação presbiteral, permanecendo apenas um tempo como diácono e posteriormente sendo ordenado presbítero, ou ainda como grau próprio, chamado de *diaconato permanente*, que pode também ser conferido a homens casados.

Os diáconos recebem, após a imposição das mãos e a prece de ordenação, os paramentos próprios do seu ministério: estola diaconal e dalmática. Recebem também o livro dos Evangelhos, que indica o múnus de proclamá-los nas celebrações litúrgicas, e o abraço da paz como aceitação e acolhida no seu ministério.

No **segundo grau da Ordem**, o candidato recebe a ordenação presbiteral:

Com a ordenação, os presbíteros participam do sacerdócio e da missão dos Bispos, de modo que estão unidos a eles na dignidade sacerdotal, além de dependerem deles no exercício de suas funções pastorais. Atentos cooperadores dos Bispos, são chamados a servir ao povo de Deus. Formam em torno de seu Bispo o *presbitério*, com o qual é responsável pela Igreja particular. Recebem do bispo o encargo de uma comunidade paroquial ou de uma função eclesial determinada.

Cabe aos presbíteros pregar o Evangelho, apascentar os fiéis e celebrar os sacramentos, de modo especial a Eucaristia, a Reconciliação e a Unção dos Enfermos.

O Bispo é quem confere a ordenação, ao diácono e, junto com os presbíteros, impõe as mãos sobre os ordinandos para significar a acolhida e inserção deles no presbitério.

Após a prece de ordenação, os ordenados são revestidos da estola presbiteral e da casula, manifestando o ministério que vão exercer liturgia – o que é ainda mais explicitado através da unção das mãos com o óleo do Santo Crisma e da entrega do pão e do vinho. Por fim, o abraço da paz é sinal de sua aceitação como novos cooperadores da messe do Senhor.

No **terceiro grau da Ordem**, o candidato recebe a ordenação episcopal:

O Bispo recebe a plenitude do Sacramento da Ordem que o insere no Colégio episcopal e faz dele o chefe visível da Igreja particular que lhe é confiada (Diocese/Arquidiocese). Os Bispos, como sucessores dos apóstolos e membros do Colégio, participam da responsabilidade apostólica e da missão de toda a Igreja, sob a autoridade do Papa, sucessor de São Pedro (cf. CIgC, n. 1594).

O Bispo tem o dever de pregar o Evangelho para a salvação e santificação dos fiéis, bem como presidir os sacramentos, especialmente a Confirmação e a Ordem.

De acordo com antiguíssimo costume para ordenação de um Bispo, deve estar o Bispo ordenante principal acompanhado de ao menos mais dois Bispos. Todos os Bispos presentes participam da ordenação impondo mãos, rezando a parte própria da prece de ordenação e saudando-o com o abraço da paz. Enquanto se reza a prece de ordenação, dois diáconos mantêm o livro dos Evangelhos sobre a cabeça do ordinando.

Após a oração, o Evangeliário é entregue nas mãos do Bispo expressando que a pregação da Palavra é a sua principal missão. Unge-se com o óleo do Santo Crisma a cabeça do Bispo significando a sua especial participação no sacerdócio de Cristo. A colocação do anel é sinal de sua fidelidade para com a Igreja, esposa de Deus. Ainda, a imposição da mitra expressa a busca pela santidade e a entrega do báculo de pastor, mostrando seu encargo de conduzir a Igreja a ele confiada.

Alguns Bispos podem receber títulos de acordo com a missão a eles confiada e os serviços dos quais estão à frente: Arcebispos, Cardeais, Papa e outros. No fundo, todos são Bispos e gozam do terceiro grau da Ordem. O Papa é o Bispo da Diocese de Roma e recebe este título por ter sido escolhido como sinal de unidade da Igreja universal.

Conclusão: O catequista conclui dizendo que é Deus quem escolhe e chama os homens a se consagrarem inteiramente ao seu serviço. Todos nós somos chamados a uma vocação específica na Igreja, seja como padre, religioso(a) ou com vida matrimonial.

O catequista fala da importância de se rezar pelas vocações e os incentiva a esta prática. Ao redor da Mesa da Palavra todos poderão rezar a oração pelas vocações, que se encontra no Diário Catequético.

Oração final: O catequista convida todos a se colocarem ao redor da Mesa da Palavra e agradecerem a Deus por todos os ministros ordenados que se dedicam ao anúncio do Evangelho e ao pastoreio das diversas comunidades. Depois os motiva a rezar pelas vocações. Concluir com o Pai-nosso e com a oração:

> *Senhor, em um mundo marcado pelo consumismo e pelas facilidades, te louvamos por tantos homens que abandonam suas vidas e se colocam inteiramente a serviço do Evangelho. Ajudai-nos a descobrir nossa vocação. Por Cristo, nosso Senhor. Amém!*

No final da oração, o catequista impõe as mãos sobre a cabeça de cada catequizando e traça o sinal da cruz em sua fronte dizendo: "...N..., Deus tem um plano para você, vai em paz, que o Senhor te acompanhe! Amém".

Material de apoio

Aprofundar o tema nos parágrafos 1533 a 1600 do Catecismo da Igreja Católica.

Sugerimos que o catequista leia as introduções do Ritual de Ordenação, bem como conheça o rito específico de cada grau da Ordem, observando as rubricas. Os três ritos podem ser encontrados no Pontifical Romano.

LEMBRETE E SUGESTÃO

No decorrer da semana, sugerimos realizar uma visita ao padre, ter um encontro com ele. Para que isso aconteça é importante combinar previamente com o padre como será esse momento e avisar aos catequizandos dia, hora e local.

Com esse encontro deseja-se criar maior proximidade e vínculo afetivo entre os catequizandos e o(s) padre(s) da comunidade à qual pertencem. Além disso, e uma oportunidade de terem um momento vocacional, no qual o padre poderá partilhar um pouco da sua história, de como descobriu a sua vocação, bem como compartilhar fotos e vídeos de sua ordenação, explicando o significado de cada rito.

Para esse momento o catequista, juntamente com o padre, poderá preparar uma oração a ser rezada com os catequizandos. Ainda, poderá ser pensada uma pequena e íntima confraternização, para a qual cada um pode levar algo a ser partilhado.

Se a visita não for possível, o catequista poderá convidar o padre para participar do encontro de catequese por alguns instantes.

O Sacramento do Matrimônio

Palavra inicial: Neste encontro iremos refletir sobre o Sacramento do Matrimônio, compreendendo que a família deve ser um prolongamento da Igreja: "Igreja doméstica". Refletiremos também sobre nosso dever de dar testemunho de Cristo dentro de nossas casas, de sermos cristãos em tempo integral.

Preparando o ambiente: Ambão com toalha da cor do Tempo Litúrgico, Bíblia, vela, flores, imagens de noivos e famílias em diversas ocasiões, pedaços de papel em branco, lápis ou canetas (uma para cada catequizando) e, uma caixinha ou cesta etiquetada com FAMÍLIA CRISTÃ ou UMA SÓ FAMÍLIA, e imagem da Sagrada Família.

Acolhida: O catequista acolhe os catequizandos saudando-os com o dizer: "*Deus uniu homem e mulher para formar a família, ...N..., seja bem-vindo(a)!*".

Recordação da vida: Todos se colocam ao redor da Mesa da Partilha ou da Palavra para fazer uma retrospectiva da semana, destacando os acontecimentos importantes que possam ter ocorrido na vida da comunidade. O catequista poderá pedir aos catequizandos que partilhem como foi a experiência de ir visitar o padre e conhecer um pouco de sua vocação.

NA MESA DA PALAVRA

Oração inicial: O catequista deverá motivar a oração de maneira bem simples, para ser o mais espontânea possível. Poderá invocar o Espírito Santo com um canto ou com a oração "*Vinde, Espírito Santo, enchei...*".

Um catequizando aproxima-se do ambão e proclama o texto indicado. Antes, porém, o catequista poderá convidar todos a cantarem aclamando o Santo Evangelho.

Leitura do texto bíblico: Mt 19,3-6.

Após alguns minutos de silêncio, o catequista lê o texto novamente, pausadamente, destacando alguns pontos.

> "...o homem deixará o pai e mãe para unir-se à sua mulher, e os dois serão uma só carne. [...] Não separe, pois, o homem o que Deus uniu."

Todos se dirigem para a Mesa da Partilha.

NA MESA DA PARTILHA

Convidar os catequizandos para abrirem suas Bíblias no texto proclamado para uma leitura silenciosa e depois partilharem o que compreenderam. Poderá perguntar ainda se entre os catequizandos há alguém casado na Igreja e como vê o matrimônio.

O catequista continua a reflexão dizendo que o matrimônio também é um Sacramento de Serviço, pois os esposos cristãos dele participam para serem fortalecidos e cumprirem dignamente todos os deveres da vida a dois. O próprio Deus é autor do matrimônio, e convida homem e mulher a se unirem para formar a família, colaborando na ordem da criação, gerando filhos e filhas.

No matrimônio, o homem e a mulher, incompletos, se juntam e formam um só corpo. A felicidade do casal consiste em um doar-se por amor ao outro. Neste sacramento, nenhum pode buscar apenas a própria felicidade, pois a felicidade pessoal é consequência do fazer o outro feliz. A renúncia e a doação são, uma das colunas da vida a dois. Antes, porém, o casal deve estar alicerçado nos valores evangélicos, do amor e respeito. A Palavra de Deus e a vida de oração devem ser uma constante na vida do casal.

Ninguém pode impor o casamento ao outro. É uma decisão livre e consciente que cada um deve tomar. Deve vir da certeza de que o compromisso assumido será para a vida toda. O matrimônio não é um contrato jurídico que pode ser rasgado ou desfeito simplesmente, é um pacto de alianças abençoado por Deus.

Diante disso, podemos nos questionar se os nossos jovens têm consciência do que é o matrimônio enquanto sacramento. Se têm maturidade suficiente para assumi-lo. Se eles enxergam esta doação, respeito e amor nos casais, de modo especial em suas famílias.

> **ATENÇÃO**
>
> Tomar cuidado, pois muitos dos catequizandos podem vir de famílias com pais separados, amasiados ou mesmo não tê-los conhecido.

O catequista, ouvindo-os com muita sensibilidade, poderá dizer que Deus tem um plano para o homem e a mulher, porém muitas coisas podem ocorrer na vida e na história de cada um, de modo que, por vários motivos, este projeto pode não ter acontecido. A nós, hoje, não importa o que aconteceu com nossos pais e nossas famílias. O que importa é que Deus nos convida a assumir a vocação e o plano que Ele reservou a cada um de nós.

É preciso olhar para trás, conhecer a história de nossas famílias e, conscientes, nos questionar o que queremos para nossas vidas. Talvez muitos de nossos pais não tiveram a oportunidade que hoje nós estamos tendo de aprender a importância e o valor do casamento e da vida alicerçada em Deus ou, por alguma razão que não devemos julgar, não conseguiram fazer essa experiência.

O catequista convida os catequizandos a lerem Mt 7,24-27. Em seguida, pede para olharem para uma casa, ou para a igreja, ou ainda para as paredes e o telhado da sala de catequese e questiona por que essas paredes não caem. Explicar que, para não cair, é preciso fazer um alicerce, ou seja, é preciso abrir um buraco, colocar tijolo, pedras, ferro, cimento, para só depois subir as paredes e colocar as telhas. Pode chover, ventar, que nada vai acontecer com a casa ou com o prédio bem-feito. Da mesma forma, construir a casa sobre a rocha, no Evangelho, significa fazer um bom alicerce. Quando duas pessoas se conhecem, começam a namorar e se casam, é como se estivessem construindo uma casa. Assim como a casa é construída, o relacionamento, a confiança e o amor acontecem gradativamente. Porém, para que o casamento não acabe e seja destruído por causa das dificuldades que possam acontecer ao longo da vida, é preciso ter construído no início do namoro um bom "alicerce", e este alicerce, ou esta rocha, é Cristo.

Portanto, todas as famílias cristãs devem ser verdadeiras testemunhas da fé que professaram ao abraçar o matrimônio, tendo e educando os filhos a uma vida de oração, diálogo e amor. O catequista poderá pedir que os catequizandos, no Diário Catequético, observem o Rito da Celebração do Matrimônio. O catequista poderá convidar os catequizandos para analisarem cada palavra dita no rito, de modo especial as três perguntas realizadas no diálogo, demonstrando que, para o casamento ser válido, é preciso estar disposto a assumir o Sacramento do Matrimônio: de livre e espontânea vontade (liberdade); prometendo amor e fidelidade; e com disposição de ter filhos e educá-los na fé cristã. É importante também refletir sobre a fórmula do consentimento, quando prometem viver juntos diante das alegrias e tristezas durante todos os dias enquanto viverem.

Depois, mostrando a imagem da Sagrada Família, explicar que Jesus quis nascer no seio de uma família, tendo como seus pais Maria e José, pessoas pobres, mas que muito amavam e testemunhavam a fé a todos. Que possamos consagrar nossas casas à Sagrada Família de Nazaré, pedindo a intercessão de Maria e José sobre todos os que habitam em nosso lar.

O catequista poderá convidar todos a ficarem de pé e cantarem a *Oração pela família* do Pe. Zezinho (SCJ), facilmente encontrada na *internet*.

Conclusão: O catequista poderá convidar os catequizandos a rezarem por todas as famílias, pedindo para que cada um escreva em um papel os nomes das pessoas com as quais residem, bem como o sobrenome de sua família. Depois colocará dentro de uma cestinha ou caixinha na qual deverá estar escrito FAMÍLIA CRISTÃ OU UMA SÓ FAMÍLIA, dizendo que em Cristo todos somos irmãos, pertencemos à mesma família, pois temos o mesmo sobrenome. Jesus é o Noivo e nós, enquanto Igreja, somos a Noiva. Assumimos em Deus, uma aliança de amor e fidelidade com Cristo. Levar a caixinha com o nome de todas as famílias e colocá-la aos pés do ambão de onde será feita a oração final.

Oração final: O catequista convida todos a se colocarem ao redor da Mesa da Palavra e, olhando para a caixinha com os nomes das famílias, convida-os a rezar por todos ali representados. Ao final, rezar o Pai-nosso e concluir com a oração:

Deus, Pai bondoso, olhai pelos vossos filhos e filhas que foram chamados a constituírem em Cristo uma só família. Derramai o teu Espírito e fortalecei a cada uma de nossas famílias, para que possam ser verdadeiras Igreja domésticas, testemunhando a fé a toda sociedade. Por Cristo, nosso Senhor. Amém.

No final da oração, o catequista impõe as mãos sobre a cabeça de cada catequizando e traça o sinal da cruz em sua fronte dizendo: *"...N..., Deus te deu a vida e tem um plano para ti, vai em paz, que o Senhor te acompanhe! Amém"*.

Material de apoio

Aprofundar o tema nos parágrafos 1601 a 1666 do Catecismo da Igreja Católica.

Será muito importante ao catequista ter em mãos o *Ritual do Matrimônio* para poder ler a introdução geral do ritual e analisar toda a estrutura do capítulo II (Celebração do Matrimônio sem Missa), observando, além da sequência, todas as orações que compõem o rito.

Celebração da Eleição

Palavra inicial: *Prezados catequistas, equipe de liturgia e presbíteros, a presente celebração tem por intenção acolher os catecúmenos para a recepção dos Sacramentos da Iniciação Cristã, oportunizando-lhes uma preparação espiritual mais intensa de maneira que toda a comunidade também participe com seu apoio, incentivo e orações.*

Após o longo período de formação do espírito e do coração proporcionado pelo Tempo do Catecumenato, a Igreja ouve os padrinhos, os catequistas e aqueles mais próximos que darão seu testemunho e parecer sobre a formação e o progresso dos catecúmenos. O RICA (n. 134) deixa claro que: "para que alguém possa ser inscrito entre os ´eleitos`, deve possuir fé esclarecida e firme desejo de receber os sacramentos da Igreja". Deve-se ouvir também os catecúmenos para que expressam a sua vontade e firme desejo de receber os sacramentos da Igreja. Assim, é celebrado o presente rito, que encerra o Tempo do Catecumenato propriamente dito[29].

A eleição é uma celebração exclusiva para os catecúmenos, uma vez que os catequizandos, sendo batizados, já são membros da Igreja. Os catequizandos podem ser incentivados a participar da celebração acompanhando os colegas de turma, rezando por eles.

A eleição é celebrada habitualmente, na missa do primeiro domingo da Quaresma, e a ação ritual consta de:

- Proclamação da Palavra e homilia.
- Apresentação dos candidatos.
- Exame e petição dos candidatos.
- Admissão ou eleição.
- Despedida dos eleitos.
- Liturgia Eucarística.

Por motivos pastorais realmente justificáveis, o rito pode ser transferido para outra data, observando as orientações do RICA (n. 130 e 141).

Preparando a celebração

- Providenciar livro para que possam ser inscritos os nomes dos que serão eleitos[30].
- Reservar bancos para os catecúmenos e seus padrinhos.
- O Missal Romano traz formulários próprios para essa celebração. Sugere-se ler em Missas Rituais, o subtema número 1. Para escolha ou inscrição do nome. Ainda, sugere-se as leituras do dia (Lecionário Dominical, 1° domingo da Quaresma).
- Se oportuno, após a celebração todos poderão confraternizar com um lanche comunitário, partilhando as alegrias e criando vínculo com a comunidade.
- Conferir outras possibilidades que o ritual propõe no RICA (n. 141-151).

---

[29] Texto transcrito e adaptado do livro: PARO, Thiago Faccini. *As celebrações do RICA*: conhecer para bem celebrar. Petrópolis: Vozes, 2017. p. 39.

[30] Sugerimos para esta importante anotação o *Livro de inscrição dos Eleitos*, publicado pela Editora Vozes e organizado para este fim. É um material que possibilita, também, o registro das datas das demais celebrações, auxiliando na organização e acompanhamento dos catecúmenos e catequizandos.

Celebração da Eleição

(A ser realizada em uma das missas do 1º domingo da Quaresma)

ACOLHIDA INICIAL

Após a saudação inicial, quem preside saúda os catecúmenos dirigindo a eles, e a todos os presentes, a alegria e a ação de graças da Igreja por este momento tão importante em suas vidas e da comunidade. A missa prossegue como de costume até a homilia.

APRESENTAÇÃO DOS CANDIDATOS

Após a homilia, o diácono, catequista ou representante da comunidade apresenta os que vão ser eleitos, com estas palavras ou outras semelhantes:

Representante da comunidade: *(Padre) N., aproximando-se as solenidades pascais, os catecúmenos aqui presentes, confiantes na graça divina e ajudados pela oração e exemplo da comunidade, pedem humildemente que, depois da preparação necessária e da celebração dos escrutínios, lhes seja permitido participar dos Sacramentos do Batismo, da Confirmação e da Eucaristia.*

Quem preside responde solicitando que os futuros eleitos se aproximem com seus padrinhos e madrinhas.

Presidente: *Aproximem-se, com seus padrinhos e madrinhas, os que vão ser eleitos.*

Cada um, chamado pelo nome, adianta-se com o padrinho ou a madrinha e permanece diante de quem preside. Se forem muitos, faça-se a apresentação de todos ao mesmo tempo.

Representante da comunidade:

N. _____

N. _____

N. _____

Quem preside prossegue dirigindo-se aos padrinhos para que deem seus testemunhos a respeito da conduta dos catecúmenos.

Presidente: *A Santa Igreja de Deus deseja certificar-se de que estes catecúmenos estão em condições de ser admitidos entre os eleitos para a celebração das solenidades pascais.*

Peço, por isso, a vocês, padrinhos e madrinhas, darem testemunho a respeito da conduta destes catecúmenos: Ouviram eles fielmente a Palavra de Deus anunciada pela Igreja?

Os padrinhos: *Ouviram.*

Presidente: *Estão vivendo na presença de Deus, de acordo com o que lhes foi ensinado?*

Os padrinhos: *Estão.*

Presidente: *Têm participado da vida e da oração da comunidade?*

Os padrinhos: *Têm participado.*

Ainda, toda a assembleia poderá ser interrogada se está de acordo com a eleição dos catecúmenos ali apresentados.

EXAME E PETIÇÃO DOS CANDIDATOS

Quem preside exorta e interroga os catecúmenos com estas palavras ou outras semelhantes:

Presidente: *Agora me dirijo a vocês, prezados catecúmenos.*

Seus padrinhos e catequistas e muitos da comunidade deram testemunho favorável a respeito de vocês.

Confiando em seu parecer, a Igreja, em nome de Cristo, chama vocês para os sacramentos pascais.

Vocês, tendo ouvido a voz de Cristo, devem agora responder-lhe perante a Igreja, manifestando a sua intenção.

Vocês querem ser iniciados à vida cristã pelos Sacramentos do Batismo, da Confirmação e da Eucaristia?

Os catecúmenos: *Queremos.*

Presidente: *Querem prosseguir fiéis à Santa Igreja, continuando a frequentar a catequese, participando da vida da comunidade?*

Os catecúmenos: *Queremos.*

Quem preside solicita o nome de cada um para ser inscrito no Livro dos Eleitos.

Presidente: *Deem, por favor, os seus nomes.*

Os candidatos, com seus padrinhos, aproximando-se de quem preside, ou permanecendo em seus lugares, dão os nomes. A inscrição pode ser feita de vários modos: o nome é inscrito pelo próprio candidato ou, pronunciado claramente, é anotado pelo padrinho ou por quem preside. Se os candidatos forem muitos, a lista dos nomes pode ser apresentada a quem preside com estas palavras ou outras semelhantes: "São estes os nomes". Durante a inscrição dos nomes, pode-se cantar um canto apropriado, por exemplo, o Sl 15 (cf. Textos diversos do RICA, n. 374bis [146]). Os nomes são inscritos um a um no livro.

Terminada a inscrição dos nomes, chega-se ao ponto alto da celebração, quando quem preside declara eleitos os catecúmenos. Quem preside, tomando o livro e lendo os nomes que foram anotados, diz:

Presidente: *(N. e N.), eu declaro vocês eleitos para serem iniciados nos sagrados mistérios na próxima Vigília Pascal.*

Os catecúmenos: *Graças a Deus.*

Quem preside exorta os eleitos sobre a fidelidade de Deus que nunca lhes negará a sua ajuda.

Presidente: *Deus é sempre fiel ao seu chamado e nunca lhes negará a sua ajuda.*

Vocês devem se esforçar para serem fiéis a Ele e realizar plenamente o significado desta eleição.

Dirigindo-se aos padrinhos para que cumpram a sua missão de acompanhá-los com o auxílio e exemplo, diz:

Presidente: *Estes catecúmenos de quem deram testemunho foram confiados a vocês no Senhor. Acompanhem-nos com o auxílio e o exemplo fraterno até os sacramentos da vida divina.*

Os padrinhos e madrinhas, colocando as mãos nos ombros dos eleitos, recebem-nos como afilhados (ou outro gesto de igual significado) e quem preside prossegue com a oração pelos eleitos. As preces são concluídas com as mãos estendidas de quem preside:

ORAÇÃO PELOS ELEITOS

Presidente: *Queridos irmãos e irmãos, preparando-nos para celebrar os mistérios da paixão e ressurreição, iniciamos hoje os exercícios quaresmais. Os eleitos que conduzimos conosco aos sacramentos pascais esperam de nós um exemplo de conversão.*

Roguemos ao Senhor por eles e por nós, a fim de que nos animemos por nossa mútua renovação e sejamos dignos das graças pascais.

Leitor: *Nós vos rogamos, Senhor, que por vossa graça estes eleitos encontrem alegria na sua oração cotidiana e a vivam cada vez mais em união convosco.*

R. *Nós vos rogamos, Senhor.*

Leitor: Alegrem-se de ler vossa Palavra e meditá-la em seu coração.

R. *Nós vos rogamos, Senhor.*

Leitor: Reconheçam humildemente seus defeitos e comecem a corrigi-los com firmeza.

R. *Nós vos rogamos, Senhor.*

Leitor: Transformem o trabalho cotidiano em oferenda que vos seja agradável.

R. *Nós vos rogamos, Senhor.*

Leitor: Tenham sempre alguma coisa a oferecer-vos em cada dia da Quaresma.

R. *Nós vos rogamos, Senhor.*

Leitor: Abstenham-se corajosamente de tudo o que possa manchar-lhes a pureza do coração.

R. *Nós vos rogamos, Senhor.*

Leitor: Acostumem-se a amar e cultivar a virtude e a santidade de vida.

R. *Nós vos rogamos, Senhor.*

Leitor: Renunciando a si mesmos, busquem mais o bem do próximo do que o seu próprio bem.

R. *Nós vos rogamos, Senhor.*

Leitor: Partilhem com os outros a alegria que lhes foi dada pela fé.

R. *Nós vos rogamos, Senhor.*

Leitor: Em vossa bondade, guardai e abençoai as suas famílias.

R. *Nós vos rogamos, Senhor.*

As preces são concluídas com as mãos estendidas de quem preside e com uma belíssima oração que expressa uma catequese sucinta e renovada da História da Salvação.

Presidente: *Pai amado e Todo-Poderoso, Vós quereis restaurar todas as coisas no Cristo e atraís toda a humanidade para Ele.*

Guiai estes eleitos da vossa Igreja e concedei que, fiéis à sua vocação, possam integrar-se no Reino de vosso Filho e ser assinalados com o dom do Espírito Santo. Por Cristo, nosso Senhor.

R. *Amém.*

O rito é concluído com a despedida dos eleitos, e a missa prossegue como de costume. Por razões pastorais os eleitos podem permanecer na celebração e, se assim for, omite-se a exortação a seguir.

DESPEDIDA DOS ELEITOS

Presidente: *Caros eleitos, vocês iniciaram conosco as práticas da Quaresma.*

Cristo será para vocês o caminho, a verdade e a vida. Agora, vão em paz.

Os eleitos: *Graças a Deus.*

CELEBRAÇÃO DA EUCARISTIA

Quem preside poderá situar os fiéis de que este foi o primeiro Rito de Acolhida dos catecúmenos em preparação aos Sacramentos da Iniciação Cristã que irão receber na Solene Vigília Pascal e que outros ritos acontecerão durante todo o período quaresmal.

Quem preside diz o Creio e a missa prossegue como de costume até o final.

Antes da bênção final, quem preside dirige breves palavras aos catecúmenos e catequizandos. Poderá pedir que a comunidade reze por cada um deles durante toda a Quaresma.

Orientações para o Rito dentro da Celebração da Palavra de Deus

Se o rito acontecer dentro da Celebração da Palavra de Deus, poderá ser presidido por um ministro clérigo ou leigo. O rito acontece normalmente como indicado até a despedida dos catecúmenos.

Em seguida, rezam-se o Credo e a oração dos fiéis. Na sequência poderá se fazer uma coleta fraterna, na qual os fiéis poderão ofertar seus donativos aos pobres e à manutenção da comunidade. Após esse momento motivar um canto de louvor e ação de graças, seguido do Pai-nosso, saudação da paz e ritos finais.

Se o rito for acontecer numa celebração ordinária da comunidade, poderá, se houver o costume, distribuir a Sagrada Comunhão Eucarística, onde o pão consagrado é colocado sobre o altar após o canto de louvor e ação de graças, seguindo os Ritos da Comunhão como de costume. Terminada a oração pós-comunhão, faz-se os ritos finais com a despedida.

Após a celebração, os catecúmenos e catequizandos poderão permanecer juntos, com a comunidade, partilhando as alegrias e confraternizando.

3º Tempo

Tempo da Purificação e Iluminação e seus Ritos

39° Encontro

A vida de oração

(Encontro a ser realizado na 1ª semana da Quaresma)

Palavra inicial: Neste encontro vamos procurar resgatar a importância da oração, refletindo por que e como as primeiras comunidades cristãs rezavam. Mostraremos também as fontes e os tipos de oração, incentivando os catequizandos a criarem o hábito de orar, oferecendo meios para desenvolverem uma atitude orante e contemplativa.

Preparando o ambiente: Ambão com toalha roxa, Bíblia, vela e coroa do advento.

Acolhida: O catequista acolhe os catequizandos, com o dizer "...N..., *feliz é aquele que acredita no valor da oração*".

Recordação da vida: Ao redor da Mesa da Partilha ou da Palavra, lembrar fatos e acontecimentos que marcaram a semana, sobretudo como foi ter participado da Celebração da Eleição. Se oportuno, falar da importância da oração aos catequizandos introduzindo-os ao tema do encontro.

NA MESA DA PALAVRA

Oração inicial: O catequista invoca o Espírito Santo com a oração "*Vinde, Espírito Santo, enchei...*" e, em seguida, faz uma oração espontânea procurando enfatizar o valor da oração, de estar em diálogo com Deus.

O catequista convida um dos catequizandos para se dirigir até o ambão e proclamar o texto indicado. Todos podem cantar aclamando o Evangelho.

Leitura do texto bíblico: Mt 6,5-6.

Após alguns minutos de silêncio, o catequista lê o texto novamente, pausadamente, destacando alguns pontos.

> "*...quando rezares, entra no teu quarto, fecha a porta e reza ao teu Pai que está no oculto...*"

Após a leitura, todos dirigem-se à Mesa da Partilha.

NA MESA DA PARTILHA

Retomar o texto bíblico pedindo que os catequizandos partilhem o que entenderam. Depois pedir para que abram suas Bíblias na passagem lida e releiam individualmente. Na sequência, incentivá-los a partilhar o que o texto disse a cada um.

Aprofundar o texto destacando:

- A oração sempre esteve presente na vida dos cristãos e é a base das nossas comunidades.
- Jesus também rezava (cf. Lc 11,1). Quando os discípulos pediram para que Jesus os ensinasse a rezar, Ele não ensinou um método nem um modelo, mas sim um diálogo íntimo com Deus.

- Todos nós devemos reservar um tempo para Deus, procurando um lugar apropriado, sozinho ou junto com a comunidade.

- Na oração particular, e principalmente na oração em silêncio, Jesus nos lembra: "Quando rezares, entra no teu quarto, fecha a porta e reza ao teu Pai que está no oculto. E o Pai, que vê no oculto, te dará a recompensa" (Mt 6,6), como ouvimos no Evangelho de hoje. É possível, através da nossa oração espontânea, permanecermos na Sua presença e dizer: "Senhor ensina-nos a conversar convosco, sem ser artificial, mas autêntico, com alegria e com honestidade, do mais íntimo do nosso coração".

- Vários são os caminhos e as realidades que nos levam ao encontro pessoal com Jesus. O amor mútuo, a palavra da Sagrada Escritura inspirada pelo seu Espírito e os sacramentos, em especial a Eucaristia que é coração da oração cristã. Inclui-se a oração litúrgica (Liturgia das Horas), que é a recitação dos salmos durante as várias horas do dia, rezada e cantada todos os dias na Igreja nos primeiros séculos do cristianismo. São seis os momentos de oração previstos pela Liturgia da Horas: Laudes (oração da manhã), Vésperas (oração da tarde), Terça, Sexta, Noa (oração das 9h, 12h e 15h respectivamente) e Completas (oração da noite, antes de dormir), cada uma com sua estrutura, visando proporcionar com cuidado sua oração.

- "Vigiai e orai" (Mt 26,41). Devemos ser vigilantes, pois nossa oração não pode estar desligada de nossa vida cotidiana nem separada de nossa existência. Toda a nossa vida deve ser uma oração.

Há tantas maneiras e formas de rezar:

- Oração vocal (ler um livro de oração, recitar salmos, terço ou rosário...).
- Oração contemplativa (meditação), como se estivesse conversando com seu melhor amigo.

> Ver as formas da oração em CIgC (n. 2626-2643):
> 1. A bênção e a adoração.
> 2. A oração de súplica.
> 3. A oração de intercessão.
> 4. A oração de ação de graças.
> 5. A oração de louvor.

Refletir com os catequizandos sobre a importância de ter uma vida de oração, salientando que não basta rezar, é preciso viver aquilo que rezamos e acreditamos. É preciso não só ir ao encontro de Deus, mas também vivê-lo e testemunhá-lo no nosso dia a dia. Somos constantemente tentados a desanimar e a não colocar em prática a nossa fé. Tantas coisas acontecem no nosso cotidiano, fazendo com que percamos a paciência e que desacreditemos das pessoas ou até duvidemos da ação de Deus.

Para superar a nossa fragilidade humana precisamos nos fortalecer diariamente nos alimentando da Palavra de Deus e nos dedicando à oração (escuta, louvor, agradecimento e pedidos), para não desanimar em nossa missão de cristãos. Tal como necessitamos nos alimentar em determinados horários (café da manhã, almoço, lanche, jantar...) para nos mantermos saudáveis, assim também precisamos ter uma rotina de oração.

Questionar: quantas pessoas reclamam que não sabem rezar ou que não conseguem, porque se distraem facilmente e não se concentram? Ouvir os catequizandos e depois dizer-lhes que o Catecismo da Igreja Católica ensina que a oração supõe um esforço e uma luta contra nós mesmos, e contra os embustes do Tentador, ressaltando que as principais dificuldades no exercício da oração são a distração e a aridez (cf. CIgC, n. 2731). A solução está na fé, na conversão e na vigilância do coração.

Para isso é preciso criar uma rotina, criar o hábito. Sendo assim, o Catecismo ainda nos apresenta algumas pistas de como criar o hábito da oração:

1. Escolha um local: Procure em casa um lugar que seja o seu ponto de referência. Crie ali um pequeno altar, com a imagem de seu Santo de devoção, cruz, Bíblia e uma vela. Deixe sempre perto uma cadeira ou almofada.
2. Escolha um horário: Procure rezar sempre na mesma hora – logo quando acordar, ou antes de dormir, ou um horário que lhe seja mais conveniente.
3. Sente-se de maneira confortável e faça um profundo silêncio.
4. Quando as distrações aparecerem, tome consciência de cada uma delas, coloque-as de lado e volte a se concentrar, sem dizer nada, apenas contemplando Deus no silêncio, deixando-o falar e o escutando.
5. Na primeira semana poderá, além do silêncio e da escuta, apenas fazer um momento de louvor e agradecimento pelo dia.
6. Depois de uma semana, poderá começar a ler um texto bíblico (Liturgia Diária), meditando alguns versículos do Evangelho e concluindo com louvores, preces e agradecimentos.

Explicar que nos primeiros dias vamos nos sentir muito incomodados e inquietos, nos distraindo com facilidade. Vamos ficar no máximo cinco minutos em silêncio. Depois de quinze dias, já vamos conseguir ficar sete minutos e assim por diante. Com perseverança, vamos adaptando nosso corpo à oração, ao silêncio e à escuta de Deus. E quando menos percebermos vamos perder a hora diante da oração que, com o passar do tempo, será cada vez mais necessária e indispensável na nossa vida.

Conclusão: Deus nos conhece e sabe de todas as nossas necessidades, antes mesmo que nós conversemos com Ele. Deus quer nos falar e quer nos ouvir, quer que estejamos mais próximos Dele. Por isso a importância desse momento sozinho e em paz com Deus, pois Ele se manifesta no silêncio. Como gesto concreto, vamos chegar em casa e escolher um lugar como ponto de referência para nossa oração, podendo ser no nosso quarto, na sala ou em outro lugar. Durante toda a semana vamos exercitar e colocar em prática o que aprendemos neste encontro.

Por fim, o catequista diz que Jesus nos ensinou o Pai-nosso, a oração por excelência do cristão e o modelo de toda oração. Por isso nos próximos encontros iremos refletir sobre cada petição do Pai-nosso e ainda o receberão solenemente da Igreja, numa celebração (o catequista então comunica e orienta os catequizandos sobre a Celebração de Entrega do Pai-nosso).

Oração final: Ao redor da Mesa da Palavra, pedir para que cada catequizando faça orações espontâneas. Rezar o Pai-nosso e concluir com a oração:

Deus, Pai amado, que conhece o coração de cada um de nós, ajudai-nos a ter uma vida de oração e que possamos escutar a tua voz a nos falar. Que saibamos silenciar nossa vida e nosso coração. Por Cristo, nosso Senhor. Amém!

No final da oração, o catequista impõe as mãos sobre a cabeça de cada catequizando e traça o sinal da cruz em sua fronte dizendo: *"...N..., rezai sem cessar, vai em paz, que o Senhor te acompanhe! Amém"*.

 **Material de apoio**

Aprofundar o tema nos parágrafos 2558 a 2758 do Catecismo da Igreja Católica.

No Brasil, temos o *Ofício Divino das Comunidades*, isto é, a Liturgia das Horas, organizada de uma maneira inculturada, com uma estrutura que favorece mais a participação dos vários grupos. Vale a pena conhecer as duas versões da Liturgia das Horas e rezá-la em comunidade. Se o catequista ainda não conhece a Liturgia das Horas, a oração da Igreja, deverá procurar conhecê-la para apresentar aos catequizandos.

Propõe-se que haja um diálogo entre catequese, equipe de liturgia e pároco, para que se reze pelo menos uma vez na semana a Liturgia das Horas com toda a comunidade, se ainda não há esse costume na paróquia. Isso poderá ser feito em um sábado pela manhã, em um domingo antes da primeira missa da manhã, ou ainda nos encontros semanais das comunidades.

Escritos de São Cipriano de Cartago (†258), Bispo de Cartago e mártir.

Pode-se também ler o texto: *A oração do Senhor* (PL 4, 541-555). In: GOMES, Cirilo Folch (OSB). *Antologia dos santos padres*. São Paulo: Paulinas, 1985. (Coleção Patrologia).

SUGESTÃO

> Durante o Tempo da Quaresma poderá ser refletido em um encontro a temática da *Campanha da Fraternidade*, revestindo a Quaresma de um significado atual dentro de um convite à reflexão e à prática do amor fraterno. O encontro poderá ser realizado pelo catequista dentro da programação da catequese ou como uma atividade realizada pelo introdutor.
>
> Neste período ainda, incentivar os eleitos e catequizandos a participarem das práticas quaresmais, como as vias-sacras e caminhadas penitenciais.

Celebração de Entrega da Oração do Senhor

Palavra inicial: Caros catequistas e equipes de liturgia, com essa celebração queremos entregar aos catecúmenos e catequizandos a oração que o Senhor nos ensinou: o Pai-nosso, a principal oração do cristão, tida como o resumo de todo o Evangelho. "Desde a Antiguidade é a oração característica dos que recebem no Batismo o espírito de adoção de filhos e será rezada pelos neófitos, com os outros batizados, na primeira Eucaristia de que participarem" (RICA, n. 188).

Esta entrega é muito significativa, pois apresenta aos catecúmenos e catequizandos o Pai-nosso como modelo para uma vida de oração pessoal e comunitária. Jesus, em vários momentos de sua vida, deixou o exemplo e ensinou a importância da oração. E foi por causa do seu testemunho que os discípulos pediram para que os ensinasse a orar: "Estando em certo lugar, orando, ao terminar, um de seus discípulos pediu-lhe: 'Senhor, ensina-nos a orar, como João ensinou a seus discípulos" (Lc 11,1). "É em resposta a este pedido que o Senhor confia a seus discípulos e à sua Igreja a oração cristã fundamental. S. Lucas traz um texto breve (de cinco pedidos); S. Mateus, uma versão mais desenvolvida (sete pedidos). A tradição litúrgica da Igreja conservou o texto de S. Mateus" (RICA, n. 188).

E é essa oração fundamental que a Igreja recebe do Senhor e transmite aos catecúmenos e catequizandos, convidando-os a meditarem e refletirem sobre cada um dos seus sete pedidos. Mais ainda, mostra-lhes que, para rezar, não é preciso muitas palavras, basta um coração puro, humilde e arrependido; Jesus se retirava do meio da multidão. É preciso parar com os afazeres do dia a dia, retirar-se e se colocar sozinho no silêncio (cf. Lc 6,12; Mt 14,23). Quando falamos, Deus se cala. É preciso parar e silenciar nossa vida e coração para escutar Deus. Oração é um diálogo; o Pai-nosso é a mais perfeita das orações, pois ordena nossos pedidos, bem como o que devemos pedir[31].

A entrega da Oração do Senhor, proposta pelo Ritual da Iniciação Cristã de Adultos (RICA), consta de:

- Entrega da Oração do Senhor.
- Oração sobre os catecúmenos.
- Despedida dos catecúmenos.

Preparando a celebração

A entrega da Oração do Senhor para os adultos é feita verbalmente, portanto não é necessário entregar o texto com a versão catequética da oração impressa. Se desejarem, ao final da celebração, podem entregar um livro que explique os sete pedidos da oração ou o texto impresso em um papel especial, como recordação, porém não durante o rito.

Os padrinhos e madrinhas instituídos no Rito da Eleição para cada catecúmeno e catequizando devem acompanhá-los na celebração.

Sugerimos que a celebração aconteça antes da realização do *40º Encontro – Pai-nosso*, podendo acontecer no sábado após a 1ª Semana da Quaresma, quando já tiver sido realizado o *38º Encontro*, dentro de uma Celebração da Palavra, utilizando as leituras bíblicas sugeridas pelo RICA (n. [86]) e o Evangelho de Mt 6,9-13.

Se for celebrado dentro da missa, os catecúmenos e catequizandos já podem permanecer no interior da igreja, em lugares pré-determinados, e quem preside os acolhe durante a saudação inicial. A missa então prossegue como de costume até a Proclamação do Evangelho.

Se oportuno, após a celebração, realizar uma confraternização com um lanche comunitário, partilhando as alegrias e criando vínculo com a comunidade.

Por necessidade pastoral, o Oração do Senhor poderá ser entregue na missa do 2º domingo da Quaresma, observando as orientações ao final do rito ordinário, podendo na mesma celebração acontecer o Rito de Unção dos Catecúmenos (eleitos).

Conferir outras possibilidades que o ritual propõe no RICA (n. 188-192).

---

[31] Texto transcrito e adaptado do livro: PARO, Thiago Faccini. *As celebrações do RICA*: conhecer para bem celebrar. Petrópolis: Vozes, 2017. p. 37-38.

Celebração

Celebração de Entrega da Oração do Senhor

A Celebração (da Palavra ou da Eucaristia) se inicia de modo habitual, com procissão de entrada, sinal da cruz e saudação de quem preside, até a proclamação do Evangelho. Depois do canto de aclamação ao Evangelho, o diácono ou um catequista diz:

Catequista: *Aproximem-se, os que vão receber a Oração do Senhor.*

Os eleitos e catequizandos se aproximam de quem preside, que prossegue:

Presidente: *Caros eleitos [catecúmenos] e catequizandos, vocês ouvirão agora como o Senhor ensinou seus discípulos a rezar.*

O diácono ou, em sua ausência, um presbítero ou quem preside, proclama o Evangelho.

Leitura do Evangelho de Jesus Cristo segundo Mateus 6,9-13.

Naquele tempo, disse Jesus a seus discípulos:

"Vós deveis rezar assim: Pai nosso que estás nos céus, santificado seja o teu nome; venha o teu Reino; seja feita a tua vontade, assim na terra como nos céus. O pão nosso de cada dia dá-nos hoje. Perdoa as nossas ofensas, assim como nós perdoamos a quem nos tem ofendido. E não nos deixes cair em tentação, mas livra-nos do mal".

Segue a homilia, na qual quem preside expõe o significado e a importância da Oração do Senhor. Ao término, o diácono ou um catequista convida os eleitos e catequizandos a se ajoelharem e quem preside faz a oração.

Se não for feito o Rito da Unção com o óleo dos catecúmenos em uma das celebrações do 2º domingo da Quaresma, pode-se fazê-la neste momento, antes da oração sobre os eleitos e catequizandos, conforme rito próprio que consta a seguir ou durante os ritos de preparação imediata na manhã ou início da tarde do Sábado Santo.

ORAÇÃO SOBRE OS ELEITOS E CATEQUIZANDOS

Diácono: *Prezados eleitos e catequizandos, ajoelhem-se para a oração sobre vocês.*

Presidente: *Oremos pelos nossos eleitos e catequizandos. Que o Senhor nosso Deus abra seus corações e as portas da misericórdia para que, vindo a receber todos os Sacramentos da Iniciação Cristã, sejam mais perfeitamente incorporados no Cristo Jesus, e sejam sustentados por uma vida de oração.*

Todos rezam em silêncio. Em seguida quem preside, com as mãos estendidas, diz:

Presidente: *Deus eterno e todo-poderoso, que por novos nascimentos tornais fecunda a vossa Igreja, aumentai a fé e o entendimento dos nossos eleitos e catequizandos para que, celebrando os vossos santos mistérios, sejam verdadeiros discípulos seus. Por Cristo, nosso Senhor.*

Todos: *Amém.*

Em seguida todos voltam para os seus lugares e se prossegue com a Celebração da Palavra ou Eucarística, com a prece dos fiéis.

Se for dentro da Celebração Eucarística, se oportuno, apenas os catecúmenos podem ser despedidos logo após a oração sobre os eleitos e catequizandos.

Antes da bênção final, quem preside dirige breves palavras de incentivo e apoio aos eleitos e catequizandos.

Orientações para o rito a ser realizado na missa do 2º domingo da Quaresma

Se por necessidade pastoral optar-se por entregar a Oração do Senhor na missa do 2º domingo da Quaresma, poderá ser feito no momento da oração comunitária do Pai-nosso.

Após a doxologia da Prece Eucarística, o diácono ou um catequista diz:

Catequista: *Aproximem-se, os que vão receber a Oração do Senhor.*

Os eleitos e catequizandos se aproximam de quem preside, que prossegue:

Presidente: *Caros eleitos e catequizandos, vocês ouvirão agora como o Senhor ensinou seus discípulos a rezar.*

Quem preside inicia a oração do Pai-nosso como de costume, seguido por toda a comunidade.

Presidente: *Pai nosso que estais nos céus...*

Omitindo o embolismo ("Livrai-nos de todos..."), quem preside diz:

Presidente: *Caros eleitos e catequizandos, essa é a Oração que o Senhor nos ensinou, guarde-as com a pureza do coração.*

Todos retornam aos seus lugares, e segue-se o rito da paz. A missa prossegue como de costume, até a oração pós-comunhão. Antes da bênção final, quem preside dirige breves palavras de incentivo e apoio aos eleitos e catequizandos e faz a oração sobre os eleitos e catequizandos como no rito descrito.

Rito da Unção dos Catecúmenos

Palavra inicial: O Rito de Unção com o óleo dos catecúmenos indica o fortalecimento na batalha travada ao longo da vida cristã. Ao ungir o catecúmeno, a Igreja quer transmitir a força de Deus para os que iniciam a vida cristã, que não será fácil certamente.

Na unção, as palavras proferidas pelo ministro também evocam a força de Cristo para o catecúmeno: "O Cristo Salvador lhes dê a sua força..." (RICA, n. 132). O óleo e as unções são elementos que tanto na Sagrada Escritura quanto na liturgia têm aplicações bastante diversificadas e frequentes. Especificamente para a unção pré-batismal, recordamos os guerreiros e atletas que, preparando-se para o combate e para o esforço, desde antigamente passavam óleo no corpo para que, durante a batalha, fizessem escorregar as mãos dos inimigos. Cirilo de Jerusalém escreve em uma de suas catequeses mistagógicas o significado desta unção:

> Fostes ungidos com óleo exorcizado desde o alto da cabeça até os pés. Assim, vos tornastes participantes da oliveira cultivada, Jesus Cristo. Cortados da oliveira bravia, fostes enxertados na oliveira cultivada e vos tornastes participantes da abundância da verdadeira oliveira. O óleo exorcizado era símbolo, pois, da participação da riqueza de Cristo. Afugenta toda presença das forças adversas. Como a insuflação dos santos e a invocação do nome de Deus, qual chama impetuosa, queima e expele os demônios, assim este óleo exorcizado recebe, pela invocação de Deus e pela prece, uma tal força que, queimando, não só apaga os vestígios dos pecados, mas ainda põe em fuga as forças invisíveis do maligno.[32]

A unção com o óleo dos catecúmenos é exclusiva para os catecúmenos, uma vez que os catequizandos, sendo batizados, não precisam ser ungidos novamente. Os catequizandos podem ser incentivados a participar da celebração na qual será realizado o Rito da Unção, acompanhando e apoiando os colegas de turma, e rezando por eles.

PREPARANDO A CELEBRAÇÃO

Sugerimos que a celebração aconteça no 2º domingo da Quaresma, uma vez que o RICA não indica nenhuma celebração para este dia, valorizando assim toda a espiritualidade do Tempo da Purificação e Iluminação[33]. Poderá, ainda, acontecer ao final da Celebração de Entrega da Oração do Senhor.

Reservar bancos para os catecúmenos e seus padrinhos.

Providenciar recipiente com o óleo dos catecúmenos (bento pelo Bispo na missa do Crisma). Por razões pastorais, pode ser abençoado pelo sacerdote imediatamente antes da unção.

É importante que a unção seja abundante. O que é dito no Ritual do Batismo de Crianças (cf. n. 128) deveria ser levado em conta também para a unção dos adultos: uma boa quantidade de óleo para que se pareça visivelmente com uma verdadeira unção. Assim torna-se significativa, permitindo que os catecúmenos (eleitos) sintam, através do rito e do símbolo da unção, a força do Espírito Santo;

Os catecúmenos poderão ser ungidos no peito ou ambas as mãos, ou ainda em outras partes do corpo de modo adequado, se parecer oportuno (cf. RICA, n. 132).

A unção deverá ser realizada por um presbítero ou diácono. Se os catecúmenos forem muitos, podem-se admitir vários ministros.

Conferir outras possibilidades que o ritual propõe no RICA (n. 125-130; 206-207).

---

[32] CIRILO DE JERUSALÉM. *Catequeses Mistagógicas.* Petrópolis: Vozes, 2004. v. 2 e 3, p. 33.

[33] O Rito da Unção já poderá ter sido realizado no Tempo do Catecumenato, podendo ser repetido no Tempo da Quaresma, sobretudo no 2º domingo e nos ritos de preparação imediata.

Celebração

Rito da Unção dos Catecúmenos

(Sugerimos realizar em uma das missas do 2º domingo da Quaresma)

Acolhida inicial: Após a saudação inicial, quem preside saúda os eleitos, acolhendo-os com ternura e afeto. A missa prossegue como de costume até a homilia.

Depois da homilia, os eleitos com os padrinhos aproximam-se e ficam de pé, diante de quem preside, que apresenta a todos o recipiente com o óleo e, em seguida, reza a oração de graças:

Presidente: *Bendito sejais vós, Senhor Deus, porque, no vosso imenso amor, criaste o mundo para nossa habitação.*

Todos: *Bendito seja Deus para sempre!*

Presidente: *Bendito sejais vós, Senhor Deus, porque criaste a oliveira, cujos ramos anunciaram o final do dilúvio e o surgimento de uma nova humanidade.*

Todos: *Bendito seja Deus para sempre!*

Presidente: *Bendito sejais vós, Senhor Deus, porque, através do óleo, fruto da oliveira, fortaleceis vosso povo para o combate da fé.*

Todos: *Bendito seja Deus para sempre!*

Presidente: *Ó Deus, proteção de vosso povo, que fizestes do óleo, vossa criatura, um sinal de fortaleza:*

(Se o óleo não estiver bento e quem preside for sacerdote, diz: Abençoai este óleo e)

Concedei a estes catecúmenos a força, a sabedoria e as virtudes divinas, para que sigam o caminho do Evangelho de Jesus, tornem-se generosos no serviço do Reino e, dignos da adoção filial, alegrem-se por terem renascido e viverem em vossa Igreja. Por Cristo, nosso Senhor.

Todos: *Amém.*

Presidente: *O Cristo Salvador lhes dê a sua força simbolizada por este óleo da salvação. Com ele os ungimos no mesmo Cristo, Senhor nosso, que vive e reina pelos séculos.*

Todos: *Amém.*

A seguir cada um é ungido com o óleo dos catecúmenos, no peito ou em ambas as mãos, ou ainda em outras partes do corpo, se parecer oportuno.

Após a unção a missa prossegue com a recitação do Credo e a prece dos fiéis, podendo-se rezar pelos eleitos que foram ungidos. Por razões pastorais os eleitos podem permanecer na celebração e, se assim for, omite-se a exortação a seguir.

DESPEDIDA DOS ELEITOS

Presidente: *Vão em paz e compareçam para o Rito do Primeiro Escrutínio, o Senhor os acompanhe.*

Os eleitos: *Graças a Deus.*

CELEBRAÇÃO DA EUCARISTIA

Os eleitos voltam para os seus lugares e quem preside diz o Creio, então a missa prossegue como de costume até o final.

Pai-nosso

(Encontro a ser realizado na 2ª semana da Quaresma)

Palavra inicial: Neste encontro, queremos trabalhar a invocação da oração que Jesus nos ensinou: "Pai nosso", assim como o sentido e significado das três primeiras invocações desta oração.

Preparar o ambiente: Ambão com toalha da cor do Tempo Litúrgico, vela e flores. Três cartazes: um com a invocação "Pai nosso que estais no céu"; outro com os três primeiros pedidos do Pai-nosso; e outro com os últimos quatro pedidos.

Acolhida: O catequista acolhe os catequizandos saudando-os com o dizer *"Deus é Pai de todos nós, ...N..., seja bem-vindo(a)!"*, e os conduz para dentro da sala.

Recordação da vida: Ao redor da Mesa da Partilha ou da Palavra, fazer uma retrospectiva da semana, pedindo que partilhem a experiência de escolher um lugar e rezar todos os dias. Questionar: Escolheram o lugar? Onde é? O que usaram para identificá-lo como lugar de oração (imagens, Bíblia, vela)? Qual o horário escolhido? Quanto tempo conseguiram ficar em silêncio? Tiveram distrações? Ainda poderá pedir que partilhem a experiência de receberem a Oração do Senhor.

NA MESA DA PALAVRA

Oração inicial: O catequista motiva um momento de oração, criando um clima de espiritualidade para o início do encontro e para a proclamação da Palavra. Poderão invocar o Espírito Santo com um canto ou rezando: *"Vinde, Espírito Santo..."*.

O catequizando dirige-se até o ambão e proclama o texto bíblico.

Leitura do texto bíblico: Rm 8,15-17.

Após alguns minutos de silêncio, o catequista lê o texto novamente, pausadamente, destacando alguns pontos.

> *"...recebestes um espírito de filhos adotivos pelo qual clamamos: 'Abba, Pai'. O próprio Espírito dá testemunho a nosso espírito de que somos filhos de Deus..."*

Todos se dirigem para a Mesa da Partilha.

NA MESA DA PARTILHA

Convidar os catequizandos a relerem em silêncio o texto bíblico. Depois incentivá-los a partilhar o que cada um entendeu.

Dependendo do que os catequizandos disserem, o catequista deve instigá-los com algumas indagações provocadas pelo texto bíblico. No texto verificamos que, se somos Filhos de Deus, também somos herdeiros.

- O que é ser herdeiro? De qual herança o texto nos fala?

A oração que Jesus nos ensinou começa com uma invocação que dá um tom próprio a toda ela, criando em nós o clima de intimidade e confiança que há de impregná-la inteira. Para rezar a oração do Pai-nosso é preciso experimentar Deus como Pai, com absoluta dependência de Deus, respeito e confiança.

Chamar Deus de Pai é aceitá-lo como gerador e fonte de vida. É situar-se diante de um Deus *Pai*. Dirigimo-nos a "Alguém" com rosto pessoal, atento aos desejos e necessidades do nosso coração. Dialogamos com um Pai que está na origem de nosso ser, e que é o destino último de nossa existência. Quando pronunciamos *Pai*, orientamos todo nosso ser para o único que nos ama, compreende e perdoa, pois somos seus filhos.

Jesus, sempre ao rezar, dirigia-se a Deus chamando-o de "Abba". Esta expressão aramaica, língua falada no tempo de Jesus, era usada especialmente pelas crianças ao se dirigirem a seus pais. Trata-se de um diminutivo carinhoso (algo como "papai") que ninguém havia atrevido a empregar até então para dirigir-se a Deus. A atitude de Jesus diante de Deus é a daquele que fala a partir da confiança, do afeto e da ternura de uma pequena criança. Mas Jesus não guarda só para si esta invocação, ensina-a também aos seus discípulos e a todos nós, para que invoquemos Deus com a mesma confiança e segurança, com a mesma intimidade.

Para rezar o Pai-nosso é preciso despertar em nós este "espírito de filho". Devemos aprender a orar com a confiança total de filhos. Deus é um Pai que nos ama com amor insondável e que conhece nossas necessidades.

Mas não basta saber que Deus é Pai, é preciso saber também que Ele é Pai de toda a família de seguidores de Jesus e de toda a humanidade, sem distinção. Rezamos a Oração do Senhor, no plural, desde o começo até o fim. Jesus nos ensina a Dizer "Pai nosso", e não "Pai meu". Quem chama a Deus de Pai não pode se esquecer do próximo. Não podemos ser egoístas e pensar somente em nós. No Pai-nosso não se pede nada só para si mesmo, mas para todos. Ninguém deve ficar excluído.

Rezar o Pai-nosso é reconhecer a todos como irmãos e irmãs, sentir-se em comunhão com todos os homens e mulheres, sem excluir ninguém, sem desprezar nenhum povo nem discriminar qualquer raça.

Deus está sempre atento a nossa oração. Ele conhece o nosso coração e sabe que todos nós não podemos viver sem a sua ajuda. Por isso mesmo que, quando os discípulos pediram para Jesus ensiná-los a rezar, na oração do Pai-nosso, Ele nos deixou sete pedidos que são essenciais para nossa caminhada cristã. Sete pedidos que não podemos deixar de fazer ao Pai em nossas orações.

Esses pedidos são divididos em dois blocos. O catequista, então, pega os três cartazes confeccionados com antecedência e os coloca em um lugar visível, de modo que o primeiro seja o cartaz com a invocação "Pai nosso que estais nos céus". Logo abaixo cola os outros dois cartazes, um ao lado do outro.

Mostrando os cartazes, o catequista explica que Jesus deixou sete pedidos na sua oração, sete bênçãos que estão divididas em dois blocos. Os três primeiros pedidos têm por objetivo a glória do Pai: a santificação do seu Nome; a vinda do Seu Reino; e o cumprimento da Sua vontade. O catequista então pede para os catequizandos rezarem juntos esses três primeiros pedidos escritos no segundo cartaz. E acrescenta que com esses três pedidos reconhecemos a grandeza de Deus, e que sem Ele não podemos nada.

O catequista poderá perguntar aos catequizandos o que eles sabem sobre o significado e importância de cada pedido. À medida que forem falando, poderá explicar brevemente cada pedido e dizer que, por meio deles, anunciamos nossa crença de que Deus sabe tudo o que precisamos e nos dá gratuitamente, sem exigir ou querer algo em troca; que a vida nesse mundo é passageira, e aqui somos formados para um dia nos encontrarmos com Ele no Seu Reino. Poderá pedir que leiam o texto no Diário Catequético, que apresenta um breve resumo dos três primeiros pedidos.

Depois poderá dizer que os outros quatro pedidos apresentam a Deus nossos desejos. Esses pedidos falam das nossas vidas, enquanto seres humanos, pecadores e sujeitos a erros. Pedidos que fazemos para que Deus nos alimente, nos cure e nos ajude no combate visando à vitória do Bem sobre o Mal.

Na sequência o catequista convida os catequizandos a olharem para o terceiro cartaz e, juntos, rezarem os quatro pedidos. Acrescenta que são pedidos essenciais para nossa caminhada terrestre. Neles reconhecemos que todos somos irmãos e confiamos na misericórdia de Deus que nos perdoa constantemente, que nos dá o pão necessário para sobrevivermos e nos fortalece a cada dia no combate ao mal. Poderá dizer que esses pedidos serão refletidos no próximo encontro.

Conclusão: Podemos invocar a Deus como "Pai" porque o Filho de Deus feito homem assim O revelou para nós. Ele, em quem, pelo Batismo somos incorporados e adotados como filhos de Deus. O catequista poderá lembrar que, quando somos batizados, o ministro que está batizando só nos chama pelo primeiro nome: "Eu te batizo, ...N..., em nome do Pai e do Filho e do Espírito Santo". Isso ocorre porque todos nós, batizados, recebemos o mesmo sobrenome, "Cristãos", por isso somos todos irmãos e formamos uma só família.

Oração final: Ao redor da Mesa da Palavra, o catequista pode incentivar os catequizandos a fazerem orações pelos seus pais ou responsáveis, pedindo também pela paz no mundo e união dos povos. Rezar um Pai-nosso e concluir com a oração:

> *Senhor, nosso Deus, que se fez conhecer como Pai pelo teu Filho Jesus, fazei que sejamos verdadeiramente teus filhos e filhas, testemunhando e servindo os nossos irmãos e irmãs. Por Cristo, nosso Senhor. Amém!*

No final da oração, o catequista impõe as mãos sobre a cabeça de cada catequizando e traça o sinal da cruz em sua fronte dizendo: *"Todos somos irmãos, ...N..., vai em paz, que o Senhor te acompanhe! Amém"*.

Material de apoio

Aprofundar o tema nos parágrafos 2759 a 2827 do Catecismo da Igreja Católica.

Sugerimos a leitura do livro: PAGOLA, José Antônio. *Pai-nosso: orar com o Espírito de Jesus*. Petrópolis: Vozes, 2012.

Da Carta a Proba, de Santo Agostinho, Bispo (séc. V)

A Oração do Senhor

Temos necessidade de palavras para incitar-nos e ponderarmos o que pediremos, e não com a intenção de dá-lo a saber ao Senhor ou a comovê-lo.

Quando, pois, dizemos:

Santificado seja o teu nome, exortamo-nos a desejar que seu nome, imutavelmente santo, seja também considerado santo pelos homens, isto é, não desprezado. O que é de proveito para os homens, não para Deus.

E ao dizermos: Venha teu Reino que, queiramos ou não, virá sem falta, acendemos o desejo deste Reino; que venha para nós e nele mereçamos reinar.

Ao dizermos: Faça-se a tua vontade assim na terra como no céu, pedimos-lhe conceder-nos esta obediência de *sorte* que se faça em nós sua vontade do mesmo modo como é feita no céu por seus anjos.

Dizemos: O pão nosso de cada dia dá-nos hoje. Pela palavra hoje se entende este nosso tempo. Ou, com a menção da parte principal, indicando o todo pela palavra pão, pedimos aquilo que nos basta. O sacramento dos fiéis, necessário agora, não, porém, para a felicidade deste tempo, mas para alcançarmos a felicidade eterna.

Dizendo: Perdoa-nos as nossas dívidas, assim como nós perdoamos a nossos devedores, tomamos consciência do que pedimos e do que temos de fazer para merecer obtê-lo.

Ao dizer: Não nos leves à tentação, advertimo-nos a pedir que não aconteça que, privados de seu auxílio em alguma tentação, iludidos, consintamos nela, ou cedamos perturbados.

Dizer: Livra-nos do mal nos leva a pensar que ainda não estamos naquele Bem em que não padeceremos de mal algum. E este último pedido da oração dominical é tão amplo, que o cristão em qualquer tribulação em que se veja, por ele pode gemer, nele derramar lágrimas, daí começar, nele demorar-se, nele terminar a oração. É preciso guardar em nossa memória, por meio destas palavras, as realidades mesmas.

Pois quaisquer outras palavras que dissermos – tanto as formadas pelo afeto que as precede e esclarece quanto as que o seguem e crescem pela atenção dele – não dirão nada que não se encontre nesta oração dominical, se orarmos como convém. Quem disser algo que não possa ser contido nesta prece evangélica, sua oração, embora não ilícita, é carnal; contudo não sei como não ser ilícita, uma vez que somente de modo espiritual devem orar os renascidos do Espírito.

Os Escrutínios

(A serem realizados no 3º, 4º e 5º domingos da Quaresma)

Palavra inicial: A palavra escrutínio vem do latim, *scrutari* (esquadrinhar, examinar, visitar, buscar). No RICA, dá-se este nome às provas e celebrações compostas da leitura da Palavra, orações e exorcismos, realizados sobretudo no caminho do catecumenato batismal, que tem duas finalidades: "Descobrir o que houver de imperfeito, fraco e mau no coração dos eleitos, para curá-los; e o que houver de bom, forte, santo, para consolidá-los" (RICA, n. 25). São celebrações muito importantes em termos espirituais, pois esclarecem aos futuros batizados o sentido das lutas que irão travar durante a caminhada cristã, as renúncias e as rupturas a que serão chamados a realizar, levando-os a viver sob o símbolo da vitória de Cristo.

Os escrutínios celebrados solenemente nas missas próprias do 3º, 4º e 5º domingos da Quaresma têm a mesma estrutura, qual seja:

- Proclamação da Palavra e homilia.
- Oração em silêncio.
- Prece pelos eleitos.
- Exorcismo.
- Despedida dos eleitos.
- Liturgia Eucarística.

Com temáticas diferentes, seguindo as leituras do Lecionário do Ano A, usa-se no 1º Escrutínio o Evangelho da Samaritana, no segundo, o cego de nascença, e no terceiro, a ressurreição de Lázaro. Com este itinerário, seguindo a pedagogia quaresmal, cada celebração ajudará o eleito a perceber, de modo mais profundo, a importância de Cristo em sua própria vida.

A função dos escrutínios, portanto, que se realizam por meio dos exorcismos é sobretudo espiritual, estão "orientados para libertar do pecado e do demônio e confirmar no Cristo, que é o caminho, a verdade e a vida dos eleitos" (RICA, n. 25)[34].

Os escrutínios são exclusivos para os catecúmenos, uma vez que os catequizandos, sendo batizados, terão uma celebração própria de purificação: a Celebração do Sacramento da Penitência. Os catequizandos podem ser incentivados a participar da celebração com o rito dos escrutínios, acompanhando e apoiando os colegas de turma, e rezando por eles.

Preparando a celebração

Reservar bancos para os catecúmenos e seus padrinhos.

O Missal Romano traz formulários próprios para essas celebrações, em *Missas rituais* (cf. Na celebração dos Sacramentos da Iniciação Cristã e Nos escrutínios).

Para a Liturgia da Palavra, sempre se utilizam as leituras do Ciclo A (Lecionário Dominical – Ano A, 1º domingo da Quaresma), mesmo que seja ano B ou C, cujas leituras devem ser substituídas apenas na celebração que acontecer o Rito da Eleição.

Outras fórmulas de preces pelos eleitos encontram-se nos *Textos diversos* do RICA (n. 378[163]).

Outras preces de exorcismos podem ser encontradas em *Textos diversos*: n. 379 (1º Escrutínio); n. 383 (2º Escrutínio); n. 387 (3º Escrutínio).

Conferir outras possibilidades que o ritual propõe no RICA (n. 154-180).

---

[34] Texto transcrito e adaptado do livro: PARO, Thiago Faccini. *As celebrações do RICA:* conhecer para bem celebrar. Petrópolis: Vozes, 2017. p. 42-45.

Primeiro Escrutínio

(A ser realizado em uma das missas do 3º domingo da Quaresma)

Acolhida inicial: Após a saudação inicial, quem preside saúda os eleitos, acolhendo-os com ternura e afeto. A missa prossegue como de costume até a Liturgia da Palavra.

LITURGIA DA PALAVRA

Apenas na celebração em que for realizado o Escrutínio são usadas as fórmulas do Missal e do Lecionário do Ano A (Evangelho da Samaritana).

Proclamadas as leituras, quem preside expõe na homilia o sentido do 1º Escrutínio, levando em conta a liturgia quaresmal e o itinerário espiritual dos eleitos. Depois da homilia, os eleitos e seus padrinhos aproximam-se e ficam de pé, diante de quem preside, para a oração em silêncio.

ORAÇÃO EM SILÊNCIO

Quem preside, dirigindo-se primeiro aos fiéis, convida-os a orar em silêncio pelos eleitos, implorando o espírito de penitência, a consciência do pecado e a verdadeira liberdade dos filhos de Deus. Voltando-se para os eleitos, convida-os igualmente a orar em silêncio e exorta-os a manifestar pela atitude do corpo seu espírito de penitência, inclinando-se ou ajoelhando-se. Conclui com estas palavras ou outras semelhantes:

Presidente: *Eleitos de Deus, ajoelhem-se para a oração.*

Os eleitos ajoelham-se (ou inclinam-se). Todos rezam em silêncio e, se for oportuno, erguem-se em seguida para prosseguir com as preces pelos eleitos.

PRECE PELOS ELEITOS

Durante as preces, os padrinhos ou as madrinhas põem a mão direita sobre o ombro de cada eleito.

Presidente: *Oremos por estes eleitos que a Igreja, cheia de confiança, escolheu após uma longa caminhada, para que, concluída sua preparação, nestas festas pascais, encontrem o Cristo nos seus sacramentos.*

Leitor: Para que estes eleitos, a exemplo da samaritana, repassem suas vidas diante do Cristo e reconheçam os próprios pecados, roguemos ao Senhor.

R. *Senhor, atendei a nossa prece.*

Leitor: Para que sejam libertados do espírito de descrença, que afasta a humanidade do caminho de Cristo, roguemos ao Senhor.

R. *Senhor, atendei a nossa prece.*

Leitor: Para que, à espera do dom de Deus, cresça neles o desejo da água viva que jorra para a vida eterna, roguemos ao Senhor.

R. *Senhor, atendei a nossa prece.*

Leitor: Para que, aceitando como mestre o Filho de Deus, sejam verdadeiros adoradores do Pai, em espírito e em verdade, roguemos ao Senhor.

R. *Senhor, atendei a nossa prece.*

Leitor: Para que tendo experimentado o maravilhoso encontro com Cristo, possam transmitir aos amigos e concidadãos sua mensagem de alegria, roguemos ao Senhor.

R. *Senhor, atendei a nossa prece.*

Leitor: Para que todos os que sofrem no mundo, pela pobreza e pela falta da Palavra de Deus, tenham a vida em plenitude prometida pelo Evangelho de Cristo, roguemos ao Senhor.

R. *Senhor, atendei a nossa prece.*

Leitor: Para que todos nós, acolhendo o ensinamento do Cristo e aceitando a vontade do Pai, possamos realizar amorosamente a sua obra, roguemos ao Senhor.

R. *Senhor, atendei a nossa prece.*

EXORCISMO

Depois das preces, de mãos unidas e voltado para os eleitos, quem preside diz:

Presidente: *Oremos.*

Pai de misericórdia, por vosso Filho vos compadecestes da samaritana e, com a mesma ternura de Pai, oferecestes a salvação a todo pecador.

Olhai em vosso amor estes eleitos que desejam receber, pelos sacramentos, a adoção de filhos: que eles, livres da servidão do pecado e do pesado jugo do demônio, recebam o suave jugo de Cristo.

Protegei-os em todos os perigos, a fim de que vos sirvam fielmente na paz e na alegria e vos rendam graças para sempre. Por Cristo, nosso Senhor.

Todos: *Amém.*

Quem preside, em silêncio, impõe a mão sobre cada eleito. Em seguida, com as mãos estendidas sobre eles, continua:

Presidente: *Senhor Jesus, que em vossa admirável misericórdia convertestes a samaritana, para que adorasse o Pai em espírito e verdade, libertai agora das ciladas do demônio estes eleitos que se aproximam das fontes da água viva; convertei seus corações pela força do Espírito Santo, a fim de conhecerem o vosso Pai, pela fé sincera que se manifesta na caridade. Vós que viveis e reinais para sempre.*

Todos: *Amém.*

O rito é concluído com a despedida dos eleitos, e a missa prossegue com a Liturgia Eucarística. Por razões pastorais os eleitos podem permanecer na celebração e, se assim for, omite-se a exortação a seguir.

DESPEDIDA DOS ELEITOS

Presidente: *Vão em paz e compareçam ao próximo Escrutínio. O Senhor os acompanhe.*

Os eleitos: *Graças a Deus.*

CELEBRAÇÃO DA EUCARISTIA

Os eleitos voltam para os seus lugares e quem preside diz o Creio. A missa prossegue como de costume até o final.

41º Encontro

As nossas súplicas ao Pai

(Encontro a ser realizado na 3ª semana da Quaresma)

Palavra inicial: Neste encontro desenvolveremos junto aos catequizandos uma reflexão sobre os quatro últimos pedidos da Oração do Senhor, propondo, a partir deles, ações concretas para a nossa vida cristã.

Preparar o ambiente: Ambão com toalha da cor do Tempo Litúrgico, Bíblia, vela. Os três cartazes utilizados no último encontro, onde estão escritos a invocação e os sete pedidos da oração do Pai-nosso.

Acolhida: O catequista acolhe os catequizandos saudando-os com o dizer *"Deus providencia o necessário para a nossa vida, ...N..., seja bem-vindo(a)!"*, e os conduz para dentro da sala.

Recordação da vida: Ao redor da Mesa da Partilha ou da Mesa da Palavra, fazer uma retrospectiva da semana. O catequista poderá perguntar sobre o encontro anterior, pedindo para que partilhem o que cada um achou mais interessante sobre os três primeiros pedidos da oração do Pai-nosso.

NA MESA DA PALAVRA

Oração inicial: O catequista inicia a oração invocando o Espírito Santo, rezando ou cantando.

O catequista convida a todos a cantar aclamando o Santo Evangelho. Em seguida o catequizando dirige-se até o ambão de onde proclama o texto bíblico.

Leitura texto bíblico: Mt 6,25-34.

Após alguns minutos de silêncio, o catequista lê o texto novamente, pausadamente, destacando alguns pontos.

> *"...não vos preocupeis com vossa vida, com o que comereis ou bebereis [...] Vosso Pai celeste sabe que necessitais de tudo isso. Buscai, pois, em primeiro lugar o reino de Deus e sua justiça e todas estas coisas vos serão dadas de acréscimo..."*

Todos se dirigem para a Mesa da Partilha.

NA MESA DA PARTILHA

Convidar os catequizandos a relerem em silêncio o texto bíblico. Depois incentivá-los a partilhar a mensagem do texto.

O catequista prossegue dizendo que vemos no texto a confiança que Jesus nos pede para depositar no Pai. Ele também confiava. Nos momentos de angústia, desespero pelos quais passou, a confiança que Ele depositava em Deus foi a força necessária para que seguisse em frente e não desanimasse.

E nós? Nos nossos momentos de dificuldades, temos confiado na providência divina? Conhecemos alguém que mesmo diante de muito sofrimento não se desesperou e esperou firme, tendo certeza do auxílio divino?

Pedir para os catequizandos lerem os quatro últimos pedidos da oração do Pai-nosso, depois dizer que precisamos a cada dia reconhecer a nossa fragilidade e suplicar sempre o auxílio de Deus. Os quatro pedidos que Jesus nos ensinou apresentam aquilo que é essencial, que devemos pedir para nossas vidas, sempre tendo como meta o Reino de Deus. Os três primeiros estavam centrados em Deus: "Teu nome", "Teu reino", "Tua vontade". A partir de agora a atenção se volta para nós mesmos: "nosso pão", "nossas ofensas", "não nos deixes cair em tentação", "livra-nos do mal".

O catequista pergunta aos catequizandos o que quer dizer cada pedido, qual a sua importância e o seu significado. À medida que forem falando, poderá tecer uma breve explicação de cada um. Poderá pedir que leiam também o texto que está no Diário Catequético. Poderá, ainda, propor ações concretas sobre alguns pedidos, como os sugeridos a seguir.

▸ Pedir o pão para o nosso dia a dia torna-nos pessoas que esperam da bondade do Pai do Céu tudo o que é necessário, tanto os bens materiais como os espirituais. Nenhum cristão deve fazer esse pedido sem pensar também na sua responsabilidade real por aqueles a quem faltam os bens mais básicos deste mundo. Como gesto concreto, sugerimos que os catequizandos sejam motivados a trazerem para o próximo encontro alimentos não perecíveis, roupas e brinquedos para ser partilhado com alguma família carente, ou ainda bolo, pão, refrigerante e outros alimentos para serem partilhados a um asilo e partilhados no café com os internos. O interessante seria que todos os catequizandos fossem até o local escolhido e ali vissem a realidade dos menos favorecidos.

▸ O catequista então começa a refletir com os catequizandos sobre a importância do dízimo para manutenção e sobrevivência da Igreja. O dízimo é o "pão" que ofertamos para o sustento da Igreja e de suas ações pastorais de evangelização e de caridade. Pedir para que os catequizandos olhem para a sala da catequese e lembrem-se também da igreja, de toda estrutura da paróquia e da comunidade. Após essa observação, questionar como os catequizandos imaginam que a estrutura e os recursos são mantidos (as salas de catequese, a igreja, as cadeiras e mesas, a limpeza dos locais...). Depois de ouvi-los, o catequista diz que tudo isso é mantido com o dinheiro do dízimo e com ofertas doadas pelos fiéis.

▸ Poderá ainda perguntar se já ouviram falar do dízimo e o que ele significa.

▸ O catequista então explica que o dízimo é a décima parte de tudo aquilo que ganhamos, e que deveria ser ofertada à Igreja para a manutenção da comunidade. O dízimo tem origem no Antigo Testamento (Lv 27,30), quando era tido como 10% de tudo o que era produzido. O versículo do texto bíblico poderá ser lido com os catequizandos. O catequista então esclarece a importância de todos os fiéis batizados terem a consciência de que são responsáveis por manter a Igreja e seu projeto de evangelização. Depois abre o cartaz com o desenho da igreja e, apontando os tijolos nela desenhados, indica seus principais gastos. Diz que o dinheiro arrecadado no dízimo, além de manter os gastos com a estrutura (luz, água...), é também revertido à evangelização (formação de agentes de pastoral, missões...) e às obras de caridade (hospitais, creches, orfanatos, asilos mantidos pela Igreja...), além de ser enviado para regiões e países mais pobres. São as três dimensões do dízimo: religiosa, eclesial, missionária e caritativa.

▸ O catequista poderá perguntar se algum catequizando já é dizimista. Propor que todos os catequizandos sejam dizimistas, dizendo que poderiam comprometer-se dando o valor que puderem, não sendo obrigatório os 10%. O catequista poderá distribuir uma ficha de cadastro de dizimista para cada catequizando e orientar para que, depois de preenchê-la, a entreguem na mesa do dízimo na Igreja ou na secretaria paroquial; a partir da ficha entregue, então, eles se tornarão dizimistas. O catequista não pode se esquecer de conversar com os agentes da Pastoral do Dízimo, para receber as orientações necessárias de como proceder com as fichas, fortalecendo a Pastoral de Conjunto.

▸ O catequista poderá perguntar aos catequizandos se eles já fizeram a experiência do perdão; de pedir e de conceder o perdão a alguém que os tenha magoado. Deixar que partilhem suas histórias. Depois conclui dizendo que não podemos guardar o sentimento de vingança, é preciso abrir-se ao perdão, por mais difícil que seja. Perdoar não significa voltar a ter a mesma amizade que antes, pois leva tempo para curar as feridas abertas em nós. Perdoar é não desejar o mal ao outro e abrir-se à graça de Deus, e pedir, em um segundo momento, para que Ele nos cure e liberte da mágoa e do ressentimento que possa ter ficado após o perdão. Como gesto concreto, somos convidados a nos lembrar de uma pessoa a quem magoamos ou que nos magoou e tomar a decisão de ir ao seu encontro e pedir e dar o perdão. Será um autêntico gesto cristão, e uma prova de que estamos abertos ao amor de Deus a cada um de nós.

▸ Ao abordar a temática do perdão, o catequista recorda do Sacramento da Reconciliação, no qual os catequizandos já batizados terão a oportunidade de se confessarem nas próximas semanas, muitos talvez pela primeira vez, de modo a terem a oportunidade de confessar os pecados ao padre e assim receber a absolvição, reconciliando-se com Deus e com a Igreja (é importante já ter organizado com o padre e a equipe de liturgia esse momento, podendo já comunicar a data, horário e local). O catequista conclui dizendo que a doxologia "Pois vosso é o reino, o poder e a glória para sempre", com a qual se pode concluir a oração do Senhor, é uma prece cujo fim é glorificar a Deus, e nos remete à leitura de Ap 5,13. A doxologia final acrescida no Pai-nosso retoma os três primeiros pedidos da oração: a glorificação de seu Nome, a vinda de seu Reino e o poder de sua Vontade salvífica. Mas essa retomada, como nos ensina o Catecismo da Igreja Católica, "ocorre então em forma de adoração e de ação de graças, como na Liturgia celeste. O príncipe deste mundo atribuíra a si mentirosamente estes três títulos de realeza, de poder e de glória; Cristo, o Senhor, os restitui a seu Pai e nosso Pai, até entregar-lhe o Reino, quando será definitivamente consumado o Mistério da salvação e Deus será tudo em todos" (CIgC, n. 2855).

Em nosso dia a dia, não temos muito o costume de concluir o Pai-nosso com essa doxologia. Nós a rezamos de modo especial em dois momentos: quando rezamos o Pai-nosso na versão ecumênica, ou seja, tradução aprovada e rezada pela maioria das Igrejas cristãs, e quando a rezamos na Liturgia da Celebração Eucarística, na qual ao Pai-nosso é acrescentado um embolismo (acréscimo), rezado apenas pelo presidente da celebração:

> *"Livrai-nos de todos os males, ó Pai, e dai-nos hoje a vossa paz. Ajudados pela vossa misericórdia, sejamos sempre livres do pecado e protegidos sempre de todos os perigos, enquanto vivendo a esperança aguardamos a vinda do Cristo Salvador."* (MISSAL ROMANO, n. 126)

Ao final do embolismo, toda assembleia conclui a oração com a doxologia: *"Vosso é o reino, o poder e a glória para sempre!"*. Vale ressaltar que na oração do Pai-nosso na missa não se diz o "amém", que só é dito mais adiante quando o sacerdote conclui a oração da paz.

Ao concluir o Pai-nosso rezado cotidianamente, dizemos o "amém", que significa "que isso se faça", "que assim seja", "que aconteça tudo o que acabamos de rezar". É como se fosse a nossa assinatura atestando o que acabamos de pedir, o desejo de que verdadeiramente se cumpra tudo o que está contido na oração que o Senhor nos ensinou.

Conclusão: O catequista convida cada catequizando a ficar alguns minutos em silêncio e formular um gesto concreto, uma atitude para que possa, como os discípulos, anunciar e testemunhar a fé, colocando em prática tudo o que aprendeu com o Pai-nosso. É um compromisso pessoal e que deve ser levado para a vida toda.

Oração final: O catequista convida todos a se colocarem ao redor da Mesa da Palavra motivando a formularem preces e orações para que os cristãos aprendam e saibam colocar em prática a oração que Jesus nos deixou. Conclui rezando o Pai-nosso e a oração:

> *Deus, Pai criador, que conhece o coração de cada um de nós, ajudai-nos a testemunhar a fé e a vivê-la a cada dia. Que nosso testemunho e exemplo seja sinal para esse mundo sem esperança e cheio de guerra. Que a oração nos seja sustento na missão. Por Cristo, nosso Senhor. Amém.*

No final da oração, o catequista impõe as mãos sobre a cabeça de cada catequizando e traça o sinal da cruz em sua fronte dizendo: *"Que a sua vida seja uma eterna oração, ...N..., vai em paz e que o Senhor te acompanhe!"*.

Material de apoio

Aprofundar o tema nos parágrafos 2828 a 2865 do Catecismo da Igreja Católica.

Sugerimos a leitura dos livros:

CNBB. *Documento, n. 106*: O dízimo na comunidade de fé – orientações e propostas. Brasília: Edições CNBB, 2016. (Documento 106).

OLENIKI, Ana Maria. *O Dízimo e a Catequese*. Petrópolis: Vozes, 2020.

OBSERVAÇÃO

Lembramos que só podem se aproximar do Sacramento da Penitência os catequizandos que já foram batizados. Se na turma de catequese tiver algum catequizando não batizado, orientar que poderá participar da celebração, mas que se confessará apenas depois que for batizado.

O diálogo ecumênico[35]

O Conselho Nacional de Igrejas Cristãs do Brasil (CONIC) é uma associação fraterna de Igrejas que confessam o Senhor Jesus Cristo como Deus e Salvador segundo as Escrituras e, por isso, procuram cumprir sua vocação comum para a glória de Deus Uno e Trino, Pai, Filho e Espírito Santo, em cujo nome administram o Santo Batismo.

Fundado em 1982, em Porto Alegre/RS, o CONIC tem hoje a sua sede em Brasília/DF. Seus objetivos envolvem a promoção das relações ecumênicas entre as Igrejas cristãs e o testemunho conjunto das Igrejas-membros na defesa dos direitos humanos como exigência de fidelidade ao Evangelho.

Seis igrejas fazem parte do CONIC: Aliança de Batistas do Brasil; Católica Apostólica Romana; Episcopal Anglicana; Evangélica de Confissão Luterana no Brasil; Ortodoxa Sírian do Brasil; Presbiteriana Unida.

Em suas atividades, as Igrejas-membros vivenciam concretamente a parceria, o diálogo, a valorização humana mútua, o crescimento da amizade fraterna; aprendem a se conhecer e se descobrem como aliadas. Tudo isso se faz dentro do máximo respeito à identidade de cada Igreja; cada uma contribui para o diálogo sendo exatamente como é.

Uma das iniciativas importantes do CONIC é a promoção anual da Semana de Oração pela Unidade dos Cristãos, realizada entre os domingos de Ascensão e Pentecostes. A cada ano o CONIC propõe um tema para ser meditado e refletido. Portanto, não nos esqueçamos de rezar também por esta intenção: para que as Igrejas se abram ao diálogo e à unidade.

Unidade na diversidade

A junção dessas duas palavras, unidade e diversidade, ou unidade na diversidade, nos dá a impressão de que é impossível construir um ambiente assim, pois, em tese, diversidade geraria separação. Mas no mundo cristão esse raciocínio dribla a lógica, pois o diálogo aberto e fraterno permite, mesmo na diversidade, a abertura ao outro, àquilo que eu não tenho, mas admiro e respeito no meu irmão de fé. Afinal, existe uma máxima que rege a todos os cristãos: "maior é aquilo que nos une do que o que nos separa". Todos estão sob um só Cristo, um só pastor, fazendo parte de um só rebanho e, embora os caminhos para se encontrar com Deus sejam variados, a meta é sempre a mesma: "amar o próximo como a si mesmo" (Gl 5,14).

Construindo a unidade

A unidade, porém, nem sempre é fácil de ser conseguida. Mas os esforços de muitas Igrejas no Brasil, sejam elas Igrejas-membro do CONIC ou não, têm sido cada dia maiores.

Pai-nosso em versão ecumênica

"Pai nosso que estás nos céus, santificado seja o teu nome, venha o teu Reino. Seja feita a tua vontade, assim na terra como no céu. O pão nosso de cada dia nos dá hoje, perdoa-nos as nossas ofensas, assim como nós perdoamos a quem nos tem ofendido. E não nos deixes cair em tentação, mas livra-nos do mal, pois teu é o Reino, o poder e a glória para sempre. Amém".

---

[35] Adaptado do *site* do CONIC. Disponível em: http://www.conic.org.br/. Acesso em: 10 de maio de 2020.

Segundo Escrutínio

(A ser realizado em uma das missas do 4ª domingo da Quaresma)

Acolhida inicial: Após a saudação inicial, quem preside saúda os eleitos, acolhendo-os com ternura e afeto. A missa prossegue como de costume até a Liturgia da Palavra.

LITURGIA DA PALAVRA

Apenas na celebração em que for realizado o Escrutínio, são usadas as fórmulas do Missal e do Lecionário do Ano A (Evangelho do cego de nascença).

Proclamadas as leituras, quem preside expõe na homilia o sentido do 2º Escrutínio, levando em conta a liturgia quaresmal e o itinerário espiritual dos eleitos. Depois da homilia, os eleitos e seus padrinhos aproximam-se e ficam de pé, diante de quem preside, para a oração em silêncio.

ORAÇÃO EM SILÊNCIO

Quem preside, dirigindo-se primeiro aos fiéis, convida-os a orar em silêncio pelos eleitos, implorando o espírito de penitência, a consciência do pecado e a verdadeira liberdade dos filhos de Deus. Voltando-se para os eleitos, convida-os igualmente a orar em silêncio e exorta-os a manifestar pela atitude do corpo seu espírito de penitência, inclinando-se ou ajoelhando-se. Conclui com estas palavras ou outras semelhantes:

Presidente: *Eleitos de Deus, ajoelhem-se para a oração.*

Os eleitos ajoelham-se (ou inclinam-se). Todos rezam em silêncio e, se for oportuno, erguem-se em seguida para prosseguir com as preces pelos eleitos.

PRECE PELOS ELEITOS

Durante as preces, os padrinhos ou as madrinhas põem a mão direita sobre o ombro de cada eleito.

Presidente: *Oremos, irmãos e irmãs, por estes eleitos chamados por Deus, para que, permanecendo Nele, deem, por uma vida santa, testemunho do Evangelho.*

Leitor: Para que Deus dissipe as trevas, e sua luz brilhe nos corações destes eleitos, roguemos ao Senhor.

R. *Senhor, atendei a nossa prece.*

Leitor: Para que o Pai conduza estes eleitos a seu Cristo, luz do mundo, roguemos ao Senhor.

R. *Senhor, atendei a nossa prece.*

Leitor: Para que Deus abra o coração destes eleitos, a eles proclamem a sua fé no Senhor da luz e fonte da verdade, roguemos ao Senhor.

R. *Senhor, atendei a nossa prece.*

Leitor: Para que Deus preserve estes eleitos da incredulidade deste mundo, roguemos ao Senhor.

R. *Senhor, atendei a nossa prece.*

Leitor: Para que, salvos por Aquele que tira o pecado do mundo, sejam libertos do contágio e da influência do mal, roguemos ao Senhor.

R. *Senhor, atendei a nossa prece.*

Leitor: Para que, iluminados pelo Espírito Santo, sempre proclamem e comuniquem aos outros o Evangelho da salvação, roguemos ao Senhor.

R. *Senhor, atendei a nossa prece.*

Leitor: Para que todos nós, pelo exemplo de nossa vida, sejamos em Cristo luz do mundo, roguemos ao Senhor.

R. *Senhor, atendei a nossa prece.*

Leitor: Para que o mundo inteiro conheça o verdadeiro Deus, Criador de todos que dá aos seres humanos o espírito e a vida, roguemos ao Senhor.

R. *Senhor, atendei a nossa prece.*

EXORCISMO

Depois das preces, de mãos unidas e voltado para os eleitos, quem preside diz:

Presidente: *Oremos.*

Pai de bondade, que destes ao cego de nascença a graça de crer em vosso Filho e de alcançar pela fé o vosso Reino de Luz, libertai estes eleitos dos erros que cegam e concedei-lhes, de olhos fixos na verdade, tornarem-se para sempre filhos da luz. Por Cristo, nosso Senhor.

Todos: *Amém.*

Quem preside, em silêncio, impõe a mão sobre cada eleito. Em seguida, com as mãos estendidas sobre eles, continua:

Presidente: *Senhor Jesus, luz verdadeira, que iluminais toda a humanidade, libertai, pelo Espírito da verdade, os que se encontram oprimidos pelo pai da mentira, e despertai a boa vontade dos que chamastes aos vossos sacramentos, para que, na alegria da vossa luz, tornem-se, como o cego outrora iluminado, audazes testemunhas da fé. Vós que viveis e reinais para sempre.*

Todos: *Amém.*

O rito é concluído com a despedida dos eleitos, e a missa prossegue com a Liturgia Eucarística. Por razões pastorais os eleitos podem permanecer na celebração e, se assim for, omite-se a exortação a seguir.

DESPEDIDA DOS ELEITOS

Presidente: *Vão em paz e compareçam ao próximo escrutínio. O Senhor os acompanhe.*

Os eleitos: *Graças a Deus.*

CELEBRAÇÃO DA EUCARISTIA

Os eleitos voltam para os seus lugares e quem preside diz o Creio, então a missa prossegue como de costume até o final.

Celebração do Sacramento da Penitência

Palavra inicial: Estimados catequistas e equipes de liturgia, com a celebração deste sacramento queremos fazer com que os nossos catequizandos vivenciem a experiência da confissão, despertando para a necessidade de arrependimento e reconciliação com Deus e com os irmãos e irmãs. É importante frisar que se trata de um sacramento, que exige uma celebração conforme orienta o Ritual da Penitência: com escuta da Palavra, exame de consciência, confissão e absolvição individual.

Recordamos que só podem se aproximar do Sacramento da Penitência os já batizados, podendo os catecúmenos participar da celebração, mas sem a confissão e absolvição individual, para desenvolverem a consciência de pecado. Os padrinhos e pessoas próximas podem ser convidados e, inclusive, aproveitar a oportunidade de se confessar, se o tempo e a quantidade de padres permitir.

A presente Celebração Penitencial segue o rito proposto pelo Ritual da Penitência, no capítulo II: *Rito para a reconciliação de vários penitentes com confissão e absolvição individuais*. Nele constam:

- Ritos iniciais
- Canto
- Saudação
- Oração
- Liturgia da Palavra
- Leituras bíblicas e homilia
- Exame de consciência
- Rito da Reconciliação
- Confissão genérica dos pecados
- Pai-nosso
- Confissão e absolvição individual
- Louvor a Deus por sua misericórdia
- Canto de louvor
- Oração
- Rito conclusivo
- Bênção final

Sugerimos que a celebração aconteça em dia de semana, durante o Tempo da Quaresma, de preferência após os catequizandos já terem participado do *41° Encontro: As nossas súplicas ao Pai*, onde puderam refletir sobre o pedido de perdão na oração do Pai-nosso.

PREPARANDO A CELEBRAÇÃO

No espaço celebrativo (de preferência a igreja ou capela): ambão com toalha roxa, Bíblia, Ritual da Penitência e velas. No centro, ou em lugar de destaque, uma bacia grande com água e tolha branca, posicionada ao lado de uma cruz com um tecido roxo e uma vela. Local para os padres atenderem às confissões individuais.

Os cantos sugeridos estão no livro: KOLLING, Irmã Míria T.; PRIM, Frei José Luiz; BËCKHAUSER, Frei Alberto. *Cantos e orações*: para a liturgia da missa, celebrações e encontros. 4. ed. Petrópolis: Vozes, 2004.

Seria importante também dividir algumas funções com antecedência: leitores, salmista, equipe de canto, ministros para acolhida, e demais ministérios que forem necessários (para orientar as filas durante a confissão, dinâmica final...).

Se forem muitos catequizandos que irão se confessar, convidar mais sacerdotes para ajudar.

Para a Liturgia da Palavra, podem-se escolher outras leituras bíblicas conforme sugestões do capítulo IV do Ritual da Penitência.

Sugerimos um esquema para o exame de consciência. Outros modelos estão disponíveis no apêndice III do Ritual da Penitência.

Conferir outras possibilidades que o Ritual da Penitência oferece nos n. 48 a 58.

Celebração do Sacramento da Penitência

(Celebração a ser realizada na 4ª semana da Quaresma)

Rito para a reconciliação de vários penitentes com confissão e absolvição individuais

CHEGADA

Conforme os fiéis vão chegando ao local da celebração, pode-se cantar um refrão meditativo para criar um clima de oração. Sugestão: *Confiemo-nos ao Senhor*, de Taizé (In: KOLLING; PRIM; BËCKHAUSER, 2004, n. 1459c, p. 317).

Quando todos já se encontrarem acomodados, prossegue-se com o canto inicial.

Canto inicial: *Senhor, eis aqui o teu povo*, de José Raiumundo Galvão (In: KOLLING; PRIM; BËCKHAUSER, 2004, n. 1459j, p. 318).

SAUDAÇÃO INICIAL

Terminado o canto, o sacerdote saúda a todos os presentes dizendo:

Presidente: *Estejam convosco a graça e a paz de Deus Pai e de Jesus Cristo, que nos amou e lavou nossos pecados com o seu sangue.*

Todos: *A Ele louvor e glória para sempre.*

Presidente: *Irmãos, peçamos a Deus, que nos chama à conversão, a graça de uma frutuosa e verdadeira penitência.*

Deus todo-poderoso e cheio de misericórdia, vós nos reunistes em nome de vosso Filho para alcançarmos misericórdia, e sermos socorridos em tempo oportuno. Abri os nossos olhos para vermos o mal que praticamos, e tocai os nossos corações para que nos convertamos a vós sinceramente. Que vosso amor reconduza à unidade aqueles que o pecado dividiu e dispersou; que vosso poder cure e fortaleça os que em sua fragilidade foram feridos; que vosso espírito renove para a vida os que foram vencidos pela morte. Restabelecido em nós vosso amor, brilhe em nossas obras a imagem de vosso Filho para que todos, iluminados pela caridade de Cristo, que resplandece na face da Igreja, reconheçam como vosso enviado Jesus Cristo, vosso Filho, nosso Senhor.

Todos: *Amém.*

CELEBRAÇÃO DA PALAVRA DE DEUS

Primeira leitura: Ef 4,23-32.

Salmo responsorial: Sl 129.

Evangelho: Jo 13,34-35; 15,10-13.

Homilia

Segue-se a homilia, inspirada no texto das leituras, levando os penitentes ao exame de consciência e à renovação de vida.

EXAME DE CONSCIÊNCIA

É aconselhável observar um tempo de silêncio para se realizar o exame de consciência e despertar a verdadeira contrição dos pecados. O sacerdote, o diácono ou outro ministro podem vir em auxílio dos fiéis com breves palavras:

1. Tenho verdadeiro amor ao meu próximo, ou tenho abusado de meus irmãos, utilizando-os para meu proveito pessoal e fazendo a eles o que não desejo para mim mesmo? Tenho sido para eles causa de grave escândalo com minhas palavras ou ações?

2. Tenho contribuído para o bem e a alegria dos demais membros da minha família, pela paciência e o amor sincero? Tenho sido

obediente aos meus pais, respeitando-os e ajudando-os em suas necessidades materiais e espirituais? Tenho me preocupado com a educação cristã dos filhos, ajudando-os com o bom exemplo e a autoridade paterna? Tenho sido fiel ao meu esposo ou esposa em meus desejos e relações com os outros?

3. Tenho dividido os meus bens com os mais pobres que eu? Tenho feito o possível para defender os oprimidos, socorrer os necessitados e ajudar os pobres? Ou, pelo contrário, tenho desprezado o próximo, sobretudo os pobres, os doentes, os anciãos, os estrangeiros e os de outra raça?

4. Tenho me lembrado da missão recebida no Batismo? Tenho participado das obras de apostolado e caridade da Igreja e da paróquia? Tenho prestado minha ajuda à Igreja e ao mundo e rezado pelas suas necessidades, como, por exemplo, a união dos cristãos, a evangelização dos povos e o reinado da paz e da justiça etc.?

5. Tenho me preocupado com o bem e o progresso da comunidade em que vivo, ou somente com minhas vantagens pessoais? Tenho participado, de acordo com minhas possibilidades, na promoção da justiça, da honestidade dos costumes, da concórdia, da caridade, e tenho cumprido meus deveres cívicos? Tenho pago os impostos?

6. Tenho sido justo, responsável e honesto em meu trabalho ou profissão, servindo com amor a sociedade? Tenho remunerado os operários e aqueles que servem com justo salário? Tenho cumprido meus compromissos e contratos?

7. Tenho obedecido às autoridades constituídas e as respeitado?

8. Uso meus cargos ou minha autoridade para meu interesse pessoal ou para o bem dos outros?

9. Tenho sido leal e verdadeiro? Ou tenho prejudicado os outros com palavras falsas, calúnias, detrações, juízos temerários, violação de segredo?

10. Tenho prejudicado a vida, integridade física, fama, honra ou bens do próximo? Tenho aconselhado ou praticado o aborto? Tenho odiado o próximo? Tenho me afastado do próximo por desentendimento, inimizade, ou injúrias? Tenho me recusado, por culpa ou egoísmo, a dar testemunho da inocência do próximo?

11. Tenho roubado, prejudicado ou desejado injustamente os bens do próximo? Tenho procurado restituir o dano alheio e repará-lo?

12. Tenho estado pronto para perdoar ou fazer as pazes, por amor de Cristo? Ou tenho guardado ódio e desejos de vingança?

RITO DA RECONCILIAÇÃO

Confissão genérica dos pecados:

Quem preside convida todos a se ajoelharem ou se inclinarem para recitarem a fórmula da confissão genérica; a seguir, de pé, o leitor recita a oração litânica. Ao final reza-se a Oração do Senhor, que nunca será omitida.

Presidente: *Irmãos, lembrados da bondade de Deus nosso Pai, confessemos os nossos pecados para alcançar a sua misericórdia.*

Todos: *Confesso a Deus todo-poderoso e a vós irmãos...*

Presidente: *Invoquemos humildemente Jesus Cristo, que com sua morte venceu o pecado, para que perdoe as ofensas que cometemos contra Deus, e nos reconcilie com a Igreja que também ofendemos.*

Leitor: Senhor, que foste enviado para evangelizar os pobres e salvar os corações arrependidos, tende piedade de nós.

R. *Salvai-nos, Senhor Jesus.*

Leitor: Senhor, que não vieste chamar os justos, mas os pecadores, tende piedade de nós.

R. *Salvai-nos, Senhor Jesus.*

Leitor: Senhor, que perdoastes muito àquele que muito amou, tende piedade de nós.

R. *Salvai-nos, Senhor Jesus.*

Leitor: Senhor, que não recusastes o convívio dos publicanos e pecadores, tende piedade de nós.

R. *Salvai-nos, Senhor Jesus.*

Leitor: Senhor, que reconduzistes sobre os vossos ombros a ovelha perdida, tende piedade de nós.

R. *Salvai-nos, Senhor Jesus.*

Leitor: Senhor, que não condenaste a adúltera, mas lhe dissestes: "Vai em paz!", tende piedade de nós.

R. *Salvai-nos, Senhor Jesus.*

Leitor: Senhor, que chamastes o publicano Zaqueu à conversão e à vida nova, tende piedade de nós.

R. *Salvai-nos, Senhor Jesus.*

Leitor: Senhor, que prometeste o paraíso ao ladrão arrependido, tende piedade de nós.

R. *Salvai-nos, Senhor Jesus.*

Leitor: Senhor, que, vivendo à direita do Pai, sempre intercedeis por nós, tende piedade de nós.

R. *Salvai-nos, Senhor Jesus.*

Presidente: *Agora, como o próprio Cristo nos ordenou, peçamos junto ao Pai que perdoe os nossos pecados assim como nos perdoamos uns aos outros:*

Todos: *Pai nosso, que estais nos céu...*

Presidente: *Ó Deus, que quisestes socorrer a nossa fraqueza, concedei-nos receber com alegria a renovação que trazeis e manifestá-la em nossa vida. Por Cristo, nosso Senhor.*

Todos: *Amém.*

CONFISSÃO E ABSOLVIÇÃO INDIVIDUAL

Os penitentes aproximam-se dos sacerdotes colocados em lugares adequados, confessam seus pecados e, recebida a devida satisfação, são absolvidos individualmente. Ouvida a confissão e, se for o caso, após conveniente exortação, o sacerdote estende as mãos sobre a cabeça do penitente, ou pelo menos à direita, e dá a absolvição. O penitente, retornando ao seu lugar, aguarda o término das confissões individuais.

LOUVOR A DEUS POR SUA MISERICÓRDIA

Quem preside convida a assembleia à ação de graças e, recordando o banho purificador do Batismo, asperge a todos enquanto um canto é entoado.
Sugerimos como canto de ação de graças: *Te Deum*, de Pe. Zezinho (SCJ).

Presidente: *Deus e Pai nosso, que perdoastes os nossos pecados e nos destes a vossa paz, fazei que, perdoando-nos sempre uns aos outros, sejamos instrumentos de paz. Por Cristo, nosso Senhor.*

Todos: *Amém.*

RITO CONCLUSIVO

Quem preside abençoa a todos, dizendo:

Presidente: *O Senhor vos conduza segundo o amor de Deus e a paciência de Cristo.*

Todos: *Amém.*

Presidente: *Para que possais caminhar na vida nova e agradar a Deus em todas as coisas.*

Todos: *Amém.*

Presidente: *Abençoe-vos Deus todo-poderoso, Pai, e Filho, e Espírito Santo.*

Todos: *Amém.*

Presidente: *O Senhor perdoou vossos pecados. Ide em paz.*

Todos: *Graças a Deus.*

Canto de dispersão

Terceiro Escrutínio

(A ser realizado em uma das missas do 5º domingo da Quaresma)

ACOLHIDA INICIAL

Após a saudação inicial, quem preside saúda os eleitos, acolhendo-os com ternura e afeto.

A missa prossegue como de costume até a Liturgia da Palavra.

LITURGIA DA PALAVRA

Apenas na celebração em que for realizado o Escrutínio, são usadas as fórmulas do Missal e do Lecionário do Ano A (Evangelho da ressurreição de Lázaro).

Proclamadas as leituras, quem preside expõe na homilia o sentido do 3º Escrutínio, levando em conta a liturgia quaresmal e o itinerário espiritual dos eleitos. Depois da homilia, os eleitos e seus padrinhos aproximam-se e ficam de pé, diante de quem preside, para a oração em silêncio.

ORAÇÃO EM SILÊNCIO

Quem preside, dirigindo-se primeiro aos fiéis, convida-os a orar em silêncio pelos eleitos, implorando o espírito de penitência, a consciência do pecado e a verdadeira liberdade dos filhos de Deus. Voltando-se para os eleitos, convida-os igualmente a orar em silêncio e exorta-os a manifestar pela atitude do corpo seu espírito de penitência, inclinando-se ou ajoelhando-se. Conclui com estas palavras ou outras semelhantes:

Presidente: *Eleitos de Deus, ajoelhem-se para a oração.*

Os eleitos ajoelham-se (ou inclinam-se). Todos rezam em silêncio e, se for oportuno, erguem-se em seguida para prosseguir com as preces pelos eleitos.

PRECE PELOS ELEITOS

Durante as preces, os padrinhos ou as madrinhas põem a mão direita sobre o ombro de cada eleito.

Presidente: *Oremos por estes escolhidos de Deus, para que, participando da morte e ressur-*reição de Cristo, possam superar, pela graça dos sacramentos, o pecado e a morte.*

Leitor: Para que estes eleitos recebam o dom da fé, pelo qual proclamem que o Cristo é a ressurreição e a vida, roguemos ao Senhor.

R. *Senhor, atendei a nossa prece.*

Leitor: Para que livres de seus pecados, deem frutos de santidade para a vida eterna, roguemos ao Senhor.

R. *Senhor, atendei a nossa prece.*

Leitor: Para que, rompidos pela penitência os laços do demônio, se tornem semelhantes ao Cristo e, mortos para o pecado, vivam sempre para Deus, roguemos ao Senhor.

R. *Senhor, atendei a nossa prece.*

Leitor: Para que Deus, na esperança do Espírito vivificante, se disponham corajosamente a renovar sua vida, roguemos ao Senhor.

R. *Senhor, atendei a nossa prece.*

Leitor: Para que se unam ao próprio autor da vida e da ressurreição pelo alimento eucarístico que vão receber em breve, roguemos ao Senhor.

R. *Senhor, atendei a nossa prece.*

Leitor: Para que todos nós, vivendo uma nova vida, manifestemos ao mundo o poder da ressurreição de Cristo, roguemos ao Senhor.

R. *Senhor, atendei a nossa prece.*

Leitor: Para que todos os habitantes da terra encontrem Cristo e saibam que só Ele possui as promessas da vida eterna, roguemos ao Senhor.

R. *Senhor, atendei a nossa prece.*

EXORCISMO

Depois das preces, de mãos unidas e voltado para os eleitos, quem preside diz:

Presidente: *Oremos.*

Deus Pai, fonte da vida, vossa glória está na vida feliz dos seres humanos e o vosso poder se revela na ressurreição dos mortos.

Arrancai da morte os que escolhestes e desejam receber a vida pelo Batismo.

Livrai-nos da escravidão do demônio, que pelo pecado deu origem à morte e quis corromper o mundo que criastes bom.

Submetei-o ao poder do vosso Filho amado, para receberem Dele a força da ressurreição e testemunharem, diante de todos, a vossa glória. Por Cristo, nosso Senhor.

Todos: *Amém.*

Quem preside, em silêncio, impõe a mão sobre cada eleito. Em seguida, com as mãos estendidas sobre eles, continua:

Presidente: *Senhor Jesus Cristo, ordenastes a Lázaro sair vivo do túmulo e pela vossa ressurreição libertastes da morte toda a humanidade, nós vos imploramos em favor de vossos servos e servas, que acorrem às águas do novo nascimento e à ceia da vida; não permitais que o poder da morte retenha aqueles que, por sua fé, vão participar da vitória de vossa ressurreição. Vós que viveis e reinais para sempre.*

Todos: *Amém.*

O rito é concluído com a despedida dos eleitos, e a missa prossegue com a Liturgia Eucarística. Por razões pastorais os eleitos podem permanecer na celebração e, se assim for, omite-se a exortação a seguir.

DESPEDIDA DOS ELEITOS

Presidente: *Vão em paz, e o Senhor os acompanhe.*

Os eleitos: *Graças a Deus.*

CELEBRAÇÃO DA EUCARISTIA

Os eleitos voltam para os seus lugares e quem preside diz o Creio, então a missa prossegue como de costume até o final.

Retiro Espiritual

(Retiro a ser realizado na 5ª semana da Quaresma)

Palavra inicial: Prezados catequistas, sugerimos que, antes da Semana Santa, os eleitos e catequizandos façam uma experiência profunda de oração. Propomos que seja realizado um retiro espiritual, tendo como tema central a Oração do Senhor.

O retiro poderá ser realizado em uma chácara, fazenda ou um lugar tranquilo, que proporcione parar a vida corrida e agitada para meditar e refletir sobre nossa caminhada. Um momento que convide todos a olharem para dentro de si mesmos e avaliarem a vida de fé e de oração. Poderá ser convidado um pregador para conduzir o retiro e a equipe de catequese se responsabiliza pela infraestrutura, acolhida...

O programa do retiro fica a critério do pregador e da organização, podendo ser apenas meio período, ou um dia todo (sábado ou domingo).

RITOS DE PREPARAÇÃO IMEDIATA

Palavra inicial: Os ritos de preparação imediata são celebrações sugeridas pelo RICA, que podem acontecer na manhã do Sábado Santo ou no começo da tarde, a fim de preparar os eleitos para os sacramentos através do recolhimento e a oração.

Propõe-se o seguinte esquema ritual para a celebração de preparação imediata:

- Ritos iniciais
- Liturgia da Palavra
- Recitação do Símbolo
- Rito do "Éfeta"
- Escolha do nome cristão
- Rito da unção

A celebração começa como de costume, com a procissão inicial, o sinal da cruz e a saudação de quem preside, sendo concluída com uma oração de coleta. Em seguida, prossegue-se a Liturgia da Palavra como um convite para os eleitos reconhecerem Jesus como o enviado do Pai para salvá-los e libertá-los das trevas e se converterem sem medo.

Após a homilia, procede-se a recitação do Símbolo e o Rito do "Éfeta", que em aramaico significa literalmente "abre-te", um pedido de "abertura dos sentidos" para Cristo. "Éfeta", "por seu próprio simbolismo, sugere a necessidade da graça para ouvir e professar a Palavra de Deus, a fim de se alcançar a salvação" (RICA, n. 200).

Na sequência, pode ser dado um novo nome cristão ao eleito. A mudança de nome simboliza sobretudo o novo *status* que o eleito irá assumir, a nova identidade, a disposição de se identificar com a comunidade eclesial. No Ocidente, de tradição cristã, basta explicar o significado cristão do nome recebido dos pais. Antes, podem ser lidos e explicados textos que apresentam alguns personagens bíblicos que tiveram o nome mudado (Abrão/Abraão, Simão/Pedro), em função do novo *status* ou serviço assumido (cf. RICA, n. 204). Em seguida, poderá ser feita ou repetida a unção com o óleo dos catecúmenos.

A celebração é encerrada, porém os eleitos e toda a comunidade continuam a observar o jejum e o silêncio deste dia, até a solene Celebração da Vigília Pascal, em que os eleitos receberão os três Sacramentos da Iniciação Cristã, sendo incorporados ao corpo de Cristo[36].

Os ritos de preparação imediata são exclusivos para os catecúmenos, uma vez que os catequi-

---

[36] Texto transcrito e adaptado do livro: PARO, Thiago Faccini. *As celebrações do RICA*: conhecer para bem celebrar. Petrópolis: Vozes, 2017. p. 45-47.

zandos, sendo batizados, já passaram pelo Rito do "Éfeta", já foram ungidos com o óleo dos catecúmenos e, na Vigília Pascal, juntamente com toda a comunidade, renovarão as promessas do Batismo. Os catequizandos poderão ser incentivados a participar destes ritos, acompanhando e apoiando os colegas de turma, e rezando por eles.

Preparando a celebração

Providenciar óleo dos catecúmenos se for feita a unção dos eleitos.

Quem preside, utiliza paramentos brancos.

(Embora os livros litúrgicos não se refiram claramente à cor para essa celebração, indicamos branco por ser a cor do Batismo no seu complexo ritual e porque a celebração acontece no coração do Tríduo Pascal).

Para a Liturgia da Palavra, se utilizam as leituras sugeridas no n. 196 do RICA, cuja primeira leitura narra o testemunho de conversão dado por Paulo e o Evangelho a profissão de Fé feita por Pedro à interrogação realizada por Jesus: "E vós, quem dizeis que eu sou?" (Mc 8,29);

Se for dado um novo nome cristão aos eleitos ou se for explicado o significado cristão do nome recebido dos pais, podem ser lidos e explicados textos que apresentam alguns personagens bíblicos que tiveram seus nomes mudados. O RICA, n. 204, oferece sugestões de leituras: Gn 17,1-7; Is 62,1-5; Ap 3,11-13; Mt 16,13-18; Jo 1,40-42.

Conferir outras possibilidades que o ritual propõe no RICA (n. 193 – [131]).

Ritos de Preparação Imediata

(A ser realizado no Sábado Santo, pela manhã ou no começo da tarde)

Ritos iniciais:

A celebração se inicia de modo habitual, com procissão de entrada, o sinal da cruz e a saudação de quem preside. Em seguida quem preside faz a oração:

Presidente: *Oremos. Pai amado e todo-poderoso, vós quereis restaurar todas as coisas em Cristo e atraís toda a humanidade para Ele.*

Guiai estes eleitos da vossa Igreja e concedei que, fiéis à sua vocação, possam integrar-se no Reino de vosso Filho e ser assinalados com o Espírito Santo, o vosso dom. Por Cristo, nosso Senhor.

Todos: *Amém.*

LITURGIA DA PALAVRA

Primeira leitura: Fl 3,4-15.

Salmo responsorial: Sl 62,2.3-4.5-6.7-8

R. *Ó Senhor, o meu Deus, ansioso vos busco!*

Evangelho: Mc 8,27-31.

Segue-se a homilia que suscita o espírito da preparação imediata para os sacramentos pascais.

Depois da homilia, o diácono ou um catequista convida os eleitos para se apresentarem diante de quem preside.

Catequista: *Queiram se aproximar os eleitos que recitarão solenemente o Símbolo.*

RECITAÇÃO DO SÍMBOLO

Os eleitos aproximam-se e ficam de pé, diante de quem preside, e este lhes dirige as seguintes palavras ou outras semelhantes:

Presidente: *Queridos eleitos e eleitas, queiram aproximar-se para recitar as palavras da fé que lhes foram entregues e vocês desejam guardar com pureza de coração.*

Elas são o Símbolo, isto é, um resumo de nossa fé. São poucas palavras, mas contêm grandes mistérios.

ORAÇÃO PARA RECITAÇÃO DO SÍMBOLO

Quem preside convida à oração dizendo:

Presidente: *Oremos, irmãos e irmãs, para que Deus conserve e faça crescer sempre a fé que foi semeada no coração destes eleitos.*

Depois de um tempo de silêncio, prossegue:

Concedei, Senhor, que estes eleitos, tendo acolhido o vosso plano de amor e os mistérios da vida de vosso Cristo, possam sempre proclamá-los com palavras e vivê-los pela fé, cumprindo em ações a vossa vontade. Por Cristo, nosso Senhor.

Todos: *Amém.*

RECITAÇÃO DO SÍMBOLO

Os eleitos recitam o Símbolo:

Eleitos: *Creio em Deus...*

Se, por ocasião da Entrega do Símbolo, foi recitado o niceno-constantinopolitano, agora recita-se o mesmo (cf. RICA, n. 186). Em seguida segue o Rito do "Éfeta".

RITO DO ÉFETA

Este rito, por seu próprio simbolismo, sugere a necessidade da graça para se ouvir e proclamar a Palavra de Deus a fim de se alcançar a Salvação.

Depois de um canto apropriado, lê-se o Evangelho, que será brevemente explicado por quem preside.

Evangelho: Mc 7,31-37.

Após breve explicação, quem preside, tocando com o polegar os ouvidos e os lábios de cada eleito, diz:

Presidente: *Éfeta, isto é, abre-te, a fim de proclamares o que ouviste, para louvor e glória de Deus.*

(Se os eleitos forem muito numerosos, diz-se a fórmula completa somente para o primeiro; para os outros diz-se apenas: *Éfeta, quer dizer, abre-te.*)

ESCOLHA DO NOME CRISTÃO

Poderá ser dado agora um nome cristão (cf. RICA, n. 203).

Depois de um canto apropriado, e de uma das leituras que será brevemente explicada, quem preside pergunta ao eleito o nome que porventura escolheu e diz:

Presidente: *N., daqui em diante te chamarás N.*

Eleito: *Amém.*

Se forem poucos os eleitos, basta explicar a cada um o significado cristão do nome que já foi recebido dos pais.

RITO DA UNÇÃO

Se não foi feita a unção no 2º domingo da Quaresma, conforme sugerido, poderá ser feita neste momento, conforme rito já sugerido. Se não se puder realizar a unção em nenhum desses dois momentos, é necessário realizá-la na Vigília Pascal, entre a renúncia e a Profissão de fé.

CONCLUSÃO

Quem preside encerra a celebração exortando os eleitos e todos os presentes para a importância de se permanecer em oração e guardar o silêncio até a Vigília Pascal. Em seguida despede a todos, que se retiram em silêncio.

Presidente: *Pai, cheio de bondade, vosso Filho unigênito desceu à mansão dos mortos e dela surgiu vitorioso: concedei aos vossos fiéis, sepultados com Ele no Batismo, que, pela força de sua ressurreição, participem da vida eterna com Ele, que vive e reina para sempre.*

Presidente: *Bendigamos ao Senhor.*

Todos: *Demos graças a Deus.*

Celebração dos Sacramentos da Iniciação

Palavra inicial: Queridos catequista e equipe de liturgia, um longo caminho foi percorrido pelos catecúmenos e catequizandos. Aconteceram muitos encontros, celebrações e ensinamentos, conhecimento, renúncias, conversão, amadurecimento, fortalecimento. Enfim, conscientes e eleitos chegam à última etapa deste itinerário, onde receberão os Sacramentos da Iniciação Cristã, que devem ser dados de modo especial na Vigília Pascal, tornando a liturgia desta noite revestida ainda mais de importância e significado.

Todos reunidos após breve Celebração da Luz (primeira parte da Vigília), na qual com a bênção do fogo novo, e o acendimento do Círio Pascal, a escuridão é rompida e iluminada pela Luz do Cristo Ressuscitado, coluna luminosa, sol nascente que nos veio visitar. A alegria da proclamação da Páscoa abre os ouvidos e o coração do povo reunido para escutar e meditar as maravilhas que Deus realizou desde o início pelo seu povo, que confiou em sua Palavra e sua promessa (Liturgia da Palavra – segunda parte da Vigília). E então se chega ao tão esperado momento onde os eleitos receberão o primeiro sacramento da Igreja: o Batismo e, em seguida, com a anuência do Ordinário local, neófitos e catequizandos receberão a Confirmação e a Eucaristia.

A estrutura e sequência ritual após a Liturgia da Palavra, compreendem:

CELEBRAÇÃO DO BATISMO

- Apresentação dos eleitos e exortação de quem preside
- Ladainha
- Oração sobre a água
- Renúncia
- Unção
- Profissão de Fé
- Banho batismal
- Ritos complementares
- Veste batismal
- Entrega da Luz
- Celebração da Confirmação
- Celebração da Eucaristia

Se a celebração se realizar fora do tempo próprio, dê-se o mesmo caráter pascal, usando os textos da Missa Ritual que se encontra no Missal Romano (cf. RICA, n. 209).

Preparando a celebração

- Valorizar o simbolismo do fogo e da luz com uma grande fogueira em local aberto, tendo na medida do possível todas as luzes apagadas.
- Providenciar velas palito para todos os fiéis.
- Reservar bancos para os eleitos (catequizandos, se forem confirmados neste dia) e padrinhos.
- Os textos devem ser proclamados por leitores bem preparados.
- Observar que no canto da ladainha há petições próprias para os eleitos (cf. RICA, n. 214).
- Providenciar óleo (dos catecúmenos, se for feita a unção dos eleitos) do Crisma e tudo o que for necessário para purificação das mãos após a unção (algodão, jarro com água, sabonete e toalha).
- Se não forem muitos, após a renúncia que poderá ser realizada com todos ao mesmo tempo, cada eleito faz a Profissão de Fé individualmente e já é batizado em seguida (cf. RICA, n. 219).
- Outras fórmulas para Profissão de Fé podem ser conferidas em *Textos diversos*, no RICA (n. 389).

A água a ser abençoada para o Batismo deve ser abundante, sobretudo se não existir uma fonte batismal que jorre água. Na inexistência de um batistério que favoreça o Batismo por imersão, o mais indicado é proceder a segunda forma de se batizar: "Derramando a água sobre a cabeça do eleito, deixando escorrer por todo o corpo" (RICA, n. 220).

Aconselhamos as comunidades que não têm pia ou fonte batismal a colocarem em lugar conveniente, mas nunca no mesmo nível do altar (presbitério), uma grande caixa de água, devidamente ornamentada com tecidos e flores, para a realização do Batismo por imersão.

Por uma questão de sensibilidade pastoral, a água para a imersão, ou que será derramada sobre os eleitos, poderá estar aquecida ou morna.

Se o Batismo for por imersão ou derramando água em todo o corpo, o eleito poderá estar com uma túnica bege ou marronzinha por cima da roupa. Para isso é necessário providenciar essas túnicas, além da branca, com a qual os eleitos já iniciam a celebração vestindo, e solicitar que tragam roupas secas e toalhas para a troca.

Providenciar local adequado para que, depois de mergulhar ou de ter derramado água em abundância sobre os eleitos, estes possam se enxugar e trocar de roupa, retornando em seguida para o Rito de Entrega da Veste Branca.

Por uma questão de fluidez do rito, se o Batismo exigir a troca de roupa por molhar por inteiro o neófito, sugerimos que se faça a renovação das promessas do Batismo e a aspersão de toda a assembleia, enquanto os neófitos se enxugam.

Se forem confirmados os já batizados, incentivar os catequizandos a trazerem de casa a vela utilizada no dia do seu Batismo, para o momento da renovação das promessas batismais, se ainda a tiverem guardada.

Nos ritos complementares, sugerimos primeiramente fazer a Entrega da Veste Branca e só depois a celebração da Confirmação (ou da unção pós-batismal, se por motivo grave não for realizada a Confirmação), para que a roupa não fique manchada pelo óleo do Crisma.

Providenciar túnicas brancas para todos os que serão batizados, que deverão ser revestidos pelos padrinhos após o banho batismal.

Providenciar velas para os neófitos, para o Rito da Entrega da Luz.

Na apresentação das oferendas, alguns neófitos levam até o altar pão e vinho.

Observar que na Oração Eucarística se mencionam os neófitos (cf. RICA, n. 233).

Para o Pai-nosso os neófitos – e os confirmados (catequizandos), se foram crismados na mesma noite e se não forem muitos – poderão ser convidados por quem preside a rezarem esta oração ao redor do altar.

Sugerimos se possível que os neófitos e confirmados comunguem com pão ázimo feito pela comunidade, onde se visualizará melhor o sentido e significado da Eucaristia. É possível se consagrar juntamente hóstias para a comunhão do restante da comunidade. Uma patena maior poderá ser usada onde caiba a comunhão do presidente e dos fiéis, exprimindo assim a simbologia de um único pão (um só corpo).

A comunhão dos neófitos e confirmados seja de modo especial feita sob as suas espécies, bebendo diretamente do cálice ou por intenção[37], visualizando melhor o mandato do Senhor: "tomai e comei... tomai e bebei...".

Evitar também as lembrancinhas que parecem "diploma" ou "certificado", para não dar a impressão de que estão concluindo um curso apenas.

As indicações pastorais buscam fazer com que toda a assembleia mergulhe no mistério celebrado. Como pode ser visto, fazendo algumas adequações simples aos ritos e resgatando a veracidade dos mesmos, não utilizando a lógica do mínimo necessário, mas sim da busca da unidade entre gesto externo e sentido teológico-litúrgico, os fiéis têm oportunidade de adentrar na ação ritual, compreendendo melhor seu sentido e significado.

---

[37] Orientações mais específicas quanto à comunhão sob as duas espécies: *Instrução Geral sobre o Missal Romano*, n. 285-286.

Celebração dos Sacramentos da Iniciação

(A ser realizada na Vigília da Páscoa)

Ritos inicial

A Vigília Pascal se inicia de modo habitual com a bênção do fogo. Durante a saudação inicial, quem preside poderá saudar os eleitos e catequizandos, acolhendo-os com ternura e afeto.

A celebração prossegue como de costume até o término da homilia. Depois da homilia, chamam-se os eleitos que são apresentados pelos padrinhos à Igreja reunida.

Apresentação dos eleitos e exortação de quem preside.

Ao término da apresentação, os batizandos com os padrinhos e madrinhas colocam-se em torno da fonte, mas de modo a não impedirem a visão dos fiéis. Se a fonte for distante, ou se forem muitos os que irão ser batizados, pode-se ir até a fonte em procissão, enquanto se canta a ladainha.

Estando todos na fonte, ou antes de iniciar a procissão até ela, quem preside diz:

Presidente: *Caros fiéis, apoiemos nossas preces à alegre esperança dos nossos irmãos e irmãs (N., N.), que pedem o Santo Batismo, para que Deus todo-poderoso acompanhe com sua misericórdia os que se aproximam da fonte do novo nascimento.*

Segue o canto da ladainha, ao qual se podem acrescentar alguns nomes de Santos, sobretudo dos padroeiros da Igreja, do lugar e dos que vão receber o Batismo. Após o canto, quem preside diz:

Presidente: *Ó Deus de bondade, manifestai o vosso poder nos sacramentos que revelam vosso amor.*

Enviai o Espírito de adoção para criar um novo povo, nascido para vós nas águas do Batismo.

E assim possamos ser em nossa fraqueza instrumentos do vosso poder. Por Cristo, nosso Senhor.

Todos: *Amém.*

Em seguida, quem preside, voltando para a fonte, abençoa a água:

Oração sobre a água

Presidente: *Ó Deus, pelos sinais visíveis dos sacramentos realizais maravilhas invisíveis.*

Ao longo da História da Salvação, vós vos servistes da água para fazer-nos conhecer a graça do Batismo.

Já na origem do mundo vosso Espírito pairava sobre as águas para que elas concebessem a força de santificar.

Todos: *Fontes do Senhor, bendizei o Senhor!*

Presidente: *Nas próprias águas do dilúvio, prefigurastes o nascimento da nova humanidade, de modo que a mesma água sepultasse os vícios e fizesse nascer a santidade. Concedestes aos filhos de Abraão atravessar o Mar Vermelho a pé enxuto para que, livres da escravidão, prefigurassem o povo nascido na água do Batismo.*

Todos: *Fontes do Senhor, bendizei o Senhor!*

Presidente: *Vosso Filho, ao ser batizado nas águas do Jordão, foi ungido pelo Espírito Santo.*

Pendente da cruz, do seu coração aberto pela lança, fez correr sangue e água.

Após sua ressurreição, ordenou aos apóstolos:

"Ide, fazei meus discípulos todos os povos e batizai-os em nome do Pai e do Filho e do Espírito Santo".

Todos: *Fontes do Senhor, bendizei o Senhor!*

Presidente: *Olhai agora, ó Pai, a vossa Igreja, e fazei brotar para ela a água do Batismo.*

Que o Espírito Santo dê por esta água a graça de Cristo, a fim de que homem e mulher, criados à vossa imagem, sejam lavados da antiga culpa pelo Batismo e renasçam pela água e pelo Espírito Santo para uma vida nova.

Quem preside, se for oportuno, mergulha o círio pascal na água uma ou três vezes (ou simplesmente toca na água com a mão), dizendo:

Presidente: *Nós vos pedimos, ó Pai, que por vosso Filho desça sobre esta água a força do Espírito Santo.*

E mantendo o círio na água, continua:

Presidente: *E todos os que, pelo Batismo, forem sepultados na morte com Cristo, ressuscitem com Ele para a vida. Por Cristo, nosso Senhor.*

Todos: *Amém.*

Quem preside retira o círio pascal da água, enquanto o povo aclama:

Todos: *Fontes do Senhor, bendizei o Senhor! Louvai-o e exaltai-o para sempre!*

Depois da consagração da água, quem preside interroga ao mesmo tempo todos os eleitos (os eleitos sem velas).

RENÚNCIA

Presidente: *Para viver na liberdade dos filhos de Deus, renunciam ao pecado?*

Eleitos: *Renuncio.*

Presidente: *Para viver como irmãos, renunciam a tudo o que causa desunião?*

Eleitos: *Renuncio.*

Presidente: *Para seguir Jesus Cristo, renunciam ao demônio, autor e princípio do pecado?*

Eleitos: *Renuncio.*

Unção com o óleo dos catecúmenos].

Se não tiver acontecido a unção com o óleo dos catecúmenos durante o Tempo da Purificação e da Iluminação ou nos Ritos de Preparação Imediata, ela é feita neste momento, conforme rito proposto para o 2º domingo da Quaresma.

PROFISSÃO DE FÉ

Quem preside, certificado pelo padrinho ou pela madrinha do nome de cada batizando, interroga-o individualmente. Se forem numerosos, a Profissão de Fé pode ser feita em comum.

Presidente: *N., crês em Deus Pai todo-poderoso, criador do céu e da terra?*

O eleito: *Creio.*

Presidente: *Crês em Jesus Cristo, seu único Filho, nosso Senhor, que nasceu da Virgem Maria, padeceu e foi sepultado, ressuscitou dos mortos e subiu ao céu?*

O eleito: *Creio.*

Presidente: *Crês no Espírito Santo, na Santa Igreja católica, na comunhão dos Santos, na remissão dos pecados, na ressurreição dos mortos e na vida eterna?*

O eleito: *Creio.*

Depois da sua profissão de fé, cada um é imediatamente batizado.

BANHO BATISMAL

Depois da sua Profissão de Fé, cada um é imediatamente batizado. Convém que a água seja abundante, de modo que o Batismo apareça como uma verdadeira passagem pela água ou banho. Se o Batismo for por imersão, o eleito poderá ser mergulhado de túnica, estando de roupa por baixo, observando as normas do pudor e da conveniência.

Presidente: *N., EU TE BATIZO EM NOME DO PAI, E DO FILHO, E DO ESPÍRITO SANTO.*

Se o Batismo tiver sido por imersão, ou derramando água sobre sua cabeça, deixando escorrer por todo o corpo, o padrinho ou madrinha acolhe o(a) batizado(a), entregando-lhe uma toalha para se enxugar, e o(a) conduz a um lugar apropriado, para trocar de roupa. Ele(a) deve rapidamente retornar à assembleia para os ritos complementares. Enquanto se espera o retorno de todos os batizados, pode-se proceder a renovação das promessas do Batismo da assembleia e a aspersão.

Se tiver sido por infusão, convém que o padrinho ou a madrinha coloque a mão direita sobre o ombro direito do eleito, durante o Batismo.

RENOVAÇÃO DAS PROMESSAS DO BATISMO

Procede-se a renovação das promessas do Batismo estando toda a comunidade de pé, com velas acesas, conforme n. 46, Vigília Pascal, do Missal Romano (inclusive os catequizandos, sobretudo se forem receber a Confirmação juntamente com os neófitos).

Após a aspersão, e estando todos os neobatizados em seus lugares, quem preside procede a entrega da veste branca e da luz.

ENTREGA DA VESTE BRANCA

Solicitando aos neobatizados que fiquem de pé, quem preside diz o texto a seguir enquanto o padrinho ou a madrinha entrega ao(à) afilhado(a) uma túnica branca e o(a) ajuda a vestir. Enquanto isso, pode-se cantar um canto apropriado ou refrão meditativo.

Presidente: *N., você nasceu de novo e se revestiu de Cristo.*

Receba, portanto, a veste batismal, que você deve levar sem mancha até a vida eterna, conservando a dignidade de filho de Deus.

Os batizados: *Amém.*

À medida que forem terminando de se vestir, os neófitos retornam aos seus lugares. Um ministro entrega uma vela ao padrinho ou madrinha do neófito, orientando-o a acendê-la no círio pascal, retornando em seguida ao seu lugar, permanecendo em pé com a vela acesa.

Entrega da Luz

Quando todos estiverem em seus lugares, quem preside tocando ou tomando o círio pascal diz:

Presidente: *Aproximem-se os padrinhos e as madrinhas, para entregar luz aos que renasceram pelo Batismo.*

Os padrinhos entregam ao(à) afilhado(a) a vela que foi acesa no círio pascal. Em seguida, quem preside diz:

Presidente: *Deus te tornou luz em Cristo.*

Caminha sempre como filho da luz, para que, perseverando na fé, possas ir ao encontro do Senhor com todos os Santos no Reino celeste.

O batizado: *Amém.*

CELEBRAÇÃO DA CONFIRMAÇÃO

Estando todos de pé, quem preside dirige aos neófitos (e catequizandos, se for crismado todo o grupo da catequese, com anuência do Bispo) estas palavras:

Presidente: *Queridos irmãos e irmãs neófitos [e catequizandos]*

Pelo Batismo, receberam uma nova vida, e se tornaram membros de Cristo e de seu povo sacerdotal.

Resta-lhes agora receber como nós o Espírito Santo, que foi enviado pelo Senhor sobre os Apóstolos no dia de Pentecostes, sendo transmitido por eles e seus sucessores aos batizados.

Vocês receberão a força do Espírito Santo pela qual, mais plenamente configurados a Cristo, darão testemunho da paixão e ressurreição do Senhor e se tornarão membros ativos da Igreja para a edificação do Corpo de Cristo na fé e na caridade.

Quem preside (tendo junto de si os presbíteros concelebrantes), de pé, com as mãos unidas e voltado para o povo, diz:

Presidente: *Roguemos, irmãos e irmãs, a Deus Pai todo-poderoso que derrame o Espírito Santo sobre estes novos filhos e filhas, a fim de confirmá-los pela riqueza de seus dons e configurá-los pela sua unção ao Cristo, Filho de Deus.*

Todos rezam um instante em silêncio.

Quem preside e os presbíteros concelebrantes impõem as mãos sobre todos os confirmandos, mas só quem preside diz:

Presidente: *Deus todo-poderoso,*

Pai de nosso Senhor Jesus Cristo, que, pela água e pelo Espírito Santo, fizestes renascer estes vossos servos e servas, libertando-os do pecado, enviai-lhes o Espírito Santo Paráclito; dai-lhes, Senhor, o espírito de sabedoria e inteligência, o espírito de conselho e fortaleza, o espírito de ciência e piedade e enchei-os do Espírito do vosso temor. Por Cristo, nosso Senhor.

O ministro apresenta a quem preside o Santo Crisma. Cada confirmando, com seu padrinho ou madrinha, se aproxima de quem preside. O padrinho ou madrinha, colocando a mão direita no ombro do confirmando, diz o nome do afilhado a quem preside, que, tendo mergulhado o polegar no Crisma, marca o confirmando na fronte com o sinal da cruz, dizendo:

Presidente: *N. recebe, por este sinal, o Espírito Santo, o dom de Deus.*

O confirmando: *Amém.*

Presidente: *A paz esteja contigo.*

O confirmando: *E contigo também.*

Pode-se entoar um canto apropriado durante a unção. Após a unção, cada confirmado volta ao seu lugar.

Terminada a Celebração da Confirmação, omitindo o Símbolo, inicia-se logo a oração dos fiéis, de que os neófitos participam pela primeira vez.

Se por algum motivo não for feito a Celebração do Sacramento da Confirmação, quem preside faz a unção na cabeça dos neófitos com o óleo do Crisma em abundância (cf. RICA, n. 224).

CELEBRAÇÃO DA EUCARISTIA

Na apresentação das oferendas, alguns dos neófitos levam ao altar o pão e o vinho e a missa prossegue como de costume.

Observar as orações próprias aos neófitos durante a Prece Eucarística.

Convém que os neófitos [e catequizandos confirmados] comunguem sob as duas espécies, assim como padrinhos, madrinhas e toda a assembleia.

Antes da comunhão, isto é, antes do "Felizes os convidados...", quem preside pode falar brevemente aos que irão comungar pela primeira vez sobre a importância desse mistério, que é o ápice da iniciação e o centro de toda a vida cristã.

4º Tempo

Mistagogia

Digital Storm-Shutterstock

Celebrações da Oitava da Páscoa

O lugar primordial da 'mistagogia' são as chamadas 'missas pelos neófitos' ou as missas dos domingos de Páscoa. Nessas, além da reunião comunitária e da participação nos mistérios, os neófitos encontram, sobretudo no ano 'A' do Lecionário, leituras particularmente apropriadas. Toda comunidade local, com os neófitos e seus padrinhos, deve, pois, ser convidada para essas missas cujos textos podem ser usados mesmo quando a iniciação é celebrada fora do tempo próprio." (RICA, n. 40)

Diante do que expressa o RICA, sugerimos que os neófitos e confirmados sejam incentivados a participar das celebrações (Eucarística ou da Palavra) durante toda a Oitava da Páscoa, onde quem preside poderá, a partir dos textos bíblicos da liturgia do ciclo A, exortá-los a viver como bons cristãos e animá-los no seguimento do Senhor.

Sugerimos que os neófitos sejam incentivados a participar das celebrações revestidos com a veste branca recebida no Batismo, recuperando um antigo costume da Igreja, como poderá ser visto no texto a seguir.

Durante o Tempo Pascal, outros encontros e momentos podem ser previstos pelos catequistas e a Comissão de Iniciação à Vida Cristã paroquial e/ou diocesana.

A veste batismal

A origem deste rito remonta às palavras de Paulo aos Gálatas 3,27: "pois todos vós, que fostes batizados em Cristo, vos vestistes de Cristo". Os cristãos começaram bem cedo a expressar através de um símbolo o que se afirmava como conteúdo. Assim, depois do Batismo, os neófitos vestiam uma túnica branca como sinal da nova vida recebida, da nova dignidade de pertencer ao Povo de Deus (cf. RICA, n. 33). Teodoro de Mopsuéstia nos oferece o primeiro testemunho claro deste rito, por volta da metade do século IV: "Mal saiu da fonte, você pôs uma bela vestimenta de um branco puro. Esse é um sinal de brilhante esplendor diante do mundo e o modo de vida a que simbolicamente você se integrou"[38]. Torna-se expressão da nova criação, do caráter nupcial da Igreja e da redenção escatológica do ser humano que passou pela transfiguração pascal (cf. Ap 7,9ss). Enfim, "a veste branca é sinal da vida da ressurreição, da qual participa o que foi batizado, e da inocência que agora deve distingui-lo. Assume um significado claramente escatológico, é sinal da ressurreição dos corpos. A veste branca era usada pelos neófitos até a Oitava da Páscoa, de onde vem o nome *octava in albis*. No final da Oitava, o chamado domingo *in albis*, tinha lugar a *depositio albarum*, dia em que os neófitos depunham a túnica e tomavam lugar na assembleia dos fiéis. Usar a veste batismal por esse período é o sinal distintivo de seu novo nascimento perante a comunidade[39].

---

[38] TEODORO DE MOPSUÉSTIA. Citado por: MUÑOS, Héctor O. P. O Batismo. In: CONSELHO EPISCOPAL LATINO-AMERICANO – CELAM. *Manual de Liturgia III*: os sacramentos – sinais do Mistério Pascal. 2. ed. São Paulo: Paulus, 2011. p. 64.

[39] Texto transcrito do livro: PARO, Thiago Faccini. *As celebrações do RICA*: conhecer para bem celebrar. Petrópolis: Vozes, 2017. p. 62.

42º Encontro

Sal da terra e luz do mundo

Palavra inicial: Neste último encontro após a celebração dos Sacramentos da Iniciação, queremos refletir com os neófitos e confirmados sobre a experiência que fizeram a partir dos ritos e símbolos da Vigília Pascal, bem como orientá-los da missão que se inicia enquanto discípulos missionários do Senhor. Os padrinhos e madrinhas devem ser convidados a participarem.

Preparando o ambiente: Na sala de encontro, ambão com toalha branca, Bíblia, círio pascal e flores. No centro da sala, um pote com sal e uma vela. Cartões de papel e canetas para todos os participantes, além de saquinhos de sal bento para levarem como sinal do compromisso assumido.

Acolhida: À medida que os participantes vão chegando, pode-se cantar o refrão meditativo.

Oração inicial: O catequista convida todos a ficarem em pé para a oração inicial. Após traçar o sinal da cruz, e realizar uma oração com breves palavras, poderá invocar o Espírito Santo com a oração *"Vinde, Espírito Santo..."* ou com um canto.

Logo após convida todos a aclamarem o Evangelho com o canto. O catequista dirige-se ao ambão e proclama o texto bíblico.

Texto bíblico: Mt 5,13-16.

Após alguns minutos de silêncio, o catequista lê o texto novamente, pausadamente, destacando alguns pontos.

Partilha e reflexão: Iniciando um diálogo, o catequista poderá perguntar aos neófitos e confirmados, padrinhos e madrinhas, de como foi a experiência de participar da Celebração Batismal, o que sentiram, como vivenciaram cada rito... Perguntar se têm alguma dúvida sobre o sentido de algum rito, podendo esclarecer e explicar brevemente. Depois de ouvi-los, poderá recordar o Evangelho proclamado e dizer que Jesus utiliza o sal e a luz como símbolos da missão assumida pelos que Nele foram batizados.

O catequista, dirigindo-se aos neófitos e confirmados, diz que, recebendo todos os Sacramentos da Iniciação Cristã, estão mais capacitados e fortalecidos para testemunhar o discipulado e viver a missão, sendo sal e luz para o mundo. Ainda deverão contar com a ajuda do padrinho e madrinha, que assumirão em nome da Igreja essa missão de ajudá-los a crescer e se tornar também discípulo missionário de Jesus Cristo, assumindo os deveres e compromissos do Batismo.

O catequista questiona os presentes se realmente estão dispostos a ser sal e luz para a humanidade, que vive o vazio do consumismo, do *status*, da ganância e do poder. Se estão dispostos a dar um novo sabor, e a iluminar as inúmeras realidades de escuridão e trevas presentes em nossa sociedade. O sabor do sal e a luz da lâmpada equivalem às nossas boas obras quando testemunhamos os valores evangélicos, quando não somos omissos ou coniventes com a injustiça, desigualdade, corrupção, exploração, violência, intolerância, discriminação...

Diante disso, conscientes de que, como cristãos, somos chamados a ser sal e luz do mundo, somos convidados a escrever o nosso compromisso de batizados, de neófitos e confirmados, de padrinhos e madrinhas e a depositá-lo aos pés de Jesus. O catequista poderá distribuir os cartões, orientando os presentes para que, refletindo o Evangelho deste encontro, bem como toda caminhada em preparação aos Sacramentos da Iniciação, escrevam nos cartões seu compromisso de ser sal e luz do mundo, de serem verdadeiros discípulos do Senhor, de acompanhar na fé cristã o(a) afilhado(a) que a Igreja lhes confiou.

O catequista distribui os cartões e canetas e, enquanto todos escrevem, pode ser entoado um cântico que fale sobre compromisso e missão. Depois de um tempo, convide todos a depositarem ao redor do círio pascal, símbolo de Jesus Ressuscitado, luz do mundo, o seu compromisso, enquanto se conduz um momento de oração e cantos. À medida que depositam o cartão aos "pés" do círio, e fazem um breve momento de oração, o catequista entrega um saquinho de sal abençoado para cada um, para que se recordem do compromisso assumido.

O catequista orienta a importância de celebrar anualmente o aniversário de Batismo com festa e alegria. Depois orienta a todos sobre a celebração que irá acontecer no 2º domingo da Páscoa, onde os neófitos irão depositar aos pés do altar a túnica branca que receberam no Batismo ("*in albis depositis*"), encerrando, assim, todo o itinerário de iniciação à vida cristã.

Oração final: O catequista convida todos a elevarem preces e louvores a Deus, respondendo ao final de cada pedido: "*Senhor, nossa Luz, ouvi-nos*". Rezar o Pai-nosso e logo depois, de braços abertos, concluir com a oração:

> *Deus, Pai de bondade, fazei que estes neófitos e confirmados vivam plenamente a fé, observando os vossos mandamentos, e que estes padrinhos e madrinhas possam ser verdadeiros exemplos de sua Palavra aos seus filhos e afilhados. Que eles sejam um suporte no amadurecimento cristão daqueles que lhes foram confiados. Que sejam todos sal e luz para o mundo, através do testemunho, diálogo e vivência comunitária. Tudo isso te pedimos por Cristo, nosso Senhor. Amém.*

No final da oração, o catequista impõe as mãos sobre a cabeça de cada um e, traçando o sinal da cruz em suas frontes, diz: "*Sede sal da terra e luz do mundo, ...N..., vai em Paz, que o Senhor te acompanhe!*".

Após o encontro pode ser servido um "café", favorecendo a convivência entre os participantes.

Deposição da Veste Branca e Encerramento do Itinerário de Iniciação Cristã

Palavra inicial: Estimados catequistas e equipe de liturgia, o n. 237 do RICA orienta que, ao término do Tempo da Mistagogia, realize-se uma celebração marcando o encerramento de todo o processo de Iniciação à Vida Cristã. Para isso, recuperando um antigo costume, sugerimos que no 2º domingo da Quaresma se realize o Rito de Deposição da Veste Branca (*"in albis depositis"*), onde os neófitos, ao final da celebração, retirarão a túnica com a qual foram revestidos na Vigília Pascal e, também, durante todas as celebrações da Oitava da Páscoa. Devolvem-na agora à Igreja, em sinal de maturidade e consciência de que agora são portadores da veste espiritual, lavada e alvejada no sangue do Cordeiro, e do compromisso de testemunharem e viverem no seu dia a dia os valores evangélicos, sendo Igreja em tempo integral.

Desta celebração participam também os confirmados, que, após a deposição da túnica dos neófitos, receberão junto com eles a bênção de envio à missão e ao apostolado, agora mais conscientes de sua condição de cristãos.

Por questão pastoral, o Tempo da Mistagogia pode se prolongar por todo o Tempo Pascal, encerrando o itinerário de Iniciação à Vida Cristã na Vigília ou domingo de Pentecostes.

PREPARANDO A CELEBRAÇÃO

- Reservar bancos para os neófitos, confirmados e seus padrinhos ou madrinhas.
- Providenciar caldeira com água benta.
- Para a Liturgia da Palavra, pode-se utilizar as leituras do Ciclo A (Lecionário Dominical – Ano A, 2º domingo Páscoa), mesmo que seja ano B ou C, cujas leituras podem ser substituídas apenas na celebração em que estiverem presentes neófitos e confirmados (cf. RICA, n. 40).
- Os neófitos participam de toda a celebração vestidos com a túnica branca que receberam na Vigília Pascal.
- Depois da celebração, e se a túnica pertencer à comunidade paroquial, pode-se bordar nela, ao final de cada processo iniciático, os nomes e a data do Batismo de cada neófito que por ela foi revestido, tendo, ao longo dos anos, um registro histórico dos que foram iniciados no Sacramento do Batismo pela Igreja.
- Na bênção final de toda assembleia, utiliza-se a bênção solene do Tempo Pascal.
- Se oportuno, após a celebração todos poderão confraternizar com um lanche comunitário, partilhando as alegrias e celebrando o término do itinerário de Iniciação à Vida Cristã.

Deposição da Veste Branca e Encerramento do Itinerário de Iniciação Cristã

(A ser realizada no 2º domingo da Páscoa)

Acolhida inicial

Após a saudação inicial, quem preside saúda os neófitos e confirmados, acolhendo-os com ternura e afeto. A missa prossegue como de costume até a oração pós-comunhão.

RITO DE DEPOSIÇÃO DA VESTE BRANCA

Quem preside convida os neófitos a virem à frente, acompanhados de seu padrinho ou madrinha. Com breves palavras, explica à comunidade o significado da veste batismal e da ação ritual que irá acontecer. Em seguida, de mãos estendidas, faz a oração.

Presidente: *Senhor Jesus Cristo, Redentor do mundo, verdadeiro homem e verdadeiramente nascido do homem, a quem Deus Pai assinalou e revelou como seu Filho, acompanhe este(s) vosso(s) servo(s), a quem assinalastes com o vosso nome, purificastes com a sagrada água, fizestes renascer da plenitude do vosso Espírito e também já redimistes e saciastes com o vosso corpo e sangue, a fim de que estes sacramentos, recebidos como uma vida nova, se conservem incessantemente, de tal modo que produzam nesse(s) vosso(s) servo(s) salvação, e para que alcancem, por meio deles, o prêmio das alegrias eternas. Vós que sois Deus e com o Pai e o Espírito Santo, viveis e reinais pelos séculos dos séculos. Amém.*

Ajudados pelos padrinhos e madrinhas, os neófitos retiram as túnicas e, dobrando-as, a entregam a quem preside, que as depositam aos pés do altar. Enquanto isso, pode-se cantar: "Todos vós que fostes batizados em Cristo, vos revestistes de Cristo, aleluia, aleluia" (Gl 3, 27), ou um canto apropriado.

Em seguida, quem preside, convida também os confirmados e seus padrinhos a ficarem de pé, e, dirigindo-se a eles (neófitos e confirmados), profere uma mensagem de apoio e encorajamento de sua missão no mundo, exortando que com esta celebração se encerra o processo iniciático, mas se inicia a missão enquanto cristãos e cristãs. Em seguida, convida-os a se ajoelharem.

Presidente: *Neófitos e confirmados de Deus, ajoelhem-se para a oração.*

Quem preside solicita que os padrinhos e madrinhas imponham as mãos sobre os afilhados, bem como toda a comunidade, e prossegue com a oração:

Presidente: *Nós vos louvamos e bendizemos, ó Deus, porque, por inefável desígnio da vossa misericórdia, enviastes ao mundo vosso Filho, para libertar os homens da escravidão do pecado, derramando o seu sangue, e enriquecê-los com os dons do Espírito Santo.*

Tendo vencido a morte, e antes de subir a vós, ó Pai, ele enviou os apóstolos, representantes do seu amor e do seu poder, para anunciarem o Evangelho da vida a todos os povos e batizarem os crentes na água da salvação.

Olhai, portanto, Senhor, para estes vossos filhos e filhas, que, fortalecidos com o sinal da cruz, enviamos a ser sal e luz do mundo.

Guiai, Senhor, com vossa mão os seus passos e fortalecei-lhes o ânimo com a força de vossa graça, para que não se deixem abater pelo trabalho e pela fadiga.

Fazei que suas palavras sejam o eco da voz de Cristo, capazes de atraírem para a obediência do Evangelho aqueles que as escutarem.

Infundi o Espírito Santo em seus corações, para que, dando-se inteiramente a todos, eles possam conduzir para vós, ó Pai muitos filhos que vos deem louvor sem fim na Igreja. Por Cristo, nosso Senhor.

Todos: *Amém.*

Quem preside asperge a todos com água benta.

Em seguida dá a bênção final a toda assembleia e a celebração é concluída. (Se celebrada no domingo *in albis*, 2° domingo de Páscoa, à despedida acrescenta-se o duplo "aleluia").

Conecte-se conosco:

 facebook.com/editoravozes

 @editoravozes

 @editora_vozes

 youtube.com/editoravozes

 +55 24 2233-9033

www.vozes.com.br

Conheça nossas lojas:
www.livrariavozes.com.br

Belo Horizonte – Brasília – Campinas – Cuiabá – Curitiba
Fortaleza – Juiz de Fora – Petrópolis – Recife – São Paulo

EDITORA VOZES LTDA.
Rua Frei Luís, 100 – Centro – Cep 25689-900 – Petrópolis, RJ
Tel.: (24) 2233-9000 – E-mail: vendas@vozes.com.br